사람을 읽는 기술
10초 안에
상대를
파악하라

사람을 읽는 기술
10초 안에 상대를 파악하라

초판 1쇄 발행 | 2015년 6월 15일

지 은 이 | 안종선
펴 낸 곳 | 도서출판 타래
펴 낸 이 | 이성범
책임편집 | 정경숙
편 집 | 김민영
디 자 인 | 김인수
인 쇄 | 우일프린테크

전 화 | (02)2277-9684~5, 070-7012-4755 / 팩스 | (02)323-9686
전자우편 | taraepub@nate.com
출판등록 | 제2012-000232호

ISBN 978-89-8250-072-5 13320

· 값은 뒤표지에 있습니다.
· 파본은 구입한 서점에서 교환해 드립니다.

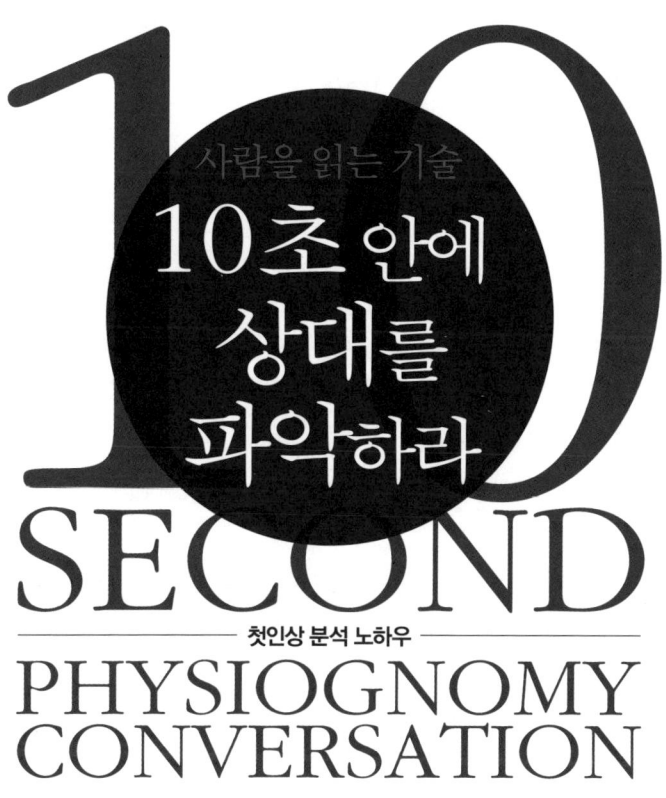

10초 안에 상대를 파악하라

사람을 읽는 기술

첫인상 분석 노하우

10 SECOND PHYSIOGNOMY CONVERSATION

안종선 지음

도서출판 **타래**

시작하며

　사람이 살아가면서 대화를 하지 않고 견딜 수 있을까?
　대화는 자신의 의사를 전달하는 기본적인 수단이지만, 감정과 감동을 전달하는 수단이 되기도 한다.
　대화는 책이나 문자가 전하지 못하는 많은 것을 전달하며, 문자로는 느낄 수 없는 감정을 절실하게 전달한다. 아무리 많은 정보 시스템이 세상에 출현하고 발달한다고 해도 대화보다 더 좋은 감정 전달도구는 나타나지 않을 것이다.
　사회는 발달한다. 지금은 나 홀로 문화가 발달하고 있다고 말하는데, 예전에는 가족 단위로 사용하는 물품이나 포장이 있었다면, 이제는 2인용, 혹은 1인용 포장이나 소단위 물품이 유행한다고 한다. 이러한 사실로 보면 혼자 사는 사람이 늘어가고 있고 대화의 중요성도 감소할 것 같지만, 전자기기나 전자통신으로는 대체할 수 없는 몸과 말의 향연인 대화는 인간이 가장 인간다움을 뽐낼 수 있는 자기표현 방식이다.
　인간이 인간으로 존재하는 한, 대화를 통한 소통과 교류는 더욱 절실해질 것이고, 그 어휘의 수도 늘어날 것이다. 과학의 발달이 사람의 언어 대신 많은 텍스트를 양산해 낼 것 같지만, 그 텍스트를 이해하는데 있어서 더욱 다양한 언어가 필요할 것이라는 분석도 무시할 수 없다.

지금 이 세상에는 새로운 사양의 컴퓨터가 계속 등장하고 있고, 신형 스마트폰이 연이어 출시돼서 우리의 두뇌를 지배하는 듯하다. 사람이 만나 이야기를 하기보다는 메일이라는 시스템으로 문서나 의사를 전달하고, 스마트폰 문자로 의사소통을 하는 경우가 늘어나므로 대화는 줄어드는 것으로 보인다. 그러나 이메일을 보내고도 통화로 확인하는 과정이 필요하고, 스마트폰으로 문자를 보내고도 통화를 통한 의사 종결 작업이 필요하다. 결국 대화라는 행위의 가치는 어떤 행위보다 우선하여 의사결정의 수단이라는 것을 보여준다.

사람은 대화를 통해 감정을 교류한다. 대화를 통해 희로애락을 논하고, 언어를 통해 지식과 마음의 결정을 전달한다. 커피를 마시며 대화하고, 컴퓨터로 문서를 보내며 스마트폰으로 대화한다. 대화는 항상 인간들의 의사결정에 관여했고, 앞으로도 계속 존재할 것이다. 그러므로 세상을 살아가는 우리 인간이라는 존재는 대화법을 반드시 익혀야 함은 물론 효율적인 응대를 생각지 않을 수 없다.

흔히 화술이라는 말을 많이 하는데, 화술은 '말을 하는 것이 예술'이라는 의미를 가진 것이 아닐까 생각해본다. 진정한 화술은 말을 잘한다는 것만으로는 부족하다. 진정한 화술이란 타인의 마음을 이해하고 타인의 정신을 받아들이는 것으로 시작하는 것이다.

훌륭한 대화는 상대의 마음을 이해하는 것이다. 상대가 어떤 사람인지, 상대가 어떤 사상을 가진 사람인지 파악하고 대응한다면 한결 대화가 부드러워질 것이며, 공동 관심사를 찾기가 쉬울 것이다.

대면하여 대화를 하는 것이 가장 올바른 대화법이다. 그러나 누구나 대면을 하고 대화를 할 수는 없다. 그렇다 하더라도 가장 이상적인 대화는 대면을 한 사람들 간의 대화이다. 이 상황에서 가장 효율적인 대화는 상대를 아는 것이다.

상대를 제대로 안다는 것은 이미 올바른 대화를 할 수 있다는 것을 말한다. 그렇다면 올바른 대화란 무엇인가? 고운 말투인가? 올바른 말투인가? 표준어를 사용하는 말투인가?

무엇보다 중요한 것은 상대가 원하는 대화와 내가 원하는 대화가 일맥상통하는 것이다.

대화는 말을 하는 기술이다. 지금까지의 대화법은 올바로 대화하는 법을 중심으로 이루어졌으며, 대화의 기술에 대한 논의가 주로 이루어졌다. 현재도 계속해서 대화법에 대한 글이 발표되고 있다는 것은 앞으로도 대화법은 연구할 만한 가치가 있고 계속 발전할 수 있다는 것이다.

대화는 상대를 이해하는 데서 출발해야 하는데, 상대를 이해하고 대화를 시작하기 위해서는 어떤 방식이 좋을까? 또 어떤 방법으로 이해할 것이며, 어떤 경로로 이해할 것인가?

동양의 전통 이론인 사주팔자(四柱八字)와 관상법(觀相法)은 상대의 심성이나 상대의 사상, 행동을 유추하는데 있어 큰 도움이 된다. 우리는 흔히 상대를 어떻게 대해야 할지 몰라서 한마디 말도 건네지 못한 채 우물쭈물하기 일쑤이며, 서로가 어색하게 마주앉아 있다가 침묵이 지속되는 상황을 견디지 못하고 불쑥 꺼낸 말이 더 곤란한 상황을 만들기도 한다. 이처럼 서로가 관심을 가질 수 있는 대화를 찾는 일은 무척 어렵지만, 의외로 서로가 쉽게 소통할 수 있는 방법이 있는데, 그것이 바로 관상 대화법이다.

관상 대화법은 상대의 생김새를 보고 그 사람을 이해하는 것으로, 얼굴만 보고도 하루 종일 말할 수 있을 만큼 사람의 얼굴과 몸에는 많은 이야기가 숨어 있다.

이 책에서 필자는 사람을 판단하는 데 있어 대화법 이전의 많은 것을 담고자 노력했다. 전통의 상법(像法)에 따라 사람의 여러 유형을 파악하고, 보다 부드럽고 원활하게 상대의 마음을 열 수 있는 방법을 제시해서 서로가 소통하는데 초점을 맞추었으며, 상대의 행동모델을 먼저 파악한 후에 대화를 함으로서 본인이 원하는 대화를 이끌어낼 수 있도록 상세한 설명과 묘사를 곁들였다.

그리고 무엇보다 고객의 심리를 제대로 파악하지 못해서 고객 유치에 어려움을 겪고 있는 많은 영업자들에게 도움을 주기 위해 집필에 임했다는 것을 강조하며, 이 책이 대화가 필요한 현대인들에게 보물까지는 아니더라도 사전적인 의미가 있기를 바란다.

성보 안종선(晟甫 安鐘善)

차례

시작하며 4

Chapter 1
상대의 얼굴형만 봐도 할 말이 쏟아진다 16

1 둥근 얼굴을 가진 그와는 첫인사를 제대로 하라! 18
2 사각형의 얼굴을 가진 그와는 운동 이야기를 하라! 23
3 역삼각형 얼굴을 가진 그에게 지식을 뽐내지 마라! 27
4 이마가 좁고 턱이 넓은 얼굴을 가진 그와는 고생한 이야기를 하라! 30
5 이마가 넓고 턱이 뾰족한 얼굴을 가진 그의 외로움을 달래 주어라! 35
6 얼굴의 중앙이 넓고 이마와 턱이 뾰족한 그에게 재산을 지킬 수 있는 이야기를 해주어라! 40
7 정사각형 얼굴을 가진 그는 행사를 좋아한다 46
8 살찐 사각형 얼굴을 갖고 있는 그에게 거절하는 법을 알려주어라! 50
9 길고 좁은 얼굴을 가진 그에게 자녀에 대한 이야기는 하지 말아라! 53
10 긴 얼굴에 귤껍질 피부를 가진 그에게는 용기를 주어라! 58
11 땅콩처럼 생긴 얼굴을 가진 그의 말년을 공략하라! 61
12 하부가 넓은 얼굴을 가진 그의 사교술을 배워라! 64

Chapter 2
상대의 이마에 입을 맞춰라 66

1. 튀어나온 이마를 가진 그는 계산이 빠르고 행동이 신속하다 68
2. 외측으로 넓은 이마를 가진 그와는 철학과 과학에 대한 것을 논하라! 73
3. 각진 이마를 가진 그의 정직성을 칭찬하라! 76
4. 둥근 이마를 가진 그가 유혹에 빠지지 않도록 조언하라! 80
5. 3자형의 꼭지 이마를 가진 그는 직감이 뛰어난 사람이다 83
6. M자형 이마를 가진 그는 유머러스한 사람이다 86
7. 혼합형 이마를 가진 그의 말에 속지 마라! 90
8. 좁은 이마를 가진 그는 정말 속이 좁고 구두쇠인 걸까? 92
9. 넓은 이마를 가진 그의 명예운을 칭송하라! 95

Chapter 3
이마의 주름에 많은 이야기가 숨어 있다 98

1. 3개의 주름을 가진 그에게는 좀 더 세심한 인사말을 건네라! 100
2. 4개의 주름을 가진 그와는 예술성에 대해 논하라! 102
3. 가운데만 뚜렷한 주름을 가진 그의 학술적 관심을 자극하라! 104
4. 겸업문 주름을 가진 그는 장사 수완이 뛰어나다 106
5. 주름이 2개인 사람은 타인을 생각하는 마음이 각별하다 108
6. 여러 개의 어지러운 주름을 가진 그의 고민에 적극적으로 동조하라! 110
7. 이마 가운데가 처지는 주름을 가진 그는 직감력이 뛰어난 사람이다 112
8. 이마 아래로 집중된 주름을 가진 그의 인생을 위로하라! 115

9 끊어진 주름을 가진 그의 말에 힘을 실어 주어라! 117
10 1개의 주름만 있는 그와는 건강에 대한 얘기를 하라! 120

Chapter 4
상대의 눈썹에 비밀이 숨어 있다 122

1 귀신 눈썹을 지닌 사람과는 언쟁을 하지 말자! 124
2 드문드문 흩어진 눈썹을 지닌 사람과는 형제 이야기를
    하지 마라! 127
3 미간 쪽은 가늘고 꼬리가 넓은 눈썹을 지닌 사람은 유머로써
    대하라! 129
4 칼날 같은 눈썹을 지닌 사람의 복수심을 자극하지 마라! 132
5 양쪽 끝단이 처져 있는 눈썹을 가진 그를 채근하지 말라! 134
6 버들잎 눈썹은 가장 아름다운 미인의 눈썹이다 137
7 검같이 날카로운 눈썹을 가진 사람은 참모로서의 재능이 많다 139
8 사자의 눈썹을 가진 그는 대기만성형이다 142
9 앞은 정리되고 뒤는 흩어진 눈썹을 가진 사람은 구설수에
    휘말리기 쉽다 144
10 짧은 눈썹을 가진 사람은 결단력이 뛰어나며 청렴결백한
    사람이다 147
11 일자 형태의 눈썹을 가진 그는 부귀를 누리고 장수한다 150
12 누에 눈썹을 가진 사람은 기회를 잘 잡는다 152
13 초승달 눈썹은 가장 이상적인 눈썹이다 154
14 호랑이 눈썹을 가진 그는 위엄을 자랑한다 156
15 뚜렷하고 예쁜 눈썹을 지닌 사람은 총명하다 159
16 끊어진 눈썹을 가진 사람의 인생은 부침이 심하다 161

Chapter 5
눈을 보고 말하라! 164

1. 용의 눈을 가지면 높은 자리에 오른다   166
2. 소의 눈을 가진 사람은 예술성이 풍부하다   168
3. 원숭이 눈을 가진 사람은 연예인 기질이 강하다   170
4. 거북이의 눈을 가진 사람은 장수와 복록을 누린다   172
5. 원앙새의 눈을 가진 사람은 주색에 빠지기 쉽다   174
6. 코끼리의 눈을 가진 사람은 선량하다   176
7. 사자의 눈을 가진 사람은 필요없는 욕심을 부리지 않는다   178
8. 짝짝이 눈을 가진 사람을 만나면 적극적으로 관심을 표명하라!   180
9. 뱀의 눈을 가진 사람과 적이 되어서는 안 된다   183
10. 말의 눈을 가진 사람에게는 단도직입적으로 얘기하라!   185
11. 요염한 눈을 가진 사람의 유혹에 넘어가지 마라!   187
12. 눈동자의 아래나 위쪽 중 한 곳이 드러난 사람은 나폴레옹처럼 고집이 세다   190
13. 눈동자의 상하좌우가 모두 드러난 사람은 용감무쌍하다   194

Chapter 6
상대의 귀를 뚫어라!   198

1. 귀가 높이 달려 있는 사람은 부귀공명을 누리지만 말년이 고독하다   200
2. 위쪽이 넓은 귀를 가진 사람에게는 먼저 의견을 펼칠 시간을 줘라!   203
3. 두껍고 둥근 귀를 가진 그는 다른 사람의 일을 잘 기억한다   205

4 뒤집힌 귀를 가진 사람은 머리가 좋다   207
5 딱딱하고 두터운 귀를 가진 사람은 큰일에 관심을 보인다   210
6 부처님 귀를 가진 사람은 명성을 떨치게 된다   213
7 화살의 날개와 같은 귀를 가진 사람에게 친구를 만들어 주어라!   215
8 쥐의 귀를 가진 사람은 남의 말을 듣지 않는다   218

Chapter 7
광대뼈를 보고 사회성을 논하라! 222

1 옆으로 길게 돌출된 광대뼈를 가진 사람은 비서직에 적합하다   224
2 앞으로 돌출된 광대뼈를 가진 그의 불같은 성정을 잠재워라!   227
3 살집이 좋은 광대뼈를 가진 사람은 재물운이 있다   229
4 살집이 없는 광대뼈를 가진 그에게 공감이 가는 말을 하라!   231
5 턱이 발달한 광대뼈를 가진 그의 활동력을 칭찬하라!   234

Chapter 8
코를 보면 그의 중년운과 대인관계를 알 수 있다 236

1 호랑이의 코를 가진 사람은 정력적이다   238
2 사자의 코를 가진 사람은 화려한 옷을 입어야 한다   240
3 쓸개 모양의 코를 가진 그는 자존감이 높다   242
4 물소가 엎드린 모양의 코를 가진 사람을 멘토로 삼아라!   244
5 매의 부리 모양 코를 가진 사람은 꾀가 많다   246
6 개의 코를 가진 사람은 낭비벽이 심하다   249

7 물고기의 등 모양 코를 가진 사람은 일에 능숙하지 못하다 251

8 대나무 통 코를 가진 사람은 중년 이후에 부와 명예를 얻는다 254

9 굴곡이 많은 코를 가진 사람은 독불장군이다 257

10 노루의 코를 가진 사람은 의리가 없다 260

11 유인원의 코를 가진 사람은 미래에 대한 대책이 필요하다 262

12 콧구멍이 보이는 코를 가진 사람은 낙천적이다 264

Chapter 9
인중을 보고 그의 수명과 자손을 확인하라! 268

1 긴 인중을 가진 사람은 장수한다 270

2 짧은 인중을 가진 사람은 겁이 많다 272

3 넓은 인중을 가진 그는 자손이 많다 275

4 좁은 인중을 가진 그에게 용기를 주어라! 278

5 휘어진 인중을 가진 사람은 신의가 없다 280

6 아래쪽이 넓은 인중을 가진 사람은 자녀가 많다 282

7 아래쪽이 좁은 인중을 가진 여성은 생리통이 심하다 284

8 흠이 있는 인중을 가진 그에게 안전사고에 대비하라고 조언하라! 286

Chapter 10
상대의 입술을 보고 덕을 살펴라! 288

1 활을 강하게 당긴 모양의 입술을 가진 사람은 총명하고 재주가 많다 290

2 초승달 모양의 입술을 가진 그는 학문에 관심이 많다 292

3 상현달 형태의 입술을 가진 사람은 사회 기여도가 높다   294

4 휘파람을 부는 듯한 입술을 가진 사람은 의식주 해결이 어렵다   296

5 앵두처럼 붉은 입술을 가진 사람은 말을 잘하고 총명하다   298

6 두꺼운 입술을 가진 사람은 위장이 튼튼하고 행동력이 뛰어나다   301

7 메기의 입을 가진 사람은 의리가 있고 정에 약하다   303

8 붕어의 입을 가진 사람은 말과 행동이 다를 수 있다   305

9 윗입술이 두꺼운 사람은 엄격하다   308

10 아랫입술이 두꺼운 사람은 경솔함이 있다   310

Chapter 11
턱의 모양을 보고 권위와 리더십을 평가하라!   312

1 주걱턱을 가진 사람은 자기애가 강하다   314

2 무턱인 사람은 인내심이 부족하다   317

3 둥근 턱을 가진 사람은 애정이 깊다   319

4 사각턱을 가진 사람은 자수성가형이다   321

5 뾰족한 턱을 가진 그는 예술인이다   323

6 이중턱을 가진 그는 후덕하다   325

7 반으로 나누어진 턱을 가진 사람은 열정과 끈기가 있다   328

Chapter 12
체형을 보고 상대의 건강을 파악하라!   330

1 마름모꼴 얼굴에 역삼각형 체형을 가진 그는 활동적이다   332

2 얼굴 하부가 발달하고 뚱뚱한 체형을 가진 사람은
  위장이 튼튼하다 335
3 아래로 좁은 세모꼴 얼굴에 홀쭉한 체형의 그는 머리가 좋다 338
4 네모형 얼굴에 온몸이 근육질인 그는 운동을 해야 한다 341
5 균형을 이룬 얼굴에 보통 체형을 가진 그는 의욕이 필요하다 344

Chapter 13
손의 모양을 보고 상대의 성격을 파악하라! 346

1 네모난 손을 가진 사람은 정리정돈을 잘하고 꼼꼼하다 348
2 주걱 모양의 손을 가진 그는 부지런하다 350
3 원추형 손을 가진 사람은 예술에 대한 조예가 깊다 352
4 가늘고 긴 손을 가진 사람은 이상을 좇는다 354
5 커다란 손을 가진 사람은 두려움이 없다 356
6 작은 손을 가진 그는 지구력이 있다 358
7 보드라운 손을 가진 사람은 편안함을 즐긴다 360
8 단단한 손을 가진 그는 활동적이다 363
9 두툼한 손을 가진 그는 이기적인 성향이 강하다 365
10 얇은 손을 가진 사람은 타인의 권리를 존중한다 367

Chapter 1
상대의 얼굴형만 봐도 할 말이 쏟아진다

세상 어디를 둘러보아도 닮은 사람은 없다. 쌍둥이가 닮았다지만 자세히 뜯어보면 다른 부분이 많다. 하다못해 눈썹의 모양이라도 다르다. 이처럼 사람의 얼굴은 천태만상이다. 자세히 뜯어보면 어느 한 부분이라도 다른 곳이 있기 때문에 똑같은 사람은 없지만, 그래도 큰 틀에서 보면 일정부분 닮은 사람은 있기 마련이다.

이처럼 닮은 사람들의 얼굴을 형태별로 보았을 때, 동양의 관상학에서는 각기 글자 형태를 따서 유(由), 전(田), 갑(甲), 신(申), 목(目), 동(同), 원(圓), 용(用), 왕(王), 풍(風) 자형으로 구분하며, 서양에서는 간단하게 둥근형, 네모형, 세모형으로 나누어 직업과 성격, 심성을 파악한다.

사람은 이처럼 각기 구별되는 얼굴의 형태가 있으며, 그에 따라 성격이 다르고 생각이 다르기 때문에 행동의 변화를 예측할 수 있다. 이제 이를 잘 분석해서 상대에 따라 효과적인 응대 방법과 화법을 달리해 보자. 만족할 만한 효과가 나타날 것이다.

둥근 얼굴을 가진 그와는
첫인사를 제대로 하라!

둥근 얼굴형을 지닌 사람은 상하좌우의 비율이 비슷하며 얼굴이 둥글고 살집이 있어 통통해 보인다. 탄력이 있어 보이는 피부색은 연홍색으로 불그스레하며, 평소에 미소를 많이 보여준다.

서양에서 분류하는 얼굴형이 둥근 사람은 동양의 관상법에서 원(圓)자형에 가까운 얼굴이다. 얼굴 전체가 살이 쪄 있는 듯 통통하고, 귀의 아래쪽으로도 살이 많이 붙어 있다. 얼굴이 커서 넓적한 것이 아니라, 얼굴 자체가 둥글며, 얼굴이 작아 둥글고 원형에 가까운 모습을 보여준다.

둥근 얼굴형을 가진 사람들은 대부분 코가 큼직하다. 둥글고 살집이 좋은 얼굴에서 코가 작으면 균형을 잃은 것인데, 이러한 코가 마치 짐승의 쓸개가 매달린 것처럼 콧방울 부분이 크고 탐스러우며 두툼하다. 또한 둥근 얼굴을 가진 사람의 머리카락은 뻣뻣하지 않고 대체로 웨이브를 지닌 듯 부드럽다.

둥근 얼굴을 가진 사람은 자존 의식이 높고, 자신이 존중받는 것을 매우 중요하게 생각하기 때문에 얼굴형이 둥근 사람과 만났다면 존중해주는 인사말이 필요하다.

"바쁘신데, 제게 시간을 내주셔서 정말 감사합니다."
"제게 시간을 주실 줄은 몰랐습니다."
"오랫동안 기다렸습니다. 저에게 매우 귀한 시간이 될 겁니다."

둥근 얼굴의 소유자를 만난다면 먼저 상대의 배려에 감사하라. 그는 매우 기뻐할 것이고 당신을 좋은 사람, 예의 바른 사람으로 인식할 것이다. 누구나 다 그렇겠지만 둥근 얼굴을 가진 사람은 본론적인 이야기보다 첫인사에 민감하며, 첫인상을 오래 간직하는 사람이다. 때문에 자신을 낮추고 상대를 높여주는 자세가 필요하다.

얼굴이 둥근 사람은 활동적이고 정열적으로 일을 하는 스타일이기 때문에 대부분 시간에 쫓기고 있으며 스스로도 바쁘게 움직인다고 생각한다. 따라서 활동력이 강하고 주저함이 적으므로 이야기를 질질 끌어서는 안 되며, 나를 낮춰서 말하는 것이 가장 좋은 어프로치가 된다.

그런데 둥근 얼굴의 소유자는 다소 변덕이 심하다. 따라서 기분에 따라 움직이거나 상대를 조급하게 만들기도 하며, '늦어도 할 수 없어'라는 식의 사고를 가진 사람이 많다.

코리언 타임이 아직두 존재하느냐고 섭섭해 하다면 둥근 얼굴을 가진 사람과는 좋은 관계를 유지할 수 없다. 둥근 얼굴을 가진 사람을 만나면 인내심을 가지고 기다려줄 줄 알아야 하며, 서두르는 것보다 느긋한 마음을 가지는 것이 필요하다.

둥근 얼굴을 가진 사람과 좋은 관계를 유지하고자 한다면 그의 스타일을 이해하는 것이 필요하며, 그의 게으른 듯한 태도와 약속시간에 조금 늦는 것을 너그럽게 이해해야 한다. 그와 약속을 한 날은 책을 한 권 들고 나가서 기다리는 동안 책을 읽는 여유를 찾는 것도 도움이 되며, 그를 채근하고 조바심을 내기보다는 여유를 찾아 즐기는 방법을 터득하라.

얼굴형이 둥근 사람은 자금의 흐름을 보는 눈도 뛰어난 편이어서 은행이나 회사 중역, 사장들이 이 스타일에 많이 해당된다. 그에게서 느긋함을 배워 보라. 서두르는 것은 결정권자가 할 일이 아니다. 그들은 필요할 때 움직인다는 것을 기억하고, 기다림 속에서 매의 날카로움을 가지고 때를 기다리는 그들의 매력을 캐치하길 바란다.

좌절은 항상 우리 곁에 있기 마련으로, 누구에게나 힘든 시기가 있다. 좌절하거나 일시적으로 주춤한 상태인 둥근 얼굴을 지닌 사람에게는 아주 가까운 친구로서 다가가야 한다. 둥근 얼굴을 가진 사람은 다가온 위기상황을 물리치고 대부분 다시 일어서는 뚝심을 가지고 있다. 아울러 그들은 경제관념이 철저하기 때문에 상업을 하면 재산가가 될 확률이 높다. 따라서 지친 기색을 보이거나 좌절에 빠져 있는 둥근 얼굴의 소유자와 마주할 때는 확신의 대화법을 써라.

"언젠가는 반드시 성공할 것입니다. 제가 늘 사장님을 곁에서 돕겠습니다."
"저는 부친이 한 말을 믿습니다. 아버님께서 항상 말씀하셨습니다. 노력하고 견디면 성공의 길이 보인다고."
"아무리 긴 밤이라도 기다리면 해가 뜨는 아침이 오지 않습니까?"

얼굴형이 둥근 사람은 대체로 통솔력이 좋고 물러섬이 없다. 즉 배짱이 있고 대부분 마음이 넓은 사람들이다. 물러섬이 없다는 것은 대범함을 지니고 있다는 것으로, 둥근 얼굴을 가진 사람들은 도와주거나 신의를 베푼 친구를 배신하는 경우가 매우 적다. 다만 약간의 변덕에 주의한다면 장기적으로 매우 좋은 조력자가 된다.

"오, 정말 대단한 감각입니다. 예술 쪽에 소질이 있으신 모양입니다."

"물건 고르는 안목이 정말 대단하십니다."

둥근 얼굴을 가진 사람에게는 예술성에 대한 칭찬이나 관심 표명을 하길 바란다. 이러한 칭찬은 둥근 얼굴을 가진 사람과 매우 좋은 관계를 맺게 해줄 것이다. 얼굴형이 둥근 사람은 의학이나 미술, 음악에도 소질이 있을 가능성이 높다. 아울러 어떤 일을 해도 인기가 많고 평생 재운이 좋은 사람들이다. 따라서 다음과 같은 말로 그를 인정해주면 관계가 많이 돈독해질 것이다.

"사장님이 선택하신 색상은 역시 인기가 있습니다."
"사장님이 보신 그 물건이 제일 예술적인 것 같습니다."

둥근 얼굴을 지닌 사람들은 대부분 영양상태가 좋다. 둥글게 보이는 얼굴이 바로 그 증거이며, 우량아라고 일컫는 많은 사람들이 이에 속한다.
둥근 얼굴을 가진 사람들은 대부분 자신의 위장을 믿고 과식을 많이 하는 편이다. 과식을 하면 위가 확장되어 위염이나 위궤양을 앓게 되며, 식사량이 많기 때문에 소화 불량 상태에 빠지기 쉽다. 또한 주머니가 차면 식도락을 즐기는 습관 때문에 변비에 걸리거나 어깨가 뻐근하다고 말하기도 한다.
때문에 그들에게 다음과 같은 건강 상식을 알려주면 좋다.

"이렇게 어깨를 활처럼 돌리시면 소화도 잘되고 견비통도 사라진 다고 합니다."
"다른 분들과 식사하시면 늘 과식을 하게 되어 부담되시죠? 저하고는 담백하게 채식을 하시는 건 어떻습니까?"

얼굴이 둥근 사람은 과로하면 현기증으로 오래도록 고생하며, 이명(耳鳴)으로 마음이 편하지 않다. 머리가 무겁거나 숨이 막히는 증상도 있으며, 때로 심장이 빠르게 뛰기도 하는데, 심장병이나 뇌일혈, 동맥경화가 오고 심하면 당뇨병이 온다. 따라서 같이 식사를 한다면 채식 위주의 식사가 좋고, 선물로는 피를 맑게 하는 건강식품이 좋다.

얼굴형이 둥근 사람은 입이 달다고 한다. 즉 일반적으로 기름기가 많은 돼지고기, 소고기, 전골, 튀김, 장어 등을 즐겨 먹는데, 식사를 대접한다면 수용성 지방이 특징인 오리고기를 권하면 좋을 것이다. 둥근 얼굴을 지닌 사람이 건강을 염려하는 발언을 한다면 채소와 나물, 과일 등이 들어있는 식품을 권하는 것이 좋다.

"채소가 몸속의 독소를 제거한다고 합니다. 채소가 많은 음식은 어떠신지요?"

"오리고기는 보약에 해당하는 음식이랍니다."

얼굴이 둥근 사람의 특징

1. 머리숱이 많고 부드러운 편이다.
2. 이마는 약간 돌출되어 반원을 그리며 둥글게 퍼져 있다.
3. 눈썹이 끊어지지 않고 가늘고 길게 휘어져 있다.
4. 눈은 작은 편이고 동글동글하게 보인다.
5. 코는 높지 않지만 끝이 둥글고 콧방울이 부드럽다.
6. 입술은 대체적으로 두껍다.
7. 턱은 두툼하게 살집이 있다.

2
사각형의 얼굴을 가진 그와는 운동 이야기를 하라!

얼굴이 사각형이라는 것은 얼굴이 전반적으로 모가 나고 몸의 근육이 발달했다는 것이다. 얼굴이 각이 지면 몸도 근육형인 경우가 많다. 왜소한 편이라 해도 어깨가 넓은 편이고 간혹 상체가 크지만 하체가 약한 경우도 있다. 활동적이고 정력적이므로 잠시도 가만 있지 못하고 서성이거나 무엇을 하느라고 꼼지락거린다. 군인, 정치가, 운동선수들에게 이 체형이 많으며, 여성은 약간 둥근형에 가까워 보이기도 하지만, 남성은 근육질인 경우가 많다. 일반적으로 무인형(武人形)이라 하는데 성격도 그와 다르지 않다.

"운동을 많이 하시는 모양입니다."
"전 스포츠를 좋아하는데 시간이 없다는 이유로 제대로 하지 못하고 있습니다. 사실 좋아하는 것과 잘한다는 것은 다른데, 저는 잘하는 운동이 없습니다."
"몸이 약해졌다고 느낄 때는 정말 미치도록 운동을 하고 싶은 때가 있습니다."

사각형 얼굴을 가진 사람과 마주하면 운동을 주제로 삼아서 대화를 나누는 것이 좋다. 아시안게임이라든지, 올림픽이라든지, 혹은 프로 축구나 프로야구 모두 해당될 것이다. 심지어 동네의 작은 헬스클럽 이야기도 주제가 된다. 운동을 좋아한다는 것을 보여주는 것만으로도 사각형의 얼굴을 가진 그는 마음을 열 가능성이 높다.

여성에게는 흔하지 않은 유형이지만, 찾아보면 생각보다 많다. 사각형 얼굴을 가진 여성은 둥근 얼굴로 보일 수도 있으므로 세밀하게 파악할 필요가 있는데, 우선 턱 부분이 각이 져 있다면 사각형 얼굴로 보아야 한다.

사각형 얼굴을 가진 여성을 만났다면 운동을 주제로 삼아 이야기를 풀어보자. 얼굴에 살이 조금 붙은 사람이라면 수영이나 골프 이야기를 하는 것이 좋으며, 얼굴에 살이 붙지 않았다면 헬스 이야기가 좋을 것이다.

일반적인 상황에서 사각형 얼굴을 가진 사람과 만나게 된다면, 봄에는 달리기나 걷기 이야기를 하고, 여름이라면 수영, 가을은 등산이나 여행 이야기를 하면 좋다.

사각형 얼굴을 가진 그는 마음이 공명정대한 편이다. 드러나는 그대로 믿어도 그다지 손해가 나지 않는다. 솔직하고 속이기를 꺼려 하는 성격으로 상대를 속이려고 하지 않지만 애써 속이려 해도 곧 밑천이 드러나 보인다.

때로는 지나치게 적극적이기 때문에 함께 일을 해야 한다면 그의 적극성을 어떻게 조절하는가가 중요하게 된다. 시작은 원대해 보이지만 끝이 작아 보이는 것은 그의 지나친 열정 때문으로, 달려들어 밀고 나가지만 늘 끝이 약하므로 맺음을 중요시해야 한다. 따라서 그는 늘 자신이 추진하는 일의 마지막이 걱정이므로 뒤를 맡아줄 사람이 필요하다.

"고객님! 일이 끝날 때까지 제가 옆에서 돕겠습니다."
"전 일을 모두 마치고 맥주 한잔 하는 것이 가장 즐겁습니다."

"저는 나름 발발이 기질이 있어 바삐 움직이는데 능숙합니다. 저를 잘 활용해 보세요."

사각형 얼굴을 가진 그는 누구보다 자신을 잘 안다. 본인 스스로도 과거에 일의 끝맺음이 좋지 않았음을 경험했기에 도와줄 조력자를 필요로 한다. 그에게 필요한 사람이 되어 주어라. 미리미리 믿음을 주어야 한다. 끝까지 물고 늘어지는 끈기가 있음을 보여주어야 하는데, 다음과 같은 말을 아끼지 말라.

"그렇게 열심히 노력하는 모습을 뵈니 일을 마치실 때 제가 힘을 보태야겠다는 생각이 절로 듭니다."

사각형 얼굴을 가진 그는 대체적으로 코가 커서 폐활량이 좋다. 폐가 좋다는 것은 근육이 강하다는 증거이기도 하다. 따라서 활동성이 보장된다.
겉으로 보기에는 힘이 넘치고 뼈가 툭툭 불거져 보이기도 하는데, 간혹 사각형 얼굴을 가진 사람들 중에서도 근육이 없는 사람은 살집도 없다. 사각형 얼굴은 살이 있는 경우와 살이 없는 경우로 극단적으로 나뉘는데, 살이 없는 경우가 더 많다. 살이 부족하기 때문에 평생 재산이 많지는 않으며, 대부분 살이 많은 사람이 살이 없는 사람보다 재산이 많다.
사각형 얼굴을 가진 사람이 재산을 모으기 위해서는 토목이나 건축업에 종사하는 것이 좋다. 생산 공장을 운영하면 어느 정도 재산을 축적할 수 있을 것이며, 직업군인이 된다면 고급 장성이 될 가능성이 높다. 그들은 강력한 리더십과 강한 성격을 요구하는 직업이 어울리는 사람들이다.
만약 사각형의 얼굴을 가진 사람이 사회 진출을 앞두고 고민을 하고 있다면 다음과 같은 말로 용기를 주면 좋을 것이다.

"말씀을 나눠보니 리더십이 넘치시는군요. 따르는 사람이 많지 않은가요?"
"강한 결단력을 가지고 계시지 않습니까? 건강만 하다면 뭐든 이룰 수 있지요."

사각형 얼굴을 가진 그는 비교적 건강하지만 지나친 복이 화가 되는 경우도 있다. 자신의 몸에 자신이 있기 때문에 과로하기 쉬우며, 운동도 지나치면 병을 몰고 올 수 있다. 술을 좋아하는 체질이라 과음으로 고생할 수도 있는데, 지나치게 몸을 혹사시켜 관절을 망가뜨리기도 하고, 관절염을 앓게 되는 경우도 있다. 이들은 결핵과 같은 폐질환에 약하다.

"사장님! 이거 드십시오. 피곤할 때 최고랍니다."

사각형 얼굴을 가진 사람은 나이가 들수록 간이 약해지기 때문에 간에 좋은 음료나 약을 선물하는 것이 친교를 쌓는데 도움이 될 수 있다. 어느 날 갑자기 간이 약해졌다는 것을 알게 되는 중년 나이의 그와 만나게 된다면 건강과 간을 주제로 해서 이야기를 나눈다면 큰 도움이 될 것이다.

얼굴이 사각형인 사람의 특징

1. 머리카락이 굵고 강하며 직모이다.
2. 이마는 각이 지고 모나며 좁은 편이다.
3. 눈썹이 진하고 굵다.
4. 눈이 움푹 꺼져 있다.
5. 코가 길게 뻗어 있으며 망울이 크다.
6. 입이 크다.
7. 턱은 각이 져서 강하게 보인다.

역삼각형 얼굴을 가진 그에게 지식을 뽐내지 마라!

역삼각형 얼굴을 가진 사람은 한 번에 확인이 가능하다. 이들은 머리가 크고 이마가 큰 반면 턱 부분이 지극히 좁다. 즉 이마에서부터 턱까지 계속해서 좁아지는 사람이다. 서양에서는 일반적으로 세모형이라고 부르는데, 정확하게 말하자면 세모형이 아니라 하부가 좁아지는 역삼각형이다.

역삼각형 얼굴의 소유자는 무척 머리가 좋은 편이다. 이마가 넓은 사람은 대체적으로 머리가 좋은 편에 속하는데, 두뇌가 발달했기 때문에 공부를 잘하는 경우가 아주 많고, 관찰력도 뛰어나다. 그러나 턱 부분이 좁아지면 젊어서 두각을 나타내지만 세월이 흐르면 점차 가난해지거나 빛을 잃게 되는데, 그는 학문적인 상황이나 모든 대화에서 대단히 심각해지는 경향이 있으므로 편한 대화가 이루어지도록 해야 한다.

"오늘 날씨가 무척 쾌청합니다. 가을이 깊어가는 것 같지요?"
"어제 일기예보를 보니 비가 많이 올 거라고 하던데요?"

역삼각형의 얼굴을 가진 사람 앞에서 갖은 기교를 부리거나 허세를 부리는 것은 금물이다. 얼굴이 역삼각형인 사람은 학구열이 높고 학문적으로 깊이 파고드는 성격을 지니고 있다. 새로운 것에 대한 욕구가 크며, 새로운 이념이나 학문에 관심이 많은 그와 만난다면 말을 많이 하도록 유도하라.

"최근 방송을 보니 에볼라 바이러스 퇴치가 가능한 백신이 개발되었다고 하던데요?"
"인도의 우주선이 화성에 도착했다는 뉴스 보셨나요?"

얼굴이 역삼각형인 사람은 말을 많이 하지는 않지만, 학문적인 내용에 있어서는 세밀하고 장황해지는 경향이 있다. 깊이 있는 이야기가 오갈 수 있으므로 반응에 신경을 써야 한다. 고개를 끄덕이거나 감탄하고, 때로 동조하며 눈에 힘을 주어 바라보는 것으로 관심을 표시하는 것이 좋다. 아는 척하며 나서는 것보다는 그의 말에 긍정적인 반응을 보이는 것이 중요하다.

"아, 그렇군요. 처음 알았어요."
"그렇게 깊은 뜻이 있었군요. 저도 자료를 찾아보아야겠습니다."
"머릿속이 맑아지는 걸요. 친구들에게 아는 척 할 수 있을 것 같습니다."

역삼각형 얼굴을 지닌 사람은 간혹 이유 없이 신경질을 부린다는 것이 결점이지만, 금방 가라앉는다. 그들은 자신의 신경질적인 기질을 잘 알고 있으므로, 상대방이 신경질적인 반응을 보일 때는 묵묵히 기다리거나 잠시 자리를 피해주는 것이 좋으며, 적극적인 대응은 금물이다.

역삼각형의 얼굴을 가진 사람은 대체로 머리가 좋기 때문에 상대의 반응을 잘 읽는 편이고, 심리상태에 대해서도 잘 느끼는 편이다.
"아이들은 잘 지내죠?", "언제 식사 한번 하시죠."와 같은 형식적인 말들은 역삼각형의 얼굴을 가진 그에게 아무런 느낌도 주지 못한다.

역삼각형의 얼굴을 가진 사람은 체질상 건강문제로 늘 걱정이 많다. 특히 결핵이나 폐렴 등과 같은 질환이 따라다니는데, 때에 따라서는 류머티즘이나 뇌신경과 관련된 병이 찾아오는 경우도 있다. 또한 매사에 신경을 많이 쓰는 체질이라 위장병이 많고 그에 따른 불면증도 있으며, 노이로제 증상을 보이는 경우도 있다.

역삼각형 얼굴을 지닌 그에게는 병증에 따른 해결책을 제시해 주는 것이 가장 훌륭한 응대법이 될 수 있는데, 특히 가을이 되면 건강을 염려해 주는 말 한마디가 긍정적인 관계를 형성시켜준다. 진정성을 가지고 목소리에 정감을 담아 다음과 같이 말해보라.

"가을 환절기에는 무를 삶아 먹는 것만으로도 감기가 예방된다고 합니다."
"아침에 목 따끔거리지 않으세요? 따뜻한 차 한 잔 어떻습니까?"
"가을에 먹는 카레는 위장병에 좋다고 하던데요."

역삼각형 얼굴을 가진 사람은 식습관 또한 독특하기 때문에 유난히 싫어하는 음식 냄새가 있을 수 있다. 따라서 같이 식사를 할 때는 가능한 한 특유의 향이 나지 않는 메뉴나 장소를 선택하는 것이 좋다.

얼굴이 역삼각형인 사람의 특징

1. 머리카락이 가늘고 적은 편이다.
2. 이마가 넓고 높으며 길다.
3. 눈썹이 가늘고 길다.
4. 눈은 작고 가늘다.
5. 코는 작으며 높다.
6. 입은 작고 얇으며 창백하다.
7. 턱이 뾰족하며 날카롭다.

이마가 좁고 턱이 넓은 얼굴을 가진 그와는 고생한 이야기를 하라!

동양의 관상학은 예로부터 중국의 관상학에 바탕을 두고 있으며, 얼굴 형태 또한 각각 한자로 표현하고 있다.

유(由)자형 얼굴은 한문의 由자처럼 생겼다는 의미인데, 지극히 동양적인 분류에 해당한다고 볼 수 있다. 한문의 由라는 글자처럼 머리 부분은 가늘고 턱은 넓다. 이마는 좁지만 점차 얼굴의 하부로 갈수록 넓어지는 모양이다. 흔히 마음이 좁다고 표현하지만 반드시 그런 것은 아니며, 하부가 넓다는 것은 말년이 좋다는 것이다.

"저는 아버지에 대한 그리움이 늘 있습니다."
"어머니는 저에게 늘 아버지를 닮았다고 말씀하십니다."

유(由)자형 얼굴을 가진 사람들은 대부분 부모의 도움이 없었거나 자수성가(自手成家)한 경우가 많으며, 어려서 고생을 많이 했을 가능성이 높다. 따라서 부모님을 상기시키는 것이 좋은 대화의 시작이 될 수 있는데, 그것은 유(由)자형 얼굴을 가진 사람들이 아버지를 일찍 여읜 경우가 많기 때문이다. 그들은 아련한 어린 시절의 추억과 아버지에 대한 막연한 그리움을 가지고 있다.

관상학적으로 이마는 아버지를 의미하고 있으므로 이마가 좁다는 것은 아버지의 도움을 받지 못했음을 의미한다. 따라서 어린 시절에 고생이 심했을 것이고, 타향으로 가서야 성공하는 운을 타고 났다고 볼 수 있다.

그에게 중요한 것은 아부가 아니라 살아가는 문제로, 이 유형은 겉치레를 좋아하지 않기 때문에 사실적인 이야기를 하는 것이 더 효율적이다.

"저도 학교 다닐 때는 아르바이트로 학비를 벌었어요."
"제가 아르바이트 할 때는 왜 그렇게 고갈비가 먹고 싶었는지 모르겠어요."

유(由)자형 얼굴의 사람을 만나면 잘난 체하기보다는 고생했던 이야기를 하면 좋은 응대가 될 것이다. 그러나 진실성이 있어야 한다. 유(由)자형 얼굴은 대부분 20세 후반을 전후해서 본격적인 경제활동을 펼치며 부를 축적하기 시작한다. 고생을 많이 하지만 코가 좋다면 대부분 성공하는 편이다.

"제가 학창시절에 아르바이트를 해 보았더니, 서빙보다는 막노동이 더 돈이 되더군요."
"젊을 때는 열심히 뛰어야 보람된 일이 생기지요."
"제게 기회가 주어진다면 말처럼 달리고 싶습니다."

열심히 일한다는 표현이 그의 마음을 사로잡을 수 있다. 고생했다는 표현보다는 '무엇을 하니 더욱 좋았습니다.'와 같은 형식의 대화가 상대의 마음을 사로잡을 수 있다.

유(由)자형 얼굴을 가진 사람은 가정의 행복을 매우 중요하게 여긴다. 자신의 고생이 가족을 위한 것이라고 생각하기 때문에 유(由)자형 얼굴을 가진 사람에게 있어 가정의 행복은 가장 큰 보람이며, 자신의 땀과 노력이 가정의 행복으로 돌아온다고 믿는다.

그렇다고 해서 그에게 "가정은 평안하시죠?"라고 하는 것은 아무런 감흥을 주지 못하며, 좀 더 깊이 있는 대화가 필요하다. 즉 추상적인 대화가 아니라, 직접적인 대화가 필요하다는 것이다.

"요즘 감기가 유행입니다. 감기 걸린 가족은 없으시죠?"

같은 뜻이지만 이야기가 달라진다. 막연하게 가정이 평안하냐고 물으면 간단하게 대답하거나 고개를 끄덕이면 그만이다. 그러나 감기라는 말을 사용하면 감기에 대한 내용을 이야기하게 되며, 결국 대화가 길어진다.

유(由)자형 얼굴을 가진 사람에게 있어 처자복(妻子福)은 매우 중요하다. 눈 밑의 불룩한 부분을 애교살이라고도 하고, 와잠(臥蠶)이라고도 하는데, 이 부분이 불룩하면 처자복이 많은 사람이다. 이런 사람에게는 가정에 대한 이야기를 많이 하는 것이 공감대를 형성하는 좋은 방법이므로, 자신의 자랑보다는 상대의 단란하고 즐거운 가정사를 이야기하는 것이 좋다.

반대로 눈 밑이 풍부하지 못하면 재산을 이루었다 해도 자손이 만족스럽지 않은 것으로, 자손이 부족해서 걱정이 이만저만이 아니다. 이 경우에는 자손이나 가정 자랑보다 타인의 이야기를 해서 마음이 통하게 하라.

"친구 아들이 입원한 병원을 다녀왔는데요. 제 친구는 하나 뿐인 자식이 몸이 아파서 걱정이 많더라고요."
"어린 아이들은 공부를 잘해도 좋지만 역시 건강해야지요."

여성의 경우 유(由)자형 얼굴은 흔히 재취(再娶)의 상이라 하여 후처(後妻)로 보거나, 이혼하고 다른 남성을 만나는 것으로 살핀다. 초혼에 실패하는 경우가 많으므로 여성의 경우 집안 이야기보다는 취미에 대해 이야기를 하는 것이 좋다.

유(由)자형 얼굴은 공무원 쪽과는 인연이 적다. 즉 공무원이나 높은 직위에 오르기는 어려운 유형이므로 상업적인 성공에 기대를 걸어야 한다. 따라서 사업을 하는 쪽이 공무원 계통보다 낫다.

"사장님의 뚝심은 정말 부럽습니다."
"사장님의 돌파력은 기네스북 감인 것 같습니다."

유(由)자형 얼굴을 지닌 사람들 대부분은 성급하고 활동적인 성향이 강하다. 침착성과 사고력이 부족하기 때문에 조언을 세밀하게 해주면 그의 조력자가 될 수 있다. 단 위기가 와도 굴하지 않으며 결단력으로 극복하는 스타일이므로 이를 대화에 잘 활용하자.

"어디서 예절 교육을 따로 받으셨어요?"
"예의가 정말 몸에 배이셨는데요?"

유(由)자형 얼굴의 소유자는 예의가 바르다. 사교적이지는 않지만 사람에 대한 정이 있다. 이들은 자기주장이 강하므로 처음부터 거스르거나 꺾으려 하지 말고 나중에 합리적으로 설득하라. 나름 외로움도 타기 때문에 따뜻한 마음을 가지고 다가가는 것이 좋다.

체질적으로 건강에 대한 염려가 없기 때문에 건강에 대한 관심도 많지 않다.

유(由)자형 얼굴을 가진 여성은 화술이 뛰어난 편에 속한다. 강사처럼 말을 잘하기 때문에 상대의 말을 끊기보다는 들어주는 것이 호감을 살 수 있다.

얼굴이 유(由)자형인 사람의 특징

1. 이마가 좁고 턱이 넓다.
2. 부모복이 없다.
3. 어머니보다는 아버지가 일찍 사망한다.
4. 공무원보다는 장사가 제격이다.
5. 코가 좋으면 재력가다.
6. 고혈압이나 신장, 당뇨가 있을 가능성이 높다.
7. 필요 없는 걱정을 많이 한다.

이마가 넓고 턱이 뾰족한 얼굴을 가진 그의 외로움을 달래 주어라!

동양의 전통 관상학에서 말하는 갑(甲)자형 얼굴은 이마가 넓고 높으며 턱은 뾰족하다. 서양의 삼각형 얼굴에 가까운 관상이지만, 정확하게 말하면 역삼각형 모양의 얼굴이다. 갑(甲)자형 얼굴을 가진 사람은 한 아버지에 어머니가 여럿 있을 수 있다. 따라서 가급적이면 재혼, 후처, 양어머니, 첩에 관한 이야기는 삼가는 것이 좋으며, 친해진 뒤에도 가능한 한 정도를 지키는 것이 좋다.

"유년 시절에 우리 동네 이발소에 텔레비전이 하나 있었지요."
"당시 레슬링이 유행했지 않습니까? 지금의 미국 레슬링과는 달랐지요."

갑(甲)자형 얼굴을 지닌 사람에게 추억은 솜사탕과도 같다. 이마가 넓다는 것은 부모의 재산이 넉넉했다는 것을 말해준다. 그는 어릴 적에 부유했기 때문에 아쉬움 없이 자랐을 가능성이 높다. 50대 이상의 나이라면 더욱 이야기가 쉬워지는데, 어려웠던 시기에 다른 집에 없는 전축이나

TV수상기가 있었을 가능성이 아주 크다.

그에게는 추억을 되살릴 수 있는 이야기를 하는 것이 좋은데, 그는 자신의 아름답고 즐거웠던 추억을 이야기할 것이고, 그 이야기에 동조해주는 것만으로도 친구가 될 수 있다.

대화란 상대를 설득하기 위한 것으로, 상대에게 말을 많이 하는 것보다 상대의 말을 많이 들어주는 것이 설득에 도움이 되는데, 갑(甲)자형 얼굴을 가진 사람은 자신이 지혜롭다고 생각하기 때문에 이야기를 하는 도중에 자신의 잘못을 깨닫기도 하고, 상대가 진실한 마음으로 들어주고 있다는 사실을 깨닫기도 한다.

서양의 인상학에서는 이마가 넓고 턱이 좁은 형태라면 신경질적인 성격으로 본다. 특히 입이 작고 뺨에 살이 적은 사람이라면 신경질적인 것이 확실하므로 그의 비위를 거스르거나 그를 자극하지 않도록 해야 하며, 그가 짜증을 낼 때는 기다려 주는 인내심을 발휘해야 한다.

"가을이 되니 체력이 많이 딸리시죠?"
"제가 몸에 좋은 해신탕 하는 곳을 알아두었습니다."

갑(甲)자형 얼굴을 가진 사람은 정신력에 비해 부실한 체력을 가지고 있다. 물론 체력이 많이 나쁜 것은 아니지만, 대부분은 자신의 체력이 급격히 떨어지고 있다는 불안감을 가지고 있다.

갑(甲)자형 얼굴을 가진 사람에게 몸에 좋은 음식을 추천하거나 음식점을 소개하고, 같이 음식을 먹는 것은 이미 그를 이해했다는 신호를 보내는 것이나 다름없다. 만약 갑(甲)자형 얼굴을 가진 사람과 사귀려고 한다면 몸에 보약이 되는 음식을 파는 한두 곳의 음식점은 미리 알아 두어야 그를 사귀는데 드는 시간을 절약할 수 있다.

갑(甲)자형 얼굴을 지닌 사람은 감수성이 풍부하고 예술적이며 마음이 여린 측면이 있다. 따라서 생각은 많지만 실행력은 떨어져 동상이몽(同床異夢)일 경우가 많고, 시작은 거창하지만 용두사미가 되어 결실이 적으니 뒤를 챙겨주면 좋은 인간관계를 유지할 수 있다.

더욱 중요한 것은 구체적으로 이야기를 해주는 것이다. 어쩌면 당신이 말하는 작은 사례 하나가 그의 결정에 큰 영향을 미칠 수도 있다.

"얼마 전 이야기입니다. 제가 오래도록 출판 일을 했지만 이런 경우는 처음이었지요. 그 형님이 출판사 부장이었는데 3일 만에 삽화를 그려내야 한다고 만화가를 찾느라 고생하잖아요. 그래서 제가 친한 만화가를 설득해서 소개해 드리고, 3일 동안 같이 작업해서 삽화를 완성시켰지요. 제가 특별하게 한 일은 없지만 만화가가 일을 빨리 할 수 있도록 손발이 되어주었습니다."

구체적인 사례는 상대에게 믿음을 줄 것이다. 그 후에 자신의 의견을 이야기해도 늦지 않다.

"가을에 여행을 떠나보는 것이 어떨까요."
"제가 여행하기에 좋은 섬을 알아두었습니다."

갑(甲)자형 얼굴을 가진 사람은 감수성이 풍부해서 때론 멀리 떠나고 싶어 한다. 머리가 명석하여 누구에게나 총명하다는 소리를 듣지만, 내성적인 면이 강하고 사교적이지 못하므로 종종 외로움에 빠진다. 단 타인에게도 완벽을 요하기 때문에 트러블이 일어나기 쉬우므로 가능한 한 완벽하게 준비해서 응대하는 것이 중요하다. 예를 들어 여행을 가자고 말을 해야 한다면 여러 개의 코스를 미리 준비해 두는 것이 좋다.

그에게 다음과 같이 말해보자.

"때로는 모든 걸 잊어버리고 자신을 찾아 여행을 떠날 필요가 있습니다. 오늘은 가정사는 잠시 접어두고 예전 추억을 따라 여행을 떠나볼까요?"

갑(甲)자형 얼굴을 지닌 사람은 과거가 화려하다. 특히 부모의 덕으로 학업을 닦을 수 있었지만 사교적이지 못한 성격과 자신을 부각시키려는 성격 탓으로 점차 고립될 가능성도 있다. 특히 초년운은 좋지만 말년운은 그리 좋지 않아 나이가 들어갈수록 더욱 고립감을 느낀다. 따라서 따스한 감정을 전달하면 마음을 열 가능성이 높으며, 업무적인 말투보다는 그의 말에 동조해주고 그 심정을 이해해주면 좋은 친구가 될 수 있다.

갑(甲)자형 얼굴을 가진 그는 머리로 생각한 것에 몸이 따라가지 못하는 약점이 있다. 학습의 기회가 있어 지식은 있지만 행동력이 부족하고 점차 노쇠해지는 경향이 있어 우울하기 그지없다. 그래서 신경성 질환이나 스트레스성 위장병 등이 온다.

그와 가까워지고 싶다면 '얼마든지 대답해 줄게.', '언제나 친구가 되어 줄 수 있어.'라는 자세로 그에게 다가가라.

갑(甲)자형 얼굴을 지닌 사람은 창조적이지만 집착이 강하기 때문에 고독해지는 경우가 있으므로 사업적인 마인드가 아니라 진정성을 가지고 대하면 먼저 다가온다. 더불어 가슴의 두려움과 답답함을 누구에겐가 말하고 싶어 하는 성격이므로 많은 말을 하기보다 그가 하는 말을 아무런 사심 없이 들어주는 것만으로도 친구가 된다.

얼굴이 갑(甲)자형인 사람의 특징

1. 이마가 넓고 턱이 뾰족하다.
2. 부모 운이 좋다.
3. 어머니가 여럿 있을 수 있다.
4. 신경질적이며 용두사미가 많다.
5. 예술가, 작가, 문학인에 어울린다.
6. 신경성 질환, 위장병, 스트레스에 약하다.
7. 고독함을 느낀다.

이마가 넓고 턱이 뾰족한 얼굴을 가진 그의 외로움을 달래 주어라!

6

얼굴의 중앙이 넓고 이마와 턱이 뾰족한 그에게 재산을 지킬 수 있는 이야기를 해주어라!

신(申)자형 얼굴은 얼굴 중앙이 발달한 상이다. 흔히 얼굴을 상중하로 나누는데 이마 끝에서 눈썹부분까지가 상정(上停)으로 초년운을 보고, 눈썹부근에서 코끝까지는 중정(中停)으로 중년운을 보며, 코끝에서 턱 끝까지를 하정(下停)으로 살펴 말년운을 본다. 신(申)자형 얼굴은 중정운이 발달한 얼굴이다. 중정운이 발달했다는 것은 코가 잘 서고 광대가 발달했다는 것이다. 이 얼굴은 가운데가 가장 넓고 이마와 턱이 좁은 것이 특징이다.

이마와 턱이 뾰족하고, 코와 광대뼈는 발전했으니 중년운은 매우 좋겠지만, 초년운과 말년운은 그다지 좋지 않다. 단 40~50대에는 왕성한 활동을 하는데 그다지 세련된 느낌은 들지 않는다.

신(申)자형 얼굴을 가진 사람에게는 다음과 같은 말로 공감대를 표시하라.

"저도 부모님에 대한 기억은 그다지 나지 않아요."
"아이들이 무척 예쁠 것 같아요."

이마가 좁다는 것은 부모의 덕이 없거나 적다는 것이다. 따라서 신(申)자형 얼굴을 지닌 사람은 부모에 대한 기억이 그다지 좋지 않다. 어쩌면 생각하는 것이 고통일 수도 있다. 어렸을 때 부모가 이혼했거나 부모와 사별했을 수도 있다.

따라서 일부러 부모에 대해 묻지 않는 것이 좋으며, 만약 부모님에 대한 이야기가 나온다면 자기 자랑보다는 그의 감수성을 건드리는 대화를 유도해야 한다.

"언젠가 인천에서 자살한 어느 어머니에 대한 기사가 생각납니다. 너무나도 가난해서 아이를 데리고 자살한 어머니의 애틋한 기사를 읽었을 때는 정말 눈물이 나서 참을 수가 없었습니다. 우리나라에서는 이런 일이 없기를 바라는 마음으로 그날 알 수 없는 존재를 향해 기도를 했지요."

어쩌면 장황할 수도 있는 비유지만, 이처럼 감성을 헤아리는 말이 그의 마음을 열어줄 것이다. 만약 유년기를 어렵게 보냈다면 이러한 이야기를 곁들인나고 해서 그가 싫어히지는 않을 것이다. 그러나 애써 이야기를 만들지는 마라.

자수성가한 사람의 특징은 드러내는 사람이라는 것이다. 남을 믿기보다는 자신을 믿으며 눈에 보이는 것이 아니라면 함부로 움직이지도 않는다. 완벽주의에 가까운 사고를 지닌 그는 확실한 증거를 제시하는 이야기를 하면 움직일 가능성이 아주 높다.

"얼마 전에 친구들과 남북통일이라는 음식점에 갔습니다. 요즘 소고기 샤브샤브가 유행이어서 그 종류가 많지만 너무 비싸거나 사실 먹을 것이 별로인 경우가 많지 않습니까? 그날 남북통일 샤브

샤브 주인을 만났는데 보기 드물게 솔직하던데요. 가격 때문에 소고기는 호주산을 쓰지만 모든 채소는 저 농약 농산물을 쓰고 있다고 말하더군요. 그 말을 믿어도 될 것이 음식점 옆 땅에 채소 농장을 가지고 있더라고요. 그래서 믿을 수 있었습니다."

신(申)자형 얼굴을 지닌 사람은 젊어서는 경제적 능력이 거의 없는 경우가 많으며, 결혼도 일정한 나이가 지나서 하는 경우가 많다. 현재 나이 50세를 기준으로 했을 때, 1960년대 초년생만 하더라도 30세가 넘어서야 결혼하는 경우가 많았는데, 이들은 자수성가하였기에 자존감이 매우 높으며, 젊은 아내를 만날 가능성이 많다. 또한 나이가 들어서 자식을 낳게 되므로 자녀에 대한 애정이 각별하다.

"혹 부인이 미인이지 않습니까? 어쩐지 미녀를 아내로 맞이하셨을 것 같습니다."
"선생님 얼굴을 마주하니 저도 성공에 대한 의지가 샘솟습니다."

이 정도의 대화는 사실 양념에 불과하다. 부모의 덕을 입기 어려웠으니 의지가 있어야 성공했을 것이고, 이마가 좁으니 초년운도 원만하지 않으며 어려운 어린 시절을 보냈을 가능성이 매우 높다.

신(申)자형 얼굴을 가진 사람이 눈썹 사이가 발달해 있으면 나이를 먹어서 성공한다. 눈썹 사이가 너무 좁아 미간이 눈썹으로 가려져 있다면 미래가 불투명하며, 미간이 확연하게 드러나고 미간 윗부분이 드러나야 좋다.

신(申)자형 얼굴을 지닌 사람은 학업 운이 좋이 않은 경우가 많다. 부모의 지원을 받지 못했으니 때로는 학업 운이 아주 나쁠 수도 있다. 얼굴에 늘 긴장감이 서려 있고, 어딘지 모르게 거친 인상을 주므로 세련되었다고 보기는 어렵다.

"선생님은 정말 뚝심이 대단하십니다."
"좌절해서 주저앉아 본 적이 없으신 분 같습니다."

칭찬이 따로 없다. 50살까지는 굽히지 않는 불굴의 기상을 지닌 그를 칭송하고 저력에 대해 이야기한다면 마음을 열 것이다. 그러나 50이 넘으면 이야기가 달라진다.

50세가 넘으면 급격한 하향곡선을 그릴 수 있으므로 50이 넘은 신(申)자형 얼굴의 소유자에게는 재산을 지킬 수 있는 이야기를 해 주어야 한다.

"부동산에 투자하는 것이 미래에 대한 투자입니다."
"화재보험은 꼭 드셔야 합니다."

여성의 얼굴이 신(申)자형이라면 초혼에 실패했을 가능성이 높다. 따라서 상대가 먼저 말하기 전에 의문을 드러내거나 가족사에 대해 묻지 말자. 시간이 지나면 스스로 이야기할 것이다.
"어머, 그 여자 말이야. 이혼하고 남편 속이고 새로 결혼했다고 하잖아."와 같은 얘기는 신(申)자형 얼굴을 지닌 여성에겐 독약과도 같다. 아무리 친한 사이라 해도 마음을 감추기 시작하고 결국은 당신을 멀리할 것이다. 만에 하나 누군가 그런 이야기를 했다면 과감한 행동을 보여야 한다.

"요즘 세상에 재혼이 무슨 흉이라고 호들갑들인지 모르겠어요."

이 한마디가 그녀의 호감을 얻을 것이다.

신(申)자형 얼굴의 특징은 광대뼈와 코가 높이 솟았다는 것이다. 이는 자신감과 자만심을 드러내는 모습으로, 이들과의 만남에서 자신감을 저해하는 대화는 금물이다. 활동력이 왕성하고 주저 없이 나아가지만 깊이 생각하는 스타일이 아니다. 충고를 하는 것도 필요하지만 자존심을 꺾으면 짜증을 낸다. 의견을 말하는 정도로 이야기 하는 것이 좋다.

"보험을 많이 들어두시는 것이 좋겠습니다."
"공장은 화재보험이 필수입니다."
"안전장치도 필요하지 않겠습니까?"

이 유형은 스스로 노력하고 강력한 힘을 바탕으로 나아가는 성격이라 노력을 기울인다. 따라서 큰일을 이루는 사람이 많다. 실업계나 정치계에서도 두각을 나타낼 수 있지만 중년에 과로로 인한 스트레스가 많고 신경성 질환을 피하기 어렵다. 때로는 정력에 문제가 생겨 고민스러워 하고 술이나 도박에 빠지기도 한다.

"검은콩과 현미가 건강에 좋고 신장에도 좋다고 합니다."
"토마토가 건강에 좋은 채소랍니다."

이들에게는 건강을 챙겨주는 이야기를 하는 것이 좋다. 특히 나이가 들면서 전립선이나 생식기 계통에 무리가 올 수 있으므로 자료를 준비해 두었다가 차분하게 브리핑을 해주면 귀를 기울일 것이다.

"간혹 여행을 떠나십니까?"
"국내여행도 좋지만 머리를 식히는 데는 해외여행도 그만입니다."
"남도의 갈대밭이 그렇게 멋있답니다."

여행을 유도하여 스트레스를 날리도록 조언하는 것도 좋은 접근법이 된다. 스트레스를 날리면 신경성 질환이 약해지거나 벗어나는 계기가 될 수 있다. 따라서 여러 가지 여행에 대한 자료를 구해서 알려주고 제공해 주면 좋은 인상을 남길 수 있다.

얼굴이 신(申)자형인 사람의 특징

1. 이마와 턱이 좁다.
2. 광대가 나왔으며, 코는 크고 높다.
3. 만혼이 좋고 자식을 늦게 얻는다.
4. 50세가 고비가 된다.
5. 말년운이 좋지 않다.
6. 정력 감퇴나 방광에 문제가 있다.
7. 턱의 근육이 약하다.

얼굴의 중앙이 넓고 이마와 턱이 뾰족한 그에게 재산을 지킬 수 있는 이야기를 해주어라!

정사각형 얼굴을 가진
그는 행사를 좋아한다

길을 가다 문득 보게 되는 얼굴 중에 정사각형처럼 생각되는 얼굴이 있는데, 이런 얼굴을 전(田)자형 얼굴이라고 한다. 마치 각이 진 물건처럼 보이는 이 얼굴은 네 귀퉁이가 무척 튼튼해 보인다.

전(田)자형 얼굴은 이마의 양옆과 턱의 양 옆이 마치 자로 잰 듯, 혹은 상자를 보듯 반듯하다. 이 얼굴을 삼등분했을 때 이마에서 눈썹까지의 넓이, 눈썹에서 코끝까지의 넓이, 코끝에서 턱 끝까지의 넓이가 균등하게 넓으면 매우 좋은 관상이다. 만약 몸까지 근육질이라면 일생동안 먹고 입는데 부족함이 없다.

"선배님, 후배들이 선배님 오시기를 늘 고대합니다."
"이 기회에 얼굴 한번 보여주시죠."
"모두가 선생님을 모시고 행사 한번 하기를 원하고 있습니다."

전(田)자형 얼굴을 가진 사람은 행사를 좋아하며, 남들 앞에 나서는 것을 좋아한다. 또한 자신의 지위를 추구하며, 생각보다 몸이 먼저 움직인다.

전(田)자형 얼굴을 가진 사람은 전형적인 행동가 스타일이다. 그러나 감정적으로는 지극히 약하고 겉모습은 우아하지 못하다. 좋은 레스토랑보다는 여럿이 어울릴 수 있는 일반 식당 같은 곳을 좋아한다. 칭찬 받는 것을 좋아하고 주어진 조건 안에서 명예를 존중한다. 여럿이 밥을 먹으면 적은 돈은 내지만 많은 돈은 나누어 내자는 스타일이다. 그러나 자신의 이름이 호명되지 않으면 섭섭해 한다.

전(田)자형 얼굴을 지닌 남성은 의지가 매우 강한데, 감정적으로 약한 것과 의지가 강한 것은 다른 문제로, 이 유형은 물러섬이 없고 새로운 일이 생기면 개척정신을 발휘한다. 승부욕이 강하기 때문에 일을 하는데 있어 멋진 남성상이기는 하지만, 융통성이 부족하고 타인에 대한 배려가 부족하여 적을 만드는 경향이 있다.

"형님, 형님이 한번만 이해를 하시면 저 친구도 좋아할 겁니다."
"사장님의 고견이 백번 옳다고 생각합니다. 그래도 승자의 아량이
 필요하지 않겠습니까? 자리는 제가 마련하겠습니다."

진(田)자형 얼굴을 가진 남성은 자기주장과 맞지 않으면 절대로 행동하지 않는 경향이 있다. 그러나 자존심을 세워주고 서열이 정해지면 주저없이 움직이기도 한다. 명예를 존중하기 때문에 실적을 칭찬하고 존경심을 표하면 행동에 나선다.

전(田)자형 얼굴을 지닌 여성 또한 남성처럼 성격이 시원하다. 어지간한 남성들보다 더욱 남성적이며 책임감 있게 일을 처리하는 스타일로, 음성적이지 않고 양성적이라고 말할 수 있다. 나름 오기도 있어 일을 잡으면 해내겠다는 일념으로 일에 매진하는데, 강한 성취욕으로 물불을 가리지 않는다.

"여사님을 따라하면 반드시 좋은 결과가 있을 것 같습니다."
"브라보, 남자인 제가 창피해지는데요."

전(田)자형 얼굴을 가진 사람에게 칭찬은 최고의 기량을 발휘하게 하는 활력소가 된다. 그러나 전(田)자형 얼굴을 지닌 여성은 경쟁심이 뛰어난 방면 오기가 있어 거짓 칭찬에 민감하게 반응하므로 진심으로 대하는 것이 우선이다.

전(田)자형 얼굴을 가진 여성은 결혼여부와 상관없이 사회활동을 해야 자부심을 느끼고 존재 가치를 느낀다. 현대의 여성상으로 매우 인기가 있는 이 유형은 초년과 중년에 약간의 우여곡절이 있으므로 위로가 대단히 중요한 대화법이 된다.

"언니 성격에 이대로 물러앉을 수 없지. 안 그래?"
"선생님, 고지가 바로 눈앞에 보입니다. 제가 돕겠습니다."

전(田)자형 얼굴을 가진 사람은 사람과의 관계에서 간혹 트러블을 일으킨다. 이는 지나친 고집 때문으로, 이들은 타인과의 조화에 대해 중요하게 생각하지 않는 경향이 있다. 겉으로는 친한 듯 보이지만 친화적이지 않은 경우가 대부분이다. 때문에 트러블로 모든 것을 망치는 경우도 생긴다.

전(田)자형 얼굴을 가진 사람은 때로 독재자적인 성격을 보이기도 하는데, 이는 배려가 부족하기 때문이다. 따라서 전(田)자형 얼굴의 소유자를 이끌거나 보필할 때는 그가 독재적인 성격으로 보이지 않도록 충고하고 도와주는 것이 필요하다.

얼굴이 전(田)자형인 사람의 특징

1. 얼굴이 정사각형이다.
2. 골격이 발달한 경우가 많다.
3. 융통성은 부족하지만 승부욕이 강하다.
4. 40세 이후에 재물을 많이 모은다.
5. 부동산에 투자하는 것이 좋다.
6. 신경통과 간질환이 있을 수 있다.
7. 여성은 자궁과 관련된 병을 조심해야 한다.

살찐 사각형 얼굴을 갖고 있는
그에게 거절하는 법을 알려주어라!

동(同)자형 얼굴은 네모진 얼굴이지만 전(田)자형 얼굴과는 다르다. 동(同)자형 얼굴은 전(田)자형 얼굴에서 턱이 발달한 얼굴형이라고 보면 되는데, 네모난 얼굴에 광대뼈와 턱뼈에 살이 붙어 더욱 풍성해진 모습이다. 특히 눈여겨 볼 것은 턱이 발달한 모습으로, 지극히 남성적이지만 드러나는 언행이 부드럽고 온화하다. 아울러 근육과 뼈가 발달한 균형이 잡힌 몸매에 속한다. 어디에 내어놓아도 빼어나다.

이들은 이마가 넓으니 어려서부터 부모덕이 있다. 이마가 넓은 것은 마음이 넓다는 뜻도 있지만 초년운이 좋다는 것이다. 초년운은 당연히 부모운으로, 이미 30세가 되기도 전에 기초를 세우니 전도양양하다.

동(同)자형 얼굴을 가진 사람은 남녀를 불문하고 마음이 독하지 못하고 결단력에 문제가 있다. 세상이 자신의 마음처럼 두려울 것이 없다고 생각한다.

이들은 마음만 먹으면 무엇이든 가질 수 있는 시절이 있었고, 부모가 풍족하니 언제나 손을 내밀면 되었다. 나이를 먹어도 그와 같은 습관을 잘 버리지 못하며, 때로는 세상의 어려움을 생각하지 않는 경우도 있어 다른 사람의 눈총을 받을 때도 있다.

사람이 좋다는 말을 듣지만 사람을 통한 이익은 없는데, 동업에 실패하거나 돈을 빌려주고 돌려받지 못하는 경우가 많다. 따라서 동(同)자형 얼굴을 가진 사람을 대할 때는 복잡한 문제나 주변 사람의 도움 요청을 현명하게 거절하는 방법 등에 대한 이야기를 하는 것이 좋다.

"도와주시면 좋겠지만, 때론 무시하는 것도 필요합니다."
"모른 척하십시오."
"세상을 모두 구제하실 수는 없지요."

동(同)자형 얼굴을 지닌 사람은 대부분 온화함을 지니고 있어 인품이 드러난다. 자기 자신에게 강하고 타인에게 부드러운 성격이 드러난다. 권력 계통에서도 적을 만드는 경우가 적고 상업이나 사업으로 진출해도 적이 많지는 않다. 그러나 이를 이용하려는 사람이 많으므로 조심해야 하는데, 그와 같은 것을 지적해주며 대화를 나누면 좋은 관계를 유지할 수 있다.

선상에 있어서는 특별한 문제없이 장수하는 상이며, 병도 많지 않다. 여성의 경우에도 매우 좋은 상으로 가난하지 않고 덕이 있으며 재산이 있다.

"과격한 운동보다는 부드러운 운동이 좋습니다."
"등산보다는 수영이 더 좋지 않을까요?"
"격한 운동보다는 골프를 치면서 이야기를 나누시죠."

동(同)자형 얼굴의 소유자는 가벼운 운동이 도움이 되며, 이를 통해 품위 또한 지킬 수 있다. 도도하지 않아 친구가 많고 좋은 사람들이 곁에 있지만, 이용하고자 하는 사람들도 접근하므로 주의를 환기시키는 것이 좋다.

얼굴이 동(同)자형인 사람의 특징

1. 네모진 얼굴에 살이 붙어 있다.
2. 근골이 튼실하다.
3. 일찍 성공해서 부유함을 누린다.
4. 동업은 금물이다.
5. 보증을 서주면 떼인다.
6. 처자궁이 좋다.
7. 장수(長壽)할 상이다.

9

길고 좁은 얼굴을 가진 그에게
자녀에 대한 이야기는 하지 말아라!

얼굴이 길고 좁은 사람을 통틀어 목(目)자형 얼굴을 가졌다고 말하는데, 턱이 길어도 이 모양으로 보인다. 관상학을 배우지 않았어도 얼굴이 긴 사람을 보고 목(目)자형 얼굴이라고 하면 그다지 틀릴 일이 없으니 판단에 큰 어려움이 없다.

목(目)자형 얼굴을 지닌 사람은 대부분 유년기가 행복했으며, 부모운이 좋았다. 20세 이전이 인생의 황금기라고 할 만한데, 20세가 넘으면 가세가 기울기도 하고 스스로가 유산을 날려 빈곤해지기도 한다.

목(目)자형 얼굴을 지닌 사람이라면 사업을 벌이기보다 유산을 지키고 보존하는데 힘써야 한다. 무엇을 해도 날리는 경향이 강하니 투자보다 지키는 것으로 버텨야 한다. 그러나 사람의 욕심은 한이 없기 때문에 투자에 투자를 거듭하니 결국 빈 깡통이 되기가 쉽다. 그런 이유로 그 또한 어린 시절의 추억에 젖어 있기 쉽다.

"저는 시골출신이라 어릴 때 뛰놀던 언덕이 늘 그립습니다."
"어릴 적 개울에서 물고기 잡던 때가 좋았지요."

"어머님이 다정한 성격이셨지요."

이 유형과 만나면 그의 어린 시절을 자극해보라. 목(目)자형 얼굴을 지닌 그에게는 추억이 값진 재산으로, 그의 심성을 자극하는 대화가 필요하다. 근원적이며 각색 없는 이야기가 그에게 다가가는 지름길이다.

"전 산골짜기 출신입니다. 아주 깊은 산골이었지요. 오죽하면 제가 태어난 마을 이름을 멍에골이라고 불렀겠습니까? 좁은 도로 양 옆으로 집 몇 채가 흩어져 있었고, 마을 앞뒤로 산이 높았어요. 저녁이 되면 집집마다 불을 때서 온 마을에 안개처럼 연기가 퍼져 자욱했습니다. 계곡이 좁아 연기가 쉽게 빠져나가지 못한 거지요."

목(目)자형 얼굴을 지닌 그의 감정을 움직이는 것은 중요하지만, 상처와 아픔을 끄집어내는 것은 금물이다. 그의 어린 시절을 지나치게 파고들거나 애써 듣고자 하는 것은 별로 유쾌한 일이 아니다. 적당히 운을 떼면 그가 스스로 이야기를 할 것이다.

그가 이야기를 시작하면 끊지 말고 동의하거나 맞장구를 쳐주고, 감탄사를 뱉는 것으로 족하다. 그의 이야기에 지나치게 흥분하거나 도취되어 자신의 이야기를 하려고 하지 말라.

목(目)자형 얼굴을 지닌 사람은 총명한 사람이지만 도량이 그다지 넓지 못하다. 따라서 자신의 상념을 방해하거나 말을 끊으면 짜증을 낸다. 더불어 신경질적인 면이 있으므로 비위를 거스르면 곤란해진다. 목(目)자형 얼굴을 지닌 사람은 자신의 주장을 펼치는데 있어 열과 성을 다하는 사람이다. 편하게 이야기하도록 해주면 당신을 너그러운 사람, 다정한 사람이라 여기고 마음을 열 것이다.

"즐겁게 사는 게 최고입니다."
"요즈음은 자식 다 필요 없고 마음 맞는 친구가 최고라고 합니다."

목(目)자형 얼굴을 가진 사람에게 자식 이야기를 많이 하면 실수할 가능성이 높아진다. 여성의 경우라면 더욱 입을 다물어야 한다. 목(目)자형 얼굴을 지닌 여성에게 자녀 이야기를 잘못 꺼냈다가는 본전도 못 찾는다. 목(目)자형 얼굴을 지닌 여성은 자식복이 없으며, 잘 키우지도 못한다. '남편 복 없는 년은 자식복도 없다'는 말이 틀리지 않다.

목(目)자형 얼굴을 지닌 여성을 만날 때에는 섬세함이 필요하다. 이들은 시댁이라고 하면 치를 떠는 경우가 많으며, 시부모나 시누이라면 고개를 내젓는다. 시댁의 첫 글자만 나와도 헛구역질을 하며, 늘 불평이 넘치니 서로가 좋지 않을 수밖에 없다.

목(目)자형 얼굴을 가진 여성과는 되도록이면 남편 이야기를 하지 않는 것이 좋다. 본인이 먼저 말을 꺼낸다면 응대를 할 수 밖에 없지만, 이들은 남편 복이 없는 편으로 생이별을 하거나 다시 만나 재결합하는 경우도 많다.

목(目)자형 얼굴을 지닌 사람에게는 칭찬을 많이 하는 것이 좋다. 이들은 수려해 보여도 마음이 좁은 편이다. 편협한 성격을 풀어주고 이해를 돕기 위해서는 그의 이야기를 많이 들어주어야 한다.

이 유형의 여성 앞에서는 그의 친구나 그와 관련된 사람에 대해서 가능한 한 칭찬하지 말아야 한다. 질투해서 미워할지도 모르니 말이다. 그래서인지 목(目)자형 얼굴을 지닌 사람들은 크게 성공하는 경우가 매우 드물다.

"최대한 현재를 즐기며 사십시오. 인생 짧습니다."
"말년이 행복해야 진짜 복된 삶이죠."

목(目)자형 얼굴을 지닌 여성은 주변에 남성이 없어 매우 고독한 편이다. 일생을 고독하게 독신으로 살거나 결혼운이 나쁜 경우가 많으며, 이혼을 하고 홀로 사는 사람의 비율도 높다. 다만 초년이나 중년에는 고독하지만 대체적으로 말년운은 좋은 편에 속한다.

목(目)자형 얼굴을 지닌 사람들은 고독해도 두뇌가 좋은 편이다. 성질을 건드리지 않으면 성품도 온후한 편이고 선량한 편에 속하지만 신경질이 많다. 간혹 이유 없이 화를 내는 건 아닌가 하고 느낄 정도로 돌발적으로 신경질을 부릴 때가 있는데, 그때는 잠시 자리를 피하거나 묵묵히 받아주어야 한다. 이유를 따지거나 대꾸하여 속을 긁으면 영영 나쁜 사람으로 기억될 수 있다.

"좋은 카페를 알고 있는데, 가보지 않으시겠어요?"
"저녁 시간에 양수리에서 춘천으로 가는 강변길을 따라 달리면 무척 아름답다고 해요. 같이 드라이브 하시지요."

목(目)자형 얼굴을 가진 사람에게 짧은 휴식과 산책은 보약과도 같은데, 그것은 그들의 우울증 지수가 높기 때문이다. 그들 중에는 조각가나 예술가들이 많은데, 짧은 휴식은 창작열을 높여주고 안정을 취하게 하므로 좋은 친교를 맺을 수 있다.

목(目)자형 얼굴을 지닌 사람들은 대체로 이상이 높은 편이며, 학문이나 예술분야에 관심이 많고 성취도 있으므로 그와 관련된 것을 주제로 삼으면 이야기가 잘 통한다. 그리고 이 유형은 대체적으로 강골이고 건강하다. 그러나 신경질적이므로 신경성에 관련된 질환에 시달릴 가능성이 있으며, 신경성 위염, 위경련, 두통이나 불면 등이 이에 해당된다.

"스펙보다 지구력 아닌가요?"

"한 직장에 몸담는 것도 명예로운 일이죠."

목(目)자형 얼굴을 지닌 사람들은 직장을 바꿀 때마다 평판이 흐려진다. 따라서 애초에 현명한 판단이 필요하다. 한번 자리를 잡으면 지구력을 가져야 하며, 자신이 좋아하는 분야에 매진하는 것이 좋다. 때로 마음에 들지 않거나 이직을 하고 싶어 해도 현재의 자리를 고수하라고 충고하면 나중에 좋은 말을 듣게 될 것이다.

얼굴이 목(目)자형인 사람의 특징

1. 얼굴이 좁고 길다.
2. 여성은 불평불만이 많다.
3. 마음이 너그럽지 못하다.
4. 대단히 신경질적이다.
5. 질투심이 강하다.
6. 예술가 타입이 많다.
7. 신경성 위염, 두통, 불면증이 있다.

긴 얼굴에 귤껍질 피부를 가진
그에게는 용기를 주어라!

긴 얼굴을 가진 사람 중에서도 피부가 고르지 못한 사람이 용(用)자형 얼굴이다. 턱 부분이 약간 벌어진 듯 보이기도 하며, 근본적으로 울퉁불퉁하다고 표현해야 할 정도로 얼굴이 매끈하지 못하다. 마치 달 분화구처럼 피부가 패어 있으며, 귤껍질이 생각나기도 한다. 25세 정도까지는 고생이 많기 때문에 흔히 초년복이 없다고 한다.

그런데 초년운이 나쁘다면 대체 언제까지 나쁜 것일까? 계속적으로 운이 나쁜 사람은 없다. 운이란 노력 여하에 따라 춤을 춘다. 좋은 시기가 있고 나쁜 시기가 있다.

"사람 사는 세상에 늘 태양만 있는 것은 아니지요."
"고객님은 30살이 되면 급격히 일어설 겁니다. 제가 장담하죠. 지금 어려운 것은 경험을 쌓는 것입니다. 머지 않아 좋은 일이 있을 테니 두고 보십시오."

그가 좌절하면 용기를 주어라. 반복적이어야 한다. 건성으로 응대를 할 것이 아니라 확실하게 이야기를 하라. 용(用)자형 얼굴을 가진 사람에겐 확신에 찬 모습을 보여주는 것이 좋다. 특히 어린 사람이 좌절하는 모습을 보일 때 이렇게 용기를 주면 좋다. 그가 성공하고 부활하며 불같이 일어날 날이 멀지 않았다. 그에게 용기를 주면 그는 당신을 형님으로 모실 것이다.

용(用)자형 얼굴을 가진 사람은 대부분 25세부터 부흥하여 50세 전후까지 줄기차게 성장해서 부를 얻는 경우가 많다. 부를 얻어도 작은 부자가 아니라 대단히 큰 성공을 거둘 가능성을 가지고 있다.

용(用)자형 얼굴을 가진 사람은 급격한 실패를 거듭하는 경우가 많다. 재앙이 많다고 할 수 있을 정도로 실패를 거듭하면서 성공을 한다. 때문에 마음의 고통도 크다. 특히 매부리코이거나 입의 좌우 균형이 맞지 않을 때는 실패가 거듭되며, 입술의 굵기가 다르거나 좌우가 틀어진 경우에는 극한 실패를 맛보기도 한다.

"뭐니 뭐니 해도 노후는 힘 있을 때 준비해 두어야지요."
"적금보다는 종신보험이 좋습니다."

용(用)자형 얼굴을 가진 사람은 지속력에 있어 한계가 분명하다. 즉 50세가 넘으면 급격하게 기우는 것이 눈에 보인다. 말년운이 나쁜데다가 이혼을 하거나 배우자가 죽는 경우도 많다. 자식도 기대할 바가 없으니 보험을 들어 말년을 지켜야 한다. 용(用)자형 얼굴을 지닌 사람들 중 일부는 재산조차 보전하기 힘든 상황으로 몰린다. 말년운이 나쁘다는 것은 자식의 운도 나쁘다는 것이다. 여성이라고 해서 크게 다르지 않다.

"편하게 즐기면서 사십시오."

용(用)자형 얼굴을 지닌 사람은 부유해서 호사를 누리면 수명이 짧다. 그러나 반대로 가난하면 수명이 길다.

얼굴이 용(用)자형인 사람의 특징

1. 얼굴이 길고 울퉁불퉁하다.
2. 초년 고생이 심하다.
3. 25세 이후 성공한다.
4. 급격한 실패를 경험한다.
5. 고향을 떠나 성공한다.
6. 부유하면 수명이 짧다.
7. 말년 운이 좋지 않다.

11

땅콩처럼 생긴 얼굴을 가진
그의 말년을 공략하라!

왕(王)자형 얼굴은 언뜻 보면 사각형으로 보이지만, 얼굴 전체가 조금 길고 중앙이 조금 들어간 것처럼 보이며, 마치 땅콩 같다는 느낌을 받게 된다. 대체적으로 방정하다고 표현하는데, 네모지다는 뜻을 가지고 있다. 이마도 넓고 턱 부위도 넓으며, 특히 이마가 넓어 중앙의 머리카락이 이마 중앙으로 약간 내려온 경우가 많다.

"선생님. 투자는 신중해야 합니다. 선생님은 마음이 너무 좋아서 탈입니다. 선의의 투자지만 상대는 다른 마음을 가질 수 있습니다. 신중해서 나쁠 것은 없습니다."

위와 같은 말을 하면 그는 의아한 눈으로 쳐다보겠지만, 곧 그 말이 무엇을 의미하는지 파악한다. 처음에는 거리가 좁혀지지 않겠지만 대화를 나누다보면 점차 믿음이 생기는 유형이 왕(王)자형 얼굴이다. 그를 만났을 때 빨리 친해지지 않는다고 초조해 할 필요는 없다. 서둘지 않고 진실함을 보여주면 친구가 된다.

왕(王)자형 얼굴은 외견상으로 단정하지만 뼈가 솟아 있다는 것을 알 수 있다. 눈썹의 뼈도 솟아 있고 광대뼈도 솟아 있을 가능성이 높다. 뼈는 많고 살은 적으니 재산과는 거리가 멀다. 그러나 살집이 많을수록 재산과 가까워진다.

이마가 넓으니 부모의 운은 좋았을 것이다. 그러나 청년의 나이에 해당하는 광대뼈 부근이 들어간 형상이니 재산의 운이 따르지 않는다. 손바닥을 뒤집듯 재산을 날리기 쉬운 유형이지만, 나중에는 자수성가할 상이다. 턱이 좋으면 좋을수록 성공 확률은 커진다. 턱이 큰 사람이라면 그의 말년을 예측할 수 있다.

"참다보면 반드시 성공할 겁니다."
"50살 이후의 말년이 진짜 인생이지요."
"제 친구 형들 중에 선생님과 생각이 비슷한 분이 계셨는데요. 부모님 덕에 부유했지만, 운이 나빠 계속 실패하셨지요. 그 형님 정말 힘들었습니다. 40이 넘어 50이 되도록 집 한 채 없이 모두 날리셨거든요. 좋은 학교를 나왔기 때문에 더 힘드셨지요. 그런데 그 형님 절대 좌절하지 않았습니다. 제게 자신의 턱을 가리키며 그러더라고요. 인생은 말년복이라고. 턱이 복이라는 말인데, 선생님도 제가 아는 그 형님과 다를 바가 없어요. 인생은 50부터입니다."

충고는 간단한 것이 좋지만 희망적인 충고는 조금 길어도 좋다. 그는 고향을 떠나 살아야 할 상으로, 고향에서 계속 산다면 그 자리에서 오래도록 살지만, 도회지에서 살게 되면 끊임없이 이사를 하게 된다. 때문에 차라리 좋은 쪽으로 해석해주는 것이 필요한데, 성격이 강하므로 부드러운 말로 응대하는 것이 최상이다.

"문이 좋아야 좋은 집이랍니다. 제가 풍수를 배웠는데, 남쪽이나 남서쪽 방향의 집이 재물을 모으는 집이라고 하는데요. 이왕이면 남서쪽으로 문을 내세요."
"반드시 남향을 고집하지 않아도 큰 길이 있는 쪽으로 문이 나면 좋은 집이라고 합니다."

이 유형은 배우자 복도 없으며 자식을 낳아도 걱정이 산처럼 쌓이게 되므로 마음을 편하게 가지도록 도와주거나 응대하는 것이 좋다. 이들은 아무리 벌어도 큰 부자는 되기 힘드니 먹고 사는 문제가 해결되면 만족해야 하며, 혹 부자가 되어도 남을 위해 쓸 정도로 의식주가 풍족한 것은 아니다.

"결혼은 늦게 할수록 좋을 것 같아요."
"서두르지 마세요. 결혼이 인생의 목표는 아니잖아요."

왕(王)자형 얼굴을 지닌 여성들은 결혼이 늦을수록 좋다. 일찍 결혼하면 이혼하거나 실패하는 경우가 많으며, 후처로 가는 경우도 있고, 고독이 어둠처럼 내린다. 그나마도 고독하지 않으면 일찍 생을 마감할 수 있으므로 천천히 결혼할 것을 권하라.

얼굴이 왕(王)자형인 사람의 특징

1. 얼굴이 네모나고 뼈가 솟아 있다.
2. 유산 상속이 있으나 부질없다.
3. 고향에서 성공하기 어렵다.
4. 자주 이사하고 자리를 옮긴다.
5. 처와 자식의 복이 박하다.
6. 큰 부자가 되기 어렵다.
7. 여성의 경우에는 평생 고독하며 요절할 수 있다.

12

하부가 넓은 얼굴을 가진 그의
사교술을 배워라!

풍(風)자형 얼굴은 얼굴의 하부가 넓은 것이다. 그렇다고 이마가 좁은 것은 아니며, 이마의 모서리가 각이 지듯 모가 졌다. 이마의 크기는 각각 다를 수 있지만, 대부분 이마가 넓은 편에 속하므로 조상이나 부모의 덕이 있다.

"정말 재치가 있으십니다."
"선생님의 사교술에는 정말 감탄했습니다."
"부장님! 사교술은 자연스럽게 얻어지는 기술이 아닌 거죠?"

풍(風)자형 얼굴을 지닌 사람은 사교술이 매우 뛰어나다. 영업에도 적격이고 어느 정도 성취도 있다. 스스로 큰 사람이 되지는 못하지만 뛰어난 언변과 재치 혹은 처세술로 고관대작이나 실업가들을 등에 업고 활동한다. 단 그리 오래도록 유지하지는 못하며 반짝 하는 경우가 많다.

이런 사람들에게 투자를 해서는 안 되는데, 이들은 초년에는 부모 덕이 있어 운이 좋으며, 지식이 있고 관록이 있어 보이지만 부하나 상사의 도움이 오래가지 않는다. 근본적으로 떠돌이 기질이 있어 정착이 힘들며, 결국 가난해지기 쉽다. 따라서 노후에 대비하라는 충고를 해야 한다.

이 또한 은근 슬쩍 말해야지 대놓고 말하면 미움을 산다. 돈을 모아도 사업을 한다고 욕심을 내다가 망하거나 방탕한 생활을 하다가 바닥을 보는 경우가 흔하다.

"다들 일을 하는 사람이 아름답다고 얘기하잖아요."
"일을 하면 잡념이 모두 사라져서 좋지 않나요?"
"우리 같이 바리스타 기술이나 배워 볼까요?"

풍(風)자형 얼굴을 가진 여성을 만나면 일을 권하는 것이 가장 좋은 대화법이다. 풍(風)자형 얼굴을 지닌 여성은 대부분 유흥업에 종사하는 경우가 많은데, 이 유형은 술집이나 카페, 커피숍 등을 하면 좋다.

풍(風)자형 얼굴을 지닌 여성은 가정의 복이 없고 만족감도 떨어진다. 흔히 팔자가 세다는 말을 하는데, 남편복과 자식복이 모두 없다. 자식이 있으면 남편이 일찍 사별하거나 집을 나가고, 남편이 안정적으로 자리를 지켜주면 자식이 없는 경우가 많다.

얼굴이 풍(風)자형인 사람의 특징

1. 네모난 얼굴에서 턱 부근이 부푼 듯 보인다.
2. 관골이 좁은 것이 특징이다.
3. 사교술이 뛰어나다.
4. 힘 있는 사람을 효율적으로 이용한다.
5. 떠돌이 기질이 있다.
6. 여성은 팔자가 세다.
7. 여성은 남편복과 자식복을 함께 가지기 어렵다.

Chapter 2
상대의 이마에 입을 맞춰라

전통적인 관상법으로 보았을 때 이마는 10세에서 30세까지의 운세를 나타낸다. 정확하게 적용한다면 15세 이후부터 30세까지의 운을 파악할 수 있다. 그렇다고 단순히 나이에 따른 운의 흐름만 파악하는 것은 아니다.

이마는 관상학에서 관록궁(官祿宮)에 해당하는 부위로 부모와 조상, 배우자와의 인연을 상징한다. 특히 부모의 인연과 깊은 관계가 있다.

이마는 가능하면 밝은 색깔이어야 하고, 흠이나 사마귀, 점 같은 잡티가 없이 깨끗해야 한다. 이마가 납작하거나 지나치게 좁은 이마, 잔털과 크고 작은 주름이 많은 이마, 흉터가 있는 이마는 초년에 부모 운이 좋지 못하며, 관운 또한 좋지 않다.

성공한 사람들은 대부분 이마가 넓으며, 이마는 관운을 뜻하기 때문에 가능한 한 얼굴이 환하게 보이도록 이마를 가리지 않는 것이 좋다. 그럼에도 얼굴 전체에 비교하여 지나치게 넓은 이마는 애정운이 좋지 않고 고독이 따르므로, 지나치게 앞이마가 넓어 보인다면 앞머리를 살짝 내려서 이마를 가리는 것도 좋다.

튀어나온 이마를 가진 그는
계산이 빠르고 행동이 신속하다

옆에서 볼 때 앞으로 튀어나온 이마를 가진 사람을 우리는 흔히 앞짱구라고 표현한다. 앞짱구는 일반적으로 머리가 좋은 사람들로 이마가 튀어나오면 머리가 좋겠구나 생각하면 거의 틀림이 없다. 어릴 적에는 짱구라고 놀림 받기도 하지만, 튀어나온 이마를 가진 사람들 대부분은 우등생이다.

"상무님, 어릴 적에 공부를 무척 잘 하셨죠?"
"과장님은 아마도 천재소리를 들었을 거 같습니다."
"자네, 재능 있는 친구야!"

튀어나온 이마를 가진 사람들 대부분은 다양한 재능을 지녔을 뿐만 아니라, 지능도 높아서 기억력과 추리력, 계산 능력이 뛰어나다.
사람은 보통 자신이 가지고 있는 것을 칭찬해야 빠르게 인식하는데, 가지고 있지 않은 것을 칭찬하면 인식하는데 시간이 걸릴 뿐만 아니라, 때로는 오해를 하기도 한다. 놀리는 것이 아닌가 하는 생각이 든다면 올바른 대화를 하지 않고 있는 것이다.

"처음 뵙겠습니다. 제 친구와 닮으셔서 깜짝 놀랐습니다. 그 친구 아주 머리가 좋은 친구거든요. 그런데 머리 좋다는 말보다 인간성이 좋아서 주변 누구나 좋아합니다."
"오, 계산이 매우 빠른데요? 거의 컴퓨터 수준이십니다."

튀어나온 이마를 가진 사람들 대부분은 나름 친화적이며 사교성도 돋보인다. 그것은 어릴 때부터의 습관이 굳어진 것으로, 습관으로 굳어진 행동과 그 시절의 기억이 오늘의 그를 만든 것이다.

튀어나온 이마를 가진 사람들은 친구가 많다. 하지만 무작정 사람들과 사이가 좋은 것은 아니며, 처음에는 자신을 이해해 주는 친구와 사귀지만 사회에 적응하고 시야가 넓어지면서 점차 그 범위를 넓힌다.

이 유형은 머리가 좋고 공부를 잘하므로 이성 친구들로부터 큰 호응을 얻으며, 누나나 오빠들로부터 칭송을 받는다. 그리고 시간이 지나면 점차 학습능력을 앞세워 주도권을 장악하며, 이때부터는 놀리던 아이들을 수족처럼 부릴 수 있게 된다.

이들은 명석한 두뇌를 가지고 있으므로 계산이 빠르고 행동이 신속하다. 또한 날카로운 직감력으로 분위기를 파악한다. 그러나 생각보다 행동이 앞서는 것이 약점으로, 때로는 속이 보인다는 소리를 듣는다. 때문에 튀어나온 이마를 가진 사람들은 마음속으로 자신의 행동에 대한 나름의 고민을 가지고 있기도 하다.

"천천히 움직이니까, 상대의 마음이 보이더라고요."
"고등학교 3학년 때 파란해골 13호라는 별명을 가진 저희 담임선생님이 제게 하신 말씀이 생각납니다. 모난 돌이 정을 맞고 빨리 달리는 말은 주변을 돌아볼 겨를이 없다고 하셨죠. 그때부터 저는 주변을 돌아보며 조금 천천히 가려고 노력하고 있습니다."

머리가 좋은 그는 위와 같은 말을 백번 이해하고도 남을 것이다. 그의 행위를 지적하고 그의 말을 지적하면 짜증이 날 수 있으므로 자신의 문제를 빗대어 이야기하면 그의 기분을 건드리지 않고 대화를 할 수 있을 것이다.

앞머리가 짱구인 사람은 좋고 나쁨에 따라 행동이 명확하다. 하지만 이 유형은 기준이 명확함에도 불구하고 때때로 자신의 주장을 펼치며 윗사람 아랫사람을 막론하고 의견 충돌을 일으킨다. 그 명확한 기준이 그의 앞을 막는 요인이 되는데, 이들에게 있어 다른 사람과의 의견 충돌은 숙명처럼 보인다.

튀어나온 이마를 가진 사람은 다방면에서 재능이 뛰어나고 미래에 대한 직감과 예지 능력이 발달해 있으며, 나이를 먹어도 기억력이 좋고 사교성이 좋아 대인관계가 넓다. 또한 주관과 자존심이 강하고 추진력이 좋다.

"모두 함께 가는 것이 좋을 듯합니다. 다른 사람들이 선생님과 함께 하기를 원한다는 이야기를 들었습니다."
"선생님께서 앞장을 서시면 뒤따라오라고 하겠습니다."

짱구형 이마를 가진 사람들에게는 리더십이 요구된다. 일과 상황에 대한 추진력이 있으므로 뒤처지거나 실력이 모자란 사람을 잘 이끌 수 있다면 리더가 될 수 있다. 하지만 기분이 상해도 참을 수 있는 인내심과 대립적인 관계를 형성하는 사람들과 조화를 이루는 기술이 필요하다. 따라서 주변에서 그에게 상황을 알려주는 것이 필요하며, 그를 이끌려고 하지 말고 앞서 가도록 주변의 흐름을 알려주어야 한다. 그는 몰라서 달려가지 않는 것이 아니다. 다만 무시하고 싶어 하는 기질이 있다.

남녀를 구분할 것 없이 튀어나온 짱구 이마를 가졌다면 모두가 돈복이 있는 관상에 속한다. 튀어나온 이마를 가진 사람은 감성적이기보다는 나름의 냉정함을 바탕으로 이성적으로 사고하기 때문에 어떤 상황이 닥쳐도 모면할 가능성이 높다. 하지만 자신의 실력만 믿고 앞서 나가는 것은 금물이다.

"천천히, 한발 늦게 움직이는 것이 좋지 않을까요?"
"다른 사람들과 보조를 맞추는 것이 어떨까요?"

짱구형 이마를 가진 사람과 대화할 때에는 항시 충고보다 조언을 구하는 형식을 택하는 것이 좋다. 튀어나온 이마를 가진 사람은 자신이 뛰어나다고 믿기 때문에 다른 사람이 앞서 나가거나 지시받는 것을 좋아하지 않는다. 따라서 조언도 결론을 내리기보다는 의향을 묻는 형식이 좋다.

튀어나온 이마를 가진 사람은 남녀를 불문하고 관상학적으로 좋은 이마에 속한다. 남녀 모두 재치가 있고 감수성을 지니고 있으며, 상황을 돌파하는 임기응변에 능하다. 이들은 또한 대외적인 사교성을 갖고 있다.

튀어나온 이마를 가진 사람은 전 생애를 살펴보았을 때 금전과 관련된 운이 좋은 편이므로 이마 관리를 잘해야 한다. 이마에 상처를 입는다면 부모로부터 타고난 복이 일시에 감소할 수 있기 때문에 이마에 상처가 생기면 신속하게 치료하거나 성형을 해야 한다.

"부장님은 이마가 멋진데 상처가 너무 두드러져 보입니다. 제가 공부를 한 적은 없지만 예전에 이마를 잘 관리하는 것이 미래에 좋은 운을 가져온다고 들었습니다."

튀어나온 이마를 가진 사람은 부모운이나 재물운뿐 아니라 관료로서의 운도 있다. 하지만 여성은 자신의 지식과 감수성을 너무 믿기 때문에 고집이 세다. 남편이 순하지 않으면 가정불화를 일으키는 경우가 많고,

간혹 여성의 이마에 흉터나 거친 사마귀와 같은 흠결이 있으면 결국에는 이혼하는 경우도 있다. 그리고 이마 옆쪽이 움푹 들어가 있으면 말년까지 고생이 심하다.

돌출형 이마의 특징

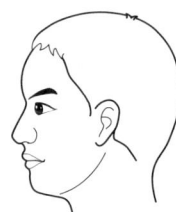

1. 옆에서 보았을 때 이마가 툭 튀어나와 있다.
2. 직감력이 뛰어나다.
3. 행동력이 앞선다.
4. 좋고 싫음이 명백하다.
5. 머리가 좋은 것을 과신한다.
6. 재물운이 좋다.

외측으로 넓은 이마를 가진 그와는 철학과 과학에 대한 것을 논하라!

간혹 길을 가다 보면 이마의 양 옆이 유난히 올라가거나, 이마의 좌우가 머릿속으로 깊게 파여 올라간 형태의 이마를 가진 사람을 만나게 된다.

좌우의 이마 꼭지가 깊이 파고 들어가 머릿속이 많이 드러난 사람은 눈에 띄기 마련으로, 외측으로 넓은 이마를 가진 이 이마는 영어의 M자보다 양 옆이 더 올라간 모습이다. M자의 양 모서리 부분이 지나치게 파고 올라간 모습을 언뜻 보면 이마의 중앙부분이 많이 내려온 것처럼 보이지만 사실 양쪽으로 깊이 파이듯 올라간 이마로, 이마의 중앙으로 머리카락이 나는 부분이 많이 내려온 것은 아니다.

"선생님은 세상의 이치를 모두 아시는 것 같습니다. 말씀하시는 모습이 확신에 차 있고, 한마디 하실 때마다 저도 배우고 싶다는 생각을 갖게 합니다."
"그런 이론은 주로 어디서 얻습니까?"

외측으로 넓은 이마를 가진 사람은 학문적으로 대접 받는 것을 좋아한다. 그를 우쭐하게 만들어라. 당장에 근거를 댈 수 없더라도 학문적으로 고급스러운 상황을 연출하면 된다. 다양한 학문, 동서양을 아우르는 철학, 세미나, 파티, 혹은 교육이나 논문과 관련된 용어를 사용해서 대화를 시작한다면 외측으로 넓은 이마를 가진 그는 적극적으로 대화에 응할 것이다.

외측으로 넓은 이마를 가진 사람들 대부분은 명석한 두뇌와 학구적인 심성을 지녔을 뿐만 아니라, 학문적 허영심을 가지고 있기도 하다. 각종 상황에 대해 많은 연구를 하며, 창의력과 재능이 있기 때문에 대화에서 그의 호기심을 자극하면 성공 확률이 매우 높다.

"헬리혜성의 주기가 몇 년이죠? 생각이 잘 나지 않네요."
"모아이의 석상은 정말 지구인이 세운 걸까요?"
"어떤 책에 보니 월식이 일어나면 여성들에게 생리적인 변화가 있
 다고 믿었던 것 같은데, 사실일까요?"

그에게는 약간의 지적 허영심을 보여주는 것으로 대화의 물꼬를 틀 수 있다. 그는 매우 반가워 할 것이다. 주제만 맞으면 주저 없이 입을 열 것이며, 주제에 따라 대화를 나누다 보면 그가 관심을 가지고 있는 내용에 접근할 수 있다.

이들 대부분은 세밀하고 차분하게 이치를 따지려는 경향이 강하다. 때문에 사람들에게 지루함을 주기도 하고, 간혹 세밀함이 지나쳐 사람들의 짜증을 유발하기도 한다. 따라서 이 유형의 사람들은 지식이나 지혜를 가지고 있다 해도 주변에서 멀리하고 경원하는 경향이 있어 외로움을 느낀다.

그런데 외측까지 이마가 확대되어 있다고 해서 이들 모두 이마가 넓다고 볼 수는 없다. 얼굴과 비교하여 이마가 넓어야 대인이며, 이마가 좁으

면 단순히 좋은 사람일 뿐이다. 그는 외골수적인 면이 있어 외로움을 느끼는데, 그것은 스스로가 만들어내는 외로움으로 그의 외로움을 덜어주는 사람은 진정한 친구가 될 수 있다. 따라서 무료한 그를 잘 응대해서 좋은 관계를 유지해보자.

그는 추리력이 뛰어나고 깊은 사고 능력을 가진 사람이다. 차분하고 깊은 생각을 바탕으로 행동하기 때문에 실수는 적지만 행동이 늦으므로 일견 우둔해 보이기도 하며, 주변 사람들을 답답하게 만들기도 한다. 또한 침착한 성격 때문에 동작도 느긋해서 아무리 바빠도 서두르는 기색이 없다.

대단히 명석한 편이어서 공부도 잘하는 이들은 철학에도 조예가 깊으며, 높은 이해력을 발휘한다. 또한 우주과학이나 다양한 과학적 이론에도 박식한 편으로, 일반 사람들이 이해하지 못하는 학문에 대한 이해가 뛰어나며, 그에 대한 자신감을 갖고 있다.

외측으로 넓은 이마의 특징

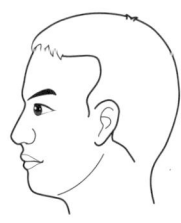

1. 이마의 상부가 좌우로 넓다.
2. 이마의 모서리가 머리 위쪽으로 파고 올라간다.
3. 정면에서 보아서는 M자 모양이다.
4. 생각이 깊은 대신 행동은 느리다.
5. 말투가 침착하며 동작이 매우 느긋하다.
6. 철학과 과학에 자신이 있다.

3

각진 이마를 가진
그의 정직성을 칭찬하라!

이마의 상부가 마치 자로 잰 듯이 반듯한 사람이다. 한문의 한일(一) 자처럼 잘린 듯이 생긴 모양인데, 이마의 상부 모양만 보면 네모형으로 볼 수 있다. 대체적으로 이마가 넓은 편에 속하고 때로는 이마가 약간 돌출된 형상을 보이기도 한다. 이들은 세로로 보아도 넓은 편에 속하지만 가로로 살펴도 넓은 각진 이마를 가지고 있다.

이마가 넓고 크면 초년의 운이 좋다는 것을 의미한다고 앞서 말했지만, 일반적으로 이마가 좋으면 15세에서 30세까지의 운이 좋다. 이 유형은 어린 시절에 부모의 덕을 입어 좋은 교육을 받았을 가능성이 높다. 따라서 적정한 수준의 학력을 지니고 있을 가능성이 높으며, 지식적인 면도 무시할 수 없다. 이마가 잘생긴 사람은 관운도 좋기 때문에 공무원이나 권력을 행사하는 직업을 가지면 좋다.

"선생님은 공명정대한 스타일이시고, 거침없이 일처리를 하시는 모습을 보니 관료가 되셨다면 대단히 높은 직위에 오르셨을 겁니다."

"선생님께서 권력기관에 계셨다면 그 파워가 엄청나지 않았을까요?"

"이사님은 마음이 무척 넓다고 주위에서 칭송하는 것을 들었습니다."

이러한 이마는 여성보다는 남성에게 많으며, 만약 여성이 이러한 이마를 갖고 있다면 머리카락으로 조금 가리라고 말하고 싶다. 흔히 이러한 이마를 대빡 이마라고 표현하기도 하는데, 너무 드러나는 이마이기 때문에 여성들은 약간의 스트레스를 받을 수 있다.

이마가 넓기 때문에 마음이 넓기도 하지만, 찌그러지거나 흠집 없이 이마가 넓으면 운도 함께 따른다고 한다. 관상학적으로는 관록궁(官祿宮)이니 높은 지위에 오를 수 있을 것이며, 어려서 부모의 사랑을 듬뿍 받고 자금 지원을 받아 좋은 교육을 접하고, 감성이 풍부하며 거침이 없다. 이들은 개방적인 성격으로 속이 넓다는 말을 많이 들으면서 자란다.

각진 이마를 가진 사람은 대부분 정직하고 대단히 이성적이다. 한일자로 생긴 이마의 모양처럼 모든 상황에 있어 서두르거나 지나침이 없이 합리적으로 판단하기 때문에 매사에 실패가 적다. 운이 좋으면 높은 관직에도 오를 수 있다.

하지만 약점도 있는데, 어릴 때부터 재물이 풍부한 가정에서 자라거나 좋은 부모를 만나 걱정 없이 살았으므로 재물이나 좋은 부모를 가지지 못한 사람의 마음을 헤아리는 것이 부족하다. 이들은 어려서부터 자신의 의사 전달에 있어 구애를 받지 않고, 대부분 원하는 것을 가졌기 때문에 주저함이 없으며, 직선적인 성격이다. 따라서 직선적이고 주위를 돌아보지 않는 성격 때문에 적이 생기거나 질시하는 사람이 생길 수 있음에 유의해야 한다.

이 유형은 근본적으로 공명정대한 성격으로, 자신의 목적을 위해 행동하는 경우가 적기 때문에 대인관계가 원만할 뿐만 아니라, 간혹 어려움이 있어도 주위의 도움이나 자신의 노력을 통해 쉽게 극복한다. 이렇게 이마 모양이 네모난 남성은 논리적이며 철두철미한 관상 때문에 인간미가 없어 보이기도 하므로 미소와 관련된 주제를 가지고 대화를 나눈다면 도움이 될 것이다.

"처음 뵈었을 때 빙그레 웃으시던 모습이 아직도 기억에 남아 있습니다. 혹시 기억이 나시는지요? 전 기억이 납니다."

각진 이마를 가진 여성은 주장이 강하고 고집이 세다. 자신의 주장만을 내세우다 보니 이성과 자주 충돌하는 일이 생긴다. 이는 단순히 이성간의 대화에서만 문제가 생기는 것이 아니라, 결혼운에도 나쁘게 작용한다.

각진 이마를 가진 여성은 남자관계에 있어서도 자신의 주장을 내세우거나 지나치게 획일적이어서 좋은 상대를 잃는 경우가 많다. 마음은 있지만 자존심 때문에 아까운 상대를 놓쳐버리는 것이다.

"조금 양보해 주는 게 어때? 여자의 미덕은 남자를 포용해주는 것이라던데! 어차피 남자란 어린애야. 지금이야 으스대지만 결국 여자의 치마폭에 싸여 칭얼대는 것이 남자라고. 그래서 큰 애기를 기른다고 말하는 거잖아. 우선 받아줘."

각진 이마를 가진 여성은 결혼운이 썩 좋지 않다. 자신의 주장만 펼치다가 자주 다투거나 대립각을 세울 가능성이 농후하다. 자신의 주장이 강하다 보니 배우자와 이별하는 경우가 많다.

이마 모양이 네모난 여성은 고집이 세고 독립심이 강하며, 자기주장이 강하기 때문에 인간관계나 애정관계에서 모가 난 편이다. 각진 이마를 가진 여성은 이마가 넓어 밝기는 하지만 빈 것 같은 모습을 보이기도 하므로, 앞머리를 내려 이마를 살짝 가려 주는 것이 좋다. 웃으면 긴장한 표정을 감출 수 있으므로 이들에게는 웃는 연습을 많이 하라고 조언해야 한다.

각이 진 얼굴의 소유자는 항상 실천하고 견실하게 생활하기 때문에 실력으로 성공한다. 하지만 상사의 마음에 들기 위해서는 노력을 해야 하는데, 아무리 실력이 있고 의사가 분명하다고 해도 자신의 주장만 펼치면 상사의 마음을 얻을 수 없다.

각진 이마의 특징

1. 상하좌우로 넓은 이마를 가지고 있다.
2. 논리적인 사고를 지니고 있다.
3. 여성보다 남성에게 많다.
4. 얼굴에 모든 감정이 드러나기 쉽다.
5. 결단력이 있다.
6. 여성은 결혼운이 좋지 않다.

4

둥근 이마를 가진 그가
유혹에 빠지지 않도록 조언하라!

둥근 이마를 가진 사람은 비교적 사교성이 좋아서 어디에 가서도 인기가 있고 잘 어울리는 편이다. 흔히 말하는 달덩이 같다는 말은 바로 이 이마를 가진 사람들에게 어울리는 말이다. 사람을 가리지 않고 두루두루 잘 어울리기 때문에 인간관계가 양호하며 남녀를 구별하지 않고 사람을 잘 사귄다.

둥근 이마의 소유자는 잘 웃는다. 늘 웃는 낯으로 사람을 대하기 때문에 이들을 만나면 기분이 좋아진다.

"고객님은 사람을 만나는 것이 무척 행복한가 봐요."
"저도 과장님처럼 사람 만나는 것을 좋아해요."
"사람이 재산이라고 생각합니다."

둥근 이마를 가진 사람은 솔직함이 생명이다. 그들은 천성이 솔직하기 때문에 상대도 솔직하기를 원한다. 하지만 사랑이 크면 미움도 크고, 관심이 크면 실망도 큰 법이므로 이들은 솔직하지 못한 사람에게 상처를 잘

받는다.

둥근 이마를 가진 사람은 남녀를 불문하고 결혼을 해서도 원만한 가정을 꾸리는 만사가 복된 사람이다. 여성은 다소 불만이 있더라도 남편에 대한 내조를 잘하는 편이다. 단지 여성은 감정이 순하고 여유가 있으며 누구에게나 잘하는 성격이다 보니 때로 유혹에 넘어가 신상을 그르치기 쉽다.

대체적으로 남성보다는 여성에게 많은 이마 형태로, 감수성이 드러나기 때문에 자신의 감정을 속이기 쉽지 않은데, 이들은 모든 것을 솔직하게 드러내는 성격 탓에 숨기거나 속이려 하지 않는다.

"솔직한 건 좋지만 때론 알고도 모른 척 하는 게 나을 때도 있지 않아요?"
"모두 말해줄 필요는 없잖아요."
"그냥 고개만 끄덕이고 넘어가세요."
"제 친구 중에 고객님처럼 이마가 예쁜 친구가 있는데요. 그 친구도 고객님처럼 누구에게나 잘해주고 진실한 편이지요. 그래서 그런지 남자들이 주변에 너무 많은 거예요. 그 남자들은 모두 친구가 자기에게 관심이 있다고 믿죠. 남자들이 친구에게 잘해주는 건 좋지만, 때로는 남자들의 유혹에 쉽게 넘어가서 돌이킬 수 없는 일이 생길까 봐 아슬아슬하기도 해요."

둥근 이마를 가진 여성들의 솔직함은 때로 병이 될 수 있다. 그 솔직함 때문에 오해를 받거나 남들에게 쉽게 보일 수 있다. 특히 둥근 이마의 여성이 자신을 사랑한다고 믿어서 엉뚱한 일을 벌이는 남성 때문에 곤욕을 치르는 등 고충을 겪는 일이 생기며, 속상한 일이 자주 발생한다. 따라서 이들의 행동에 대한 약간의 조언이 필요하다.

둥근 이마를 가진 여성들은 나름대로 자신의 행동에 철저함을 가지고 있는데, 남성의 경우에는 그것이 책임감으로 나타난다. 이들은 어떤 경우에도 일을 완수하는 성격으로 책임감이 강하고 모든 일에 최선을 다하는 편이다. 아무리 바쁘거나 일에 쫓겨도 매사가 철저하며 경제관념도 투철하다.

"꼼꼼하게 일하는 방법이 있다면 저에게도 좀 알려주십시오."

둥근 이마를 가진 남성에게 애써 맞출 필요는 없지만, 진정으로 그의 스타일을 배우려는 노력은 필요하다. 그들은 말보다 행동을 보고 판단한다. 둥근 이마를 가진 남성은 그가 하는 일이나 행위, 혹은 방법에 대해 자문을 구하는 것만으로도 호감을 갖는다.

둥근 이마를 가진 사람들 대부분은 성품이 매우 온화하고 인정이 넘친다. 이들 대부분은 인품이 온화하고 인정이 있어 지극히 감성적인 성격을 드러내기도 하지만, 감성이 지나치기 때문에 사랑을 할 때는 신중하게 생각해야 한다. 이들은 너무나 감성적이고 솔직하기 때문에 빨리 뜨거워지고 빨리 식으며, 사랑을 하다가도 순식간에 열정이 식어 싫증을 내는 경향이 있다.

둥근 이마를 가진 사람의 특징

1. 감정적인 사고를 한다.
2. 이마의 상부가 둥글다.
3. 남성보다 여성에게 많다.
4. 감수성이 풍부하며 감정이 얼굴에 그대로 드러난다.
5. 표현력이 풍부하다.
6. 여성은 정에 약하다.
7. 문학가, 시인, 예술가 타입이다.

5

3자형의 꼭지 이마를
가진 그는 직감이 뛰어난 사람이다

이 유형은 머리카락이 난 가운데가 꼭지처럼 내려온 모양을 지니고 있다. 즉 이마 중앙에 머리카락이 꼭지처럼 내려와 마치 아라비아 숫자 3이 엎어진 것과 비슷한 모양이 그려진다. 3자형의 꼭지 이마를 가진 남성은 표면적으로는 성격이 부드럽지만 때로는 우유부단하다.

"스타일이 부드러우셔서 여성들이 좋아하겠습니다. 저도 여성들에게 인기가 있었으면 좋겠는데, 잘 안 되네요. 정말 부럽습니다."
"젠틀맨의 전형이십니다."
"어쩌면 그렇게 힘든 상황을 부드럽게 처리하십니까?"

3자형의 꼭지 이마를 가진 남성은 부드럽게 보이는 이면에 날카로운 감각이 숨겨져 있다. 이러한 성향은 숨겨진 바늘과 같아 언젠가는 주머니를 뚫고 나오기 마련인데, 때때로 손윗사람에게 강하게 반발하는 특징이 드러난다.

사람에게는 직감이라는 것이 있다. 직감은 감각적인 성향으로, 반드시 옳다고 할 수 없지만 사람에 따라서는 본능적으로 상황을 잘 마무리하는 능력이기도 하다. 3자형 이마를 가진 사람은 자신의 직감이 잘 맞는다고 생각하는 경향이 있다. 따라서 결정을 서두르고 속전속결하기 위해 덤비는 일이 자주 발생한다.

"천천히 움직이면 반드시 득이 될 겁니다."
"좀 편하게 생각하시지요. 머리가 복잡할 땐 저와 커피 한잔 하시면서요."

3자형의 꼭지 이마를 가진 남성은 자신의 감정을 표현하려고 하는 습성이 있으며, 자신의 마음이 어떻다는 것을 지나치게 보여주려고 하는 경향 때문에 때로 오해를 받거나 일을 그르치기도 한다.
이들 대부분은 감성이나 직감에 따라 행동하므로, 때로는 이 직감에 따른 행동을 늦춰줄 필요가 있는데, 그에 따른 충고가 필요하다.
3자형 꼭지 이마를 가진 사람은 다행히도 참을성이 대단한 편이다. 따라서 충고를 하면 상황을 인지하고 참을 가능성이 높다. 직접적인 충고가 통하지 않는 사람도 있긴 하지만, 이들에게는 직접적인 조언이나 충고도 나쁘지 않다. 그러나 이왕이면 충고가 아니라 조언의 형식으로 접근해야 마음을 다치지 않을 것이다. 아울러 3자형 꼭지 이마를 가진 사람은 의지가 강하므로 충고를 하더라도 그의 의지를 꺾는 말이나 상처를 주는 말은 절대 금물이다.
3자형 이마를 가진 사람에게는 잡다한 형태의 대화는 필요하지 않다. 다른 유형들도 마찬가지겠지만, 3자형 이마를 가진 사람들은 특히 길게 말하는 것을 좋아하지 않는다. 그 이유는 자신의 직감을 믿기 때문이다. 때문에 가능한 한 짧게 정리하여 말하라.

대화는 그 사람의 마음을 보여주는 것으로 지루한 대화는 인간관계를 지루하게 만들며, 더구나 직감을 믿는 사람에게 장황하게 말을 늘어놓는 것은 짜증을 유발할 뿐이다. 따라서 질문에 간결하게 답하는 요령이 필요하다.

3자형 꼭지 이마를 가진 사람들의 애정운은 대체로 원만한 편이다. 이 유형의 남성은 결벽증이 있기는 하지만 대체적으로 부드러운 성격이기 때문에 애정운이 원만하다. 단 우유부단한 면이 있으므로 그를 사랑하는 여성이라면 그가 결정을 내릴 수 있도록 어필하는 자세가 필요하다.

3자형 이마를 가진 여성은 성장 과정이 순탄하고 인정도 많으며 가정적인 사람일 가능성이 높다. 그러나 질투가 강한 것이 흠으로, 남녀관계에 있어서 상대에게 전력을 다하는 경향이 있다. 그런데 지나치면 집착으로 느껴질 수 있으므로 조심해야 한다. 아무리 사랑하는 사람이라 하더라도 집착하는 여성은 두려운 법이다.

3자형 꼭지 이마를 가진 사람 중에는 간혹 머리카락이 나는 부분이 일정하지 않고 흐트러져 있는 경우가 있는데, 흐트러진 이마는 3자형의 꼭지 이마를 가진 이마가 아니더라도 도덕적인 관념이 매우 약하며, 정의보다는 편법을 좋아하고, 권모술수에 능한 경향이 있으며, 언변이 뛰어나 말이 앞선다. 또한 직장생활에서는 윗사람과 트러블을 일으키기 쉽다.

3자형 꼭지 이마의 특징

1. 이마의 중앙 부위에 머리카락이 3자형으로 나 있다.
2. 여성에게 많은 유형이다.
3. 직감이 발달해 있다.
4. 감정에 치우칠 때가 많다.
5. 참을성과 의지가 있다.
6. 애정운이 원만하다.

6

M자형 이마를 가진
그는 유머러스한 사람이다

M자형 이마는 머리가 난 부위가 영어의 M자처럼 되어 있다. 즉 이마의 정면이 약간 내려오고 양 옆이 올라가 있는 모습인데, 중앙이 깊이 내려오기 때문에 꼭지에 가까운 모양의 3자형과는 다른 형태이다. 완벽하게 다른 것이 아니고 꼭지가 3자형보다 약간 올라간 모양이다. 이 M자형 이마에서 외측이 더욱 확대되고 뒤로 물러나 있으면 외측으로 확대된 머리형이 된다.

M자형 이마를 가진 사람들의 공통점은 뛰어난 사고력과 이해력을 지니고 있다는 것이다. M자형 이마를 가진 사람들 대부분은 감수성이 풍부하며 사교성이 뛰어나다. 따라서 대인관계도 좋고 사회생활을 잘하는 편이다. 이 유형은 사교성이 뛰어나며 사람이 모이는 것을 좋아한다. 사람들이 자신을 불러주기를 원하기 때문에 친해졌을 때 그런 기회를 제공하면 무척 좋아할 것이다.

"선생님이 나서면 역시 어려움이 해결되는 것 같습니다."

"여럿이 모여 술 한 잔 하려고 하는데 한번 시간을 내주십시오. 모두가 기다리는 눈치입니다."

M자형 이마를 가진 사람들 대부분은 독창적으로 움직이고 사교성이 뛰어남에도 타인에게 속내를 잘 드러내지 않는 편에 속한다. 그러나 그것은 음습함이나 속이고자 함이 아니라 묵직한 것이며, 이들은 애써 자신을 드러내지 않는다.

지식적인 측면에서 살펴보면 학력과는 무관하게 이론적인 측면이 강하고 대체적으로 머리가 좋은 편이다. 대부분 예술적인 재능을 가지고 있으며, 문재(文才)도 더러 있다. 학력이 짧아도 대체적으로 지식이 있으며, 이들은 TV를 통해 지식을 습득하고 신문을 즐겨 읽는 편이다. 또 공부에 대한 열정으로 늦은 나이에 진학을 하기도 한다.

M자형 이마를 가진 사람들은 전 생애에 걸쳐 금전운도 좋은 편이다. 나름의 신념도 있기 때문에 어떠한 상황에서도 주저함이 적다. M자형 이마를 지닌 사람들 대부분은 상황에 따라 유머감각이 뛰어나다는 이야기를 듣고 있으며, 개성이 강하고 기예가 뛰어나기 때문에 예술가나 연예인들이 이 유형에 많다.

"연예인이 되려는 생각을 해보신 적이 있나요?"
"혹시 개그 프로에 출연하신 적 없습니까?"

이러한 이마를 가진 사람은 센스가 있고 웃기는 이야기도 잘한다. 남들이 하면 웃기지 않은 말도 이 사람이 하면 웃기다. 각 지역의 사투리도 바로 따라하고 코미디언 흉내도 잘 내며, 은근히 그것을 즐기기도 하기 때문에 그의 행동에 동조하는 것만으로도 친구가 될 수 있다.

M자형 이마를 지닌 사람들 대부분은 지능이 매우 높으며, 두뇌가 명

석하여 여러 가지 상황과 각종 학문에 대해 연구심이 강하다. 이들은 좋은 두뇌를 바탕으로 한 창의력과 아이디어가 탁월하며, 예술적인 기질과 학문적인 기질을 함께 가지고 있기 때문에 다양한 업종에서 성공을 거둘 확률이 높다.

이들은 노력하는 만큼 성과가 나타나는 사람들로, 특히 여성은 예술가적인 기질이 강하기 때문에 디자이너나 컴퓨터와 관련된 직업에서 탁월한 능력을 발휘할 수 있다. 그러나 남성은 예술적 기질을 지니고 있음에도 손재주가 없거나 약하므로 예술가적 기질을 연구에 활용하면 좋다.

M자형 이마를 지닌 사람들 일부는 강경한 성향 탓에 원리 원칙을 따지는 경향이 있는데, 평소에는 대인관계에 무리가 없지만 원리원칙에 민감할 때는 대인관계가 나빠지거나 다소 무리수를 두기도 한다.

M자형 이마를 지닌 사람은 대체로 좋은 이마 관상에 속한다. 그러나 운을 믿고 노력하지 않으면 어려움을 겪게 된다. 남성이 M자형 이마를 가지고 있다면 위트 있는 성격의 소유자로 좌중을 웃기거나 주변 사람들을 편하게 할 것이다.

여성은 섬세하고 남성은 유머러스한 성격을 지닌 경우가 많지만, 고집이 세서 자기주장을 쉽게 꺾지 않기 때문에 타인과 갈등이 생기는 경우가 잦다. M자형 이마를 가진 여성은 대단히 논리적이고 각각의 상황에 대하여 분석적인 사고를 한다. 아울러 여러 가지 상황에 대해 객관적 비평을 잘하기 때문에 이러한 객관적 비평이 아이디어가 되는 경우가 많다.

M자형 이마를 가진 여성이 추진력을 발휘하면 명예와 재물을 얻을 확률이 높지만, 지나치게 생각을 많이 하다가 기회를 놓칠 확률도 그만큼 높다.

"깊이 생각하셨으니 이젠 추진하시지요."
"계획을 세우셨으니 이제 실천만 남았습니다."
"계획은 실천에 의해 완성되지요."

M자형 이마를 가진 여성은 대체로 대범한 편이지만 때로 작은 것에 집착하고 마음속에 담아 두다 병을 만드는 경우도 있다. 이 유형의 여성은 여성스럽고 섬세한 성격을 가지고 있지만 간혹 신경질적으로 나오기도 하는데, 이때는 마주 대응해서 목소리를 높이기보다는 조용하게 한마디 조언을 해주는 것이 좋다. 이 한마디의 말은 스스로를 생각하게 하는 말이 된다.

"훌훌 털어버리세요."
"선생님답지 않으십니다."
"앞의 일이 더 크지 않겠습니까?"

M자형 이마를 가진 여성에게 강압적이거나 지시하는 형태의 말보다는 앞을 바라보는 멘트를 해서 생각을 바꾸도록 하는 것이 중요하다.

M자형 이마의 특징

1. 이마의 형태가 알파벳 M자와 같다.
2. 남성은 이론적이고 손재주가 없다.
3. 여성은 본심을 드러내지 않는다.
4. 예술적 기질이 강하다.
5. 머리가 좋다.
6. 여성은 연하의 남성을 좋아한다.
7. 이론적이다.

혼합형 이마를 가진
그의 말에 속지 마라!

보통 한 가지 성분으로 이루어진 것은 순일하지만 쓸모가 적거나 발전이 없다. 사람의 경우도 이와 크게 다르지 않을 것이다.

이마에도 다양한 형태의 이마들이 있지만 어찌 보면 어느 쪽에도 속하지 않는 사람이 있다. 이들의 이마는 어느 쪽에도 속하지 않지만 보는 방향이나 시선에 따라 어느 무엇인가와 닮은 형태를 하고 있는데, 이를 두고 혼합형 이마라고 정의한다.

혼합형 이마를 가진 사람의 이마 형태를 살펴보면 각종 이마의 형태를 골고루 가지고 있다. 언뜻 보면 M자형 이마로 보이다가도 달리 보면 각진 이마로 보이기도 한다. 또한 3자를 옆으로 엎어놓은 꼭지형 이마로 보이기도 하며, 때로는 흐트러진 모습으로 보이기도 한다.

혼합형 이마를 가진 사람은 사고도 복합적이고 행동도 복합적으로 나타난다. 논리적 사고와 감정적 사고가 뒤섞여 나타나기 때문에 때로는 종잡을 수가 없고 행동도 예측하기 어려운 경우가 많다.

이러한 이마를 가진 사람은 진실성이 부족하기 때문에 같이 일을 하기에 좀 부담스러우며 믿음을 갖기 어렵다. 만약 그와 어떤 일을 하려고 한다면 문서적인 확약이 필요하다. 이를 달리 말하면 표리부동(表裏不同)으로, 즉 겉과 속이 다를 수 있기 때문에 철저한 대비를 하고 사귀어야 한다.

혼합형 이마를 가진 사람은 본심을 숨기고 다른 태도를 취하는데 일가견이 있으며, 머리 회전이 빠르고 심장이 강하기 때문에 책략과 모략에도 능하다.

따라서 이러한 혼합형 이마를 가진 사람과 만나게 되면 다음과 같이 말해보라.

"사장님은 정말 모든 걸 다 아시는 분 같아요. 사장님께 많이 배우고 싶습니다."

"선생님! 어떻게 일처리를 그렇게 능수능란하게 하세요? 정말 감탄사가 절로 나옵니다."

혼합형 이마를 가진 사람의 특징

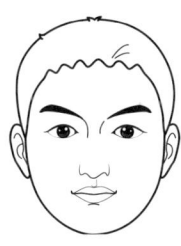

1. 이마의 모양이 혼란스럽다.
2. 고정된 형태가 없다.
3. 수시로 그 모양이 바뀔 수 있다.
4. 복합적인 사고의 소유자다.
5. 표리부동의 전형이다.
6. 내면과 외양이 다른 유형이다.

좁은 이마를 가진 그는
정말 속이 좁고 구두쇠인 걸까?

"어려서부터 고생을 많이 했겠군요."

이 말은 이마가 좁은 사람에게 해당되는 말이다. 항상 열심히 노력하지만 결과가 지나치게 약소하고 몸 고생, 마음고생을 많이 하는 경향이 있으며, 말년에 가서야 비로소 안정을 찾는 경우가 많다.

"저는 어려서 어머니로부터 늘 속이 좁다는 말을 들었답니다. 제 이마가 좀 좁거든요. 왜 다들 그러잖아요. 이마가 좁으면 속이 좁다고. 그런데 제가 알아보니 속이 좁은 것이 아니고 부모의 지원이 부족한 것이랍니다. 고아들이나 자수성가 하는 사람들 중에 유난히도 이마가 좁은 사람이 많다고 합니다. 부모의 도움 없이 혼자 살아남아야 하니 자기 것을 챙기게 되는 것이지요. 이런 사람들을 일방적으로 속이 좁다고 매도하는 것은 좀 아니라고 봅니다."

변명이라도 좋다. 만약 당신의 이마가 좁은 편이라면 이런 위안이라도 해야 하지 않을까? 만약 상대가 좁은 이마를 가지고 있고, 당신도 좁은 이마를 가지고 있다면 이런 말로 서로를 위로할 수 있을 것이다.

입술이 가늘면 무조건 냉정한 사람으로 치부되는 것처럼, 좁은 이마를 가진 사람은 일반적으로 속이 좁은 사람으로 치부되지만 모두가 그런 것은 아니다. 이마가 좁은 사람이 속이 좁은 것으로 보이는 것은 인색하기 때문으로, 어려서 부모로부터 지원을 받지 못하거나 다른 형제와 비교를 당하면서 컸기 때문에 자존의 욕구가 높아진 것이다.

자존의 욕구는 살아남아야 한다는 생존욕구와 같기 때문에 이마가 좁은 사람은 살아남아야 한다는 당면 과제에 충실하다. 험한 세상을 헤쳐 나가기 위해 이를 악무는 이마가 좁은 사람들 중에는 구두쇠가 많은데, 그들은 아끼고 아껴서 작은 부를 축적한다.

하지만 이마가 좁다고 해서 반드시 인색하고 속이 좁은 것이 아니다. 좁은 이마라도 이마가 깨끗하고 머리가 둥글면서 크면 운이 강하여 성공한다. 그러나 뜻하지 않는 풍파를 겪고 기반이 무너지는 경우도 있다. 이마가 좁더라도 하정(下停, 인중부터 턱까지)이 좋으면 초년에는 고생을 좀 하더라도 말년에 가서 안정을 찾는다.

이마가 좁았던 사람이 나이를 먹으면서 점차 이마가 넓어지는 모습을 보이기도 하는 것을 보면 결국 이마가 좁다고 해서 인색하거나 속이 좁은 게 아니라는 것을 알 수 있다. 이들은 살아남기 위해 절약을 실천한 것으로, 가진 것이 없으니 베풀 수 없었고, 크게 쓸 수 없었던 것이다. 이마가 점차 넓어지는 사람은 점차 생활이 피면서 덕을 베풀게 된다.

이마가 좁고 턱까지 좁다면 말년 운이 대단히 좋지 않으며, 자식의 효도도 기대하기 어렵다. 명예도 적으니 찾아오는 이도 적다. 사회적인 상황에 따라 달라지겠지만 나이가 들면 노인들이 사는 실버타운과 같은 곳에서 생활하는 것도 생각해볼 필요가 있다.

좁은 이마를 가진 사람은 비교 분석에 능하고 지식과 능력은 아주 뛰어나지만, 이상주의자적인 사고를 많이 하기 때문에 현실 감각은 매우 떨어진다. 지적인 면보다 감정에 치우치기 쉬우므로 냉정이 요구된다.

"이마는 명예라고 합니다. 이마에 상처가 있으면 명예에 문제가 생긴다고 하니 수술하거나 지울 수 있는 방법을 찾으면 좋을 것 같습니다."

이마가 좁은 여성은 늦게 결혼하는 것이 좋다. 이마에 상처가 생기거나 점이 생기면 애정에 문제가 생길 수 있으므로 상처가 생기지 않게 관리하는 것이 좋으며, 이마에 상처가 생기면 빨리 수술하여 상처를 없애야 한다. 이마에 사마귀가 생긴 경우에도 산속하게 제거하는 것이 좋으며, 점도 마찬가지다. 그러나 이마 정 중앙이나 미간 사이에 점이 생긴다면 지우지 않는 것이 좋다.

이마가 좁은 여성은 남편운 또한 좋지 않다. 감성적인 면이 앞서기 때문에 현실감이 뒤떨어지는 사람이 많으며, 치밀하고 명석한 두뇌를 가진 여성이라 하더라도 이마가 좁으면 결혼운이 나빠진다. 이는 판단에 문제가 생기기 때문인데, 여성에게 있어 이마는 부모와 배우자 운을 뜻한다. 이마가 좁으면 배우자와 일찍 헤어지거나 사별, 생이별과 같은 시련을 겪을 확률이 높아진다. 때문에 되도록이면 결혼을 늦게 하는 것이 좋다.

좁은 이마를 가진 사람의 특징

1. 초년운이 나쁘다.
2. 좁은 이마를 가진 사람 중에는 구두쇠가 많다.
3. 이마는 좁지만 머리가 둥글고 크면 성공한다.
4. 턱이 좁으면 말년이 좋지 않다.
5. 이상주의적 사고를 한다.
6. 여성은 남편운이 좋지 않다.

9

넓은 이마를 가진 그의 명예운을 칭송하라!

넓은 이마를 가진 그의 초년은 그야말로 하늘을 나는 새도 잡고 하늘의 별도 딸 수 있을 정도로 좋았을 것이다. 이마는 초년운을 말하는 것으로 이마가 넓을수록 어린 시절의 운이 좋다. 초년의 운은 30세까지 이어지며, 이마가 넓고 깨끗하다면 좋은 학교를 나오거나 편하게 학교를 다녔을 가능성이 높다. 또한 부모의 보호 아래 편한 초년기를 보냈을 것이다.

이마는 둥글고 넓으며 약간 튀어나온 느낌을 주어야 좋다. 점이나 상처, 잡티가 많으면 좋지 않으며, 근본적으로 넓은 이마는 인생 전반에 미치는 기운이 강하고 미래를 내다보게 하는 창이다.

이마가 넓은 사람은 운세가 강해 일찍 출세하며 재물과 관직의 영화가 오래 지속된다. 이들은 대체로 복록이 많으며, 대인관계가 원만하고 사교성이 좋다. 또한 사업적 수완과 처세술이 좋아 사회적 지위가 높으며, 상속을 받거나 계승자가 되는 경우가 많다.

"선생님은 장자가 아니지만 부모님을 모시고 계시지 않습니까?"

"아니, 그걸 어떻게 아세요?"
"저도 그렇거든요. 어쩐지 선생님도 그렇지 않을까 하는 생각을 했습니다. 그래서 제가 선생님을 뵈면 더 친근함을 느끼는 것 같습니다."

자식을 많이 낳지 않는 시대에는 하나 밖에 없는 자식이 부모를 모시는 일이 적지 않을 것으로, 넓은 이마를 가진 사람은 꼭 장자가 아니더라도 부모를 모시게 되는 경우가 많고, 조상의 제사를 모시기도 하며, 때로는 부모를 떠나 양자로 가는 경우도 있다.

이마가 넓은 사람을 보면 대부분 인간관계가 좋다. 관상학적으로도 이마가 넓으면 인간관계가 대체로 좋은 사람이라고 판단한다. 이마가 넓은 사람은 그렇지 못한 사람과 비교해서 사리분별력이 뛰어나다. 이마가 넓은 사람들 대부분은 귀가 두꺼운 편이며, 기억력이 좋고 강한 성격을 가지고 있다.

넓은 이마를 가진 사람은 대인관계가 원만할 뿐만 아니라, 합리적인 사고방식을 추구하고 창의력과 학구열이 뛰어나다.

그런데 남성이 이마가 넓으면 대단히 운이 좋은 관상으로 보지만, 여성의 경우는 다른데, 여성의 이마가 너무 넓으면 남편운이 좋지 않아 오래 살지 못하고 헤어질 수도 있다. 이들은 성격이 강하고 때로 안하무인적인 성격을 드러내기 때문에 남성들이 매우 힘들어 한다. 때문에 여성은 자신의 이마가 너무 넓으면 미용 상 약간의 노력이 필요하다. 만약 이마가 너무 넓어 콤플렉스라고 생각된다면 인위적으로 앞머리를 만들거나 머리카락을 앞으로 내려 이마를 약간 덮어주는 연출이 필요하다.

"머리를 내려서 이마를 살짝 가려보세요. 그냥 생머리보다는 웨이브를 넣어서 길게 내리면 정말 멋져 보일 것 같은데요."

넓고 튀어나온 이마가 좋다는 사실은 많이 알려져 있기 때문에 거부감이 들거나 약점이라고 생각하는 사람은 드물지만, 사실 여성에게는 좋은 평가가 내려지지 않는다. 여성이 이마가 넓고 튀어나오면 드세고 고집이 세서 배우자를 누르는 관상으로 본다.

여성의 경우에는 이마가 지나치게 넓으면 보편적으로 고독하고 애정운도 좋지 않은데, 지나치게 똑똑한 척을 해서 배우자나 애인을 피곤하게 만들기도 한다. 이마가 넓은 여성은 지나치게 잘난 척을 해서 남성을 멀어지게 하므로, 머리카락으로 이마를 가리거나 원만한 성격을 갖기 위해 노력해야 한다.

넓은 이마를 가진 사람의 특징

1. 초년운이 좋다.
2. 관운이 있다.
3. 성격이 강하다.
4. 재물운이 있다.
5. 합리적이며 창의력이 뛰어나다.
6. 처세를 잘한다.

Chapter 3

이마의 주름에 많은 이야기가 숨어 있다

눈이 밝고 시력이 좋다고 해서 사람을 파악하는 능력이 뛰어난 것은 아니며, 상대를 제대로 꿰뚫어 보기 위해서는 감각적으로 보는 습관과 학습이 필요하다.

사람의 관상을 빠르게 파악하는 것 또한 쉽지만은 않은데, 사람의 얼굴에서 누구나 빨리 분명하게 볼 수 있는 곳은 이마다. 특히 이마에 새겨진 주름은 매우 잘 보이므로 상대의 이마 주름을 파악하면 그 사람의 생각이나 상태를 알 수 있으며, 더 나아가 적절한 대화 주제를 찾을 수 있다.

이마에 세 줄의 주름이 형성되어 있는 것을 일반적으로 삼문(三文)이라고 부른다. 가장 위쪽의 주름은 천문(天文)이라고 하며, 가운데 주름은 인문(人文), 가장 아래쪽의 주름은 지문(地文)이라고 한다.

천문은 그 사람의 운세와 윗사람과의 관계를 살피고, 인문은 건강 상태와 재운을 살피며, 지문은 가문이나 손아래의 일을 살피는 기준이 된다. 삼문이 잘 갖추어진 사람은 일생동안 큰 발전을 하며, 의식주가 모두 편안하다.

3개의 주름을 가진 그에게는
좀 더 세심한 인사말을 건네라!

비교적 선명한 3개의 주름이 이마를 가로지르듯 평행으로 새겨진 사람이 있다. 마치 밭고랑과 같은 형태인데, 이마에 3개의 주름이 선명하게 잡힌 사람은 대체적으로 인생에 큰 어려움이 없었던 사람이다.

그들은 자신이 지닌 재능이나 수완을 충분히 발휘하며, 사회적으로도 자신의 재능이나 수완, 기능적인 면을 인정받아 어느 한 분야에서 출세를 하거나 이름을 날린다.

그들은 다툼을 싫어하고, 지나침을 조절하는 능력을 지니고 있으므로 주변의 지지를 받으며, 상사와 부하 모두의 신뢰를 얻어 더 큰일을 할 수 있다. 또한 그는 지식이 뛰어나고 사려가 깊은 특성을 지니고 있다.

3개의 주름을 가진 그에게는 간단한 인사말보다는 조금 사려 깊은 인사말을 건네라! 그렇게 해야 서로의 관계를 발전시키고 우호를 증대시킬 수 있다. 그는 늘 주위 사람들로부터 인정을 받고 있고 그것을 은연중 느끼고 있으므로 대화에 있어서도 그러한 느낌을 살려주는 것이 필요하다. 아부를 하라는 것이 아니라, 그의 기분과 삶의 형태를 이해해야 한다는 것이다.

그의 마음을 파고들기 위해서는 보다 세심한 배려의 인사말이 필요하다.

"사장님과 약속을 하고 오면서 보니까, 감나무에 까치가 앉아서 감을 쪼아 먹고 있더라고요. 서울에서 그런 광경을 오랜만에 보니 감회가 무척 새로웠습니다. 좋은 일이 생길 것 같은 예감이 들더라고요. 사장님의 밝은 얼굴을 뵈니 그 예감이 틀릴 것 같지 않습니다."

"직접 운전을 하셨습니까? 이곳은 차가 막히기로 유명한 곳인데 제 시간에 오시다니, 정말 고생 많으셨습니다."

"이번 산행에는 힘한 바윗길 같은 코스가 없어서 그렇게 큰 힘은 들지 않을 것입니다. 서둘지 않고 천천히 걸으시면 산 정상에 서서 절묘한 경치를 즐기실 수 있을 겁니다."

이러한 유형의 사람과 만나면 그를 인정하고 그에게 기회를 제공하는 대화법이 필요하다. 그에게는 무미건조한 인사말보다 존경과 역할에 대한 인식, 그리고 많은 사람이 그에게 관심을 가지고 있음을 상기시키는 대화가 그를 움직일 수 중요한 열쇠가 될 것이다.

이마에 3개의 주름이 있는 사람의 특징

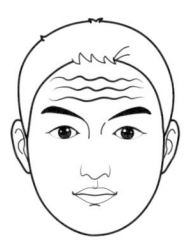

1. 다툼을 싫어한다.
2. 지식이 뛰어나고 사려가 깊다.
3. 주위의 평판이 좋다.

4개의 주름을 가진 그와는
예술성에 대해 논하라!

이마의 주름을 살필 때는 3개의 선인 천문과 인문, 지문을 기준으로 해서 살핀다. 그렇다면 4개의 주름을 가지고 있는 사람은 어떨까?

이마에 4개의 주름이 있는 사람은 다방면에 재주가 있는 사람이다. 이들은 창의력이 풍부하며 나름대로 선견지명이 매우 탁월해서, 이를 바탕으로 두각을 나타내게 된다.

4개의 주름을 가진 그는 사람을 대하는데 있어 그 누구보다도 첫인상에 중요한 의미를 부여한다. 인간적인 면은 가장 중요한 요소로, 남다른 창의력을 지닌 그는 특별한 대화를 원한다. 따라서 첫인상을 중요하게 여기는 그와는 대화의 시작에 신경을 써야 하는데, 처음에는 그가 어느 분야에 관심을 가지고 있는지 알 수 없으므로, 다음과 같은 인사말을 건네는 것이 좋다.

"요즈음 전국에서 가을이란 주제를 가지고 국화축제가 많이 열리고 있는 모양입니다. 그런 축제나 여행을 좋아하시는지요?"
"아뇨, 전 오페라를 좋아합니다."

"아! 그러시군요. 오페라가 많이 대중화되었다고 들었는데, 사실인가요? 최근 다양한 공연들이 펼쳐지고 있는 것 같더군요. 과거에는 매우 격조 높은 예술적인 분야였지 않습니까? 저는 최근에서야 오페라에 관심을 가지기 시작했는데, 선생님께 도움을 받을 수 있겠군요."

여행은 예술과 연결되는 통로로, 색채 풍경이 있는 여행 이야기로 대화를 시작하면 영감과 감성이 자극되기 때문에 다양한 주제의 대화를 나눌 수 있다.

4개의 주름을 가진 그는 특히 예술적인 감성과 독창적인 내면세계를 갖고 있으므로 그의 관심사가 무엇인지를 빨리 파악해야 한다. 대화가 시작되면 그와 당신의 공통점을 찾은 후에 당신도 그와 유사한 관심사가 있음을 보여주어라. 그는 공통 관심사에 대해 이야기할 것이고, 은연중에 친밀함을 드러낼 것이다.

이마에 4개의 주름이 있는 사람의 특징

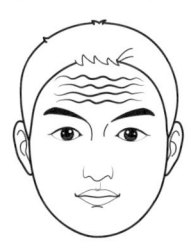

1. 재주가 많다.
2. 선견지명이 있다.
3. 예술 분야에 관심이 많다.

가운데만 뚜렷한 주름을 가진
그의 학술적 관심을 자극하라!

언뜻 보아서는 이마의 주름이 3개지만, 자세히 보면 그중 가운데 주름이 유난히 깊고 긴 주름을 가진 사람이 있다면 인문만 뚜렷한 주름을 가졌다고 말할 수 있으며, 다른 주름은 보이지 않고 이마 하부의 주름만 선명하게 보이는 사람도 인문이 선명한 주름을 가졌다고 말할 수 있다.

이 주름을 소유한 사람은 침착한 사람으로 학자적인 기질이 풍부한 사람이다. 이러한 주름을 가진 사람은 학계에 많이 있으며, 이들은 스스로의 노력과 연구로 사회적인 명성과 지위를 손에 거머쥔다.

"얼마 전 방송에서 황우석 박사에 대한 소식을 들었습니다. 공과를 떠나 우리나라도 이젠 과학자나 철학자들을 적극적으로 보호하고 지원하는 사업을 펼쳐야 한다는 생각이 들었습니다."

"연구가 없으면 발전도 없는 것 아닙니까? 우리나라 사람들은 아이큐가 높은데도 불구하고 아직 노벨과학상을 받지 못했습니다. 그건 사회적 배려와 국가적 지원이 없었기 때문이 아닙니까?"

"연구하는 과학자를 우대해야지만 국가의 미래가 보장된다고 저는 생각합니다."

인문만 지닌 사람은 학자적 자존심이 강한 사람이다. 그의 자존심을 지켜주는 것은 좋지만, 비굴해 보이거나 아첨하는 식의 발언은 삼가는 것이 좋다. 학문적 관심을 보이는 것은 그와의 소통에 도움이 된다.

상대방이 긍정적으로 생각하는 주제나 관심사에 대해 이야기 하면 그는 호감을 가지고 당신을 바라보게 될 것으로, 취미가 의사소통의 방편이 되는 경우가 많지만, 사실 그들이 가진 취미는 어쩌면 일반적이지 않을 수 있다. 그러나 불편해하지 않고 조금만 관심을 기울이고 동조하면 그는 좋은 친구를 만났다고 생각할 것이다.

단 이러한 주름을 가진 사람은 학문을 통해 명성을 얻는 것이 중요하며, 정치에 관심을 갖거나 자신의 지위를 이용해서 다른 일을 도모하면 학문적 명성은 물론 지위에 먹칠을 하게 된다. 또한 재산 축적에 초연해질 필요가 있는데, 그것은 학문적 명성과 지위를 얻음에 따라 재산 또한 서서히 축적되기 때문이다.

가운데만 뚜렷한 주름을 가진 사람의 특징

1. 가운데 주름이 길거나 선명하다.
2. 학자적인 기질이 강하다.
3. 침착한 성격의 소유자다.

겸업문 주름을 가진
그는 장사 수완이 뛰어나다

지문은 이마에 새겨지는 여러 개의 주름 중에서 가장 아래에 새겨지는 주름이다. 지문만 기형이라는 말은 상대적으로 다른 주름은 정상적이라는 말이다.

일반적인 주름은 얕은 파형(波形)으로 나타난다. 즉 직선이 아니라 약간의 굴곡이 있으며, 물결이 바람에 일렁이는 것처럼 파도와 같은 형태를 띤다. 지문이 기형이라는 것은 주름이 파도와 같은 형태가 아닌 다른 형태라는 것이다. 이마의 가장 아래쪽 주름, 즉 눈썹에 가까운 주름의 기형은 정해진 형태가 없이 제각각 다르게 나타난다.

지문의 여러 형태들 가운데 특히 눈여겨 볼 것은 지문이 반으로 나뉘어져 양쪽 눈썹을 각기 위에서 덮은 것처럼 보이는 겸업문이라는 주름이다. 이러한 겸업문을 가진 사람은 여러 가지 일에 흥미를 보이는데, 특히 장사 수완이 뛰어나고 상업적 성향을 강하게 드러낸다.

"뉴스를 보았더니 이번 주에 유난히 눈에 띄는 내용이 있더군요."
"요즘 뉴스는 별로 새로운 게 없던데요."

"그렇기는 하지요. 그런데 며칠 전에 뉴스를 보다가 벌떡 일어났습니다. 이케아라는 기업이 우리나라에 진출했더군요."

"이케아요?"

"일종의 박리다매 형식으로 사업을 하는 기업입니다. 일상 생활용품을 아주 싸게 파는 다국적 기업인데 일부 물건은 미국에서보다 훨씬 비싸게 팔지만, 그 물건들이 아주 잘 팔린다고 합니다."

그가 모를 것이라고 생각하지 말라. 그도 알지만 내색을 하지 않는 것일 수도 있다. 그러나 그가 알고 있는 내용이라 하더라도 당신이 그것에 관심이 있다는 사실을 그는 흡족해 할 것이므로, 당신이 알고 있는 상업적인 뉴스들을 이것저것 풀어놓아라. 겸업문을 지닌 사람은 자신의 재능이나 수완을 돈과 재물로 연결시키는 특별한 재능을 가지고 있기 때문에 당신과의 대화에 흥미를 느낄 것이다.

겸업문 주름을 가진 사람의 특징

1. 가장 아래쪽 주름이 기형인 주름을 갖고 있다.
2. 여러 가지 일에 흥미를 보인다.
3. 장사 수완이 있다.

주름이 2개인 사람은
타인을 생각하는 마음이 각별하다

사람의 관상은 제각각이지만 대다수 사람들의 공통점이라고 한다면 이마에 주름이 생긴다는 것이다. 주름은 몸 어디에나 생길 수 있지만 이마의 주름은 사람의 생각을 드러낸다.

이마의 주름은 생리적으로는 전뇌의 활동이 드러나는 현상이며, 그 사람의 신경 상태를 나타낸다. 뇌의 발달은 주름의 모양에 영향을 미치는데, 뇌의 무질서한 발달은 이마의 주름을 무질서하게 만들기도 한다.

이마의 주름은 일반적으로 3개가 새겨지는데, 주름이 2개만 있다면 반드시 있어야 할 하나의 주름이 새겨지지 않은 것이다. 이마에 주름이 2개만 있는 사람은 어떤 주름이 없는가를 떠나서 고집이 세고 완고함이 지나치다.

"형님, 축하드립니다."
"축하? 축하받을 일이 없는데?"
"있습니다. 왕십리에서 사업하는 김세아씨 있지 않습니까? 이번에 미국 아마존을 통해 물건을 팔아서 큰 수입을 올렸다고 하던데요."

"그래?"

"그 친구 인간성 좋던데요. 대화 중에 형님 이야기가 잠깐 나왔는데, 그 친구가 형님이 도와주지 않았다면 그 정도로 큰 수익은 내지 못했을 거라고 아주 자신 있게 말하던데요?"

"그랬단 말이지?"

그는 반신반의할지도 모르지만, 이 유형은 아랫사람이 출세하는 것을 비방하거나 부러워하지 않는다. 주름이 2개만 있는 사람은 진심으로 타인을 위할 줄 아는 사람이며, 그에게 그의 지인이나 친구, 후배나 제자들에 대한 칭찬을 하면 무척 즐거워할 것이다.

또한 이 유형은 아랫사람을 이끄는데 있어 대단히 적극적이며 호의적이다. 자신을 내세우기보다는 자신이 지원하고 키워낸 제자나 후배들이 사회활동에서 두각을 나타낼 수 있도록 도와준다. 때문에 부하나 후배, 제자들의 사회적 활약에 힘입어 자신의 사회적 신분과 지위가 상승하는 일이 많다.

주름이 2개인 사람의 특징

1. 고집이 세고 완고하다.
2. 배려심이 많다.
3. 아랫사람을 잘 이끈다.

6

여러 개의 어지러운 주름을 가진 그의 고민에 적극적으로 동조하라!

이마의 주름은 3개가 정격이다. 주름이 많으면 좋은 측면도 있지만, 이마에 주름이 많으면 관상에서는 인생이 복잡하고 다난하며, 근심이 많고 안정감이 떨어지는 것으로 본다.

이마에 지나치게 많은 주름이 새겨진 사람은 평소 걱정이 많으며, 특히 잔걱정에 치우쳐 사는 경우가 많다.

이러한 유형의 사람과 대화를 하다보면 그가 알게 모르게 걱정을 토로하는 것을 볼 수 있는데, 그가 은연중에 자신이 걱정하고 있는 것을 드러내면 거기에 적극적으로 동조하는 것이 좋다.

"주식이란 그런 것 아닙니까? 떨어질 때가 있고 오를 때가 있잖아요. 너무 걱정하지 마세요. 제 친구 하나도 주식투자에 열을 올리다가 한동안 주식이 계속 곤두박질치자, 신경을 끊고 한 1년 그대로 묵혀 두었는데요. 2년 만에 주가가 두 배로 껑충 뛰었다고 하더라고요. 지금은 싱글벙글합니다."

"저는 주식에 대해 잘 모르지만 장기 보유할 수 있는 우량주를 가지고 있다면 언젠가는 반드시 상승한다고 하던데요?"

상대가 자신의 고민을 드러내어 대화의 주제가 정해졌다면, 그와 관련된 당신의 정보들을 털어 놓아라. 당신이 전문적인 지식을 가지고 있지 않더라도 그는 당신의 이야기에 귀를 기울일 것이다. 그는 자신의 고민을 누구에겐가 얘기하고 싶던 참이었을 수도 있고, 점쟁이라도 찾아가고 싶은 심정이었을 수도 있으므로 자신이 원하는 이야기를 토로할 상대를 만났으니 얼마나 기분이 좋겠는가? 그것은 결국 호감으로 나타나게 된다.

어린 아이들에게 이러한 주름이 생기면 보통 인상을 써서 그렇게 된다고 하는데, 눈가의 주름은 많이 웃어서 생기는 경우가 있지만, 이마의 주름은 폐와도 연관이 있다. 만약 젊은 사람이 이마 부위에 주름이 많다면 폐에 이상이 없는지 살펴보는 것이 좋다.

젊었을 때 이마에 주름이 많은 것을 고난의 상이라고 하며, 이마에 주름이 많이 새겨져 있으면 겉늙어 보이기도 하고, 살아갈 때 잔걱정이 사라지지 않고 반복되거나 스스로 잔걱정에 빠져들어 힘들다.

나이가 들었을 때 이마에 주름이 많이 생긴 것은 고난이 많은 청춘기를 보냈다는 반증으로, 이러한 주름을 가진 사람들은 고난과 역경을 이겨내고 말년에 일가를 이루게 되며, 중년이 지나야 기회가 온다.

여러 개의 어지러운 주름을 가진 사람의 특징

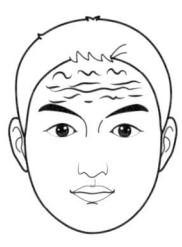

1. 잔걱정이 많다.
2. 젊은 사람이 주름이 많으면 폐의 문제일 수도 있다.
3. 중년이 지나야 기회가 온다.

7
이마 가운데가 처지는 주름을 가진 그는 직감력이 뛰어난 사람이다

이마에 새겨지는 주름은 그 형태가 아주 다양하다. 주름이 여러 줄이거나 지나치게 많을 수도 있으며, 가로가 아니라 세로로 새겨질 수도 있다. 또 어느 부분은 처져 있거나 어느 부분은 조금 굽어진 형태를 지닐 수도 있다.

이마의 주름 개수를 떠나서 이마의 중앙부분에서 약간 아래로 처져 있는 주름을 가진 사람들이 있는데, 이렇게 주름의 중앙부분이 아래로 처진 사람은 직감력이 매우 뛰어나다.

직감의 종류는 매우 다양하지만, 이 주름을 가진 사람은 업무적인 직감력이 뛰어나다. 즉, 업무를 통해 체득한 기술이나 지식이 직감으로 발휘되는 특징을 가지고 있다.

사람은 입이 하나이고 귀가 둘이다. 입은 하나이지만 귀가 둘인 이유는 말을 하기보다 남의 말을 많이 들으라는 신의 뜻이라고 한다. 그러니 당신도 되도록이면 말을 아끼고 먼저 다른 사람의 말을 듣는데 치중하라.

이마 가운데가 처지는 주름을 가진 그와의 대화에 있어서는 말을 하기보다 먼저 들어주는 것이 좋다. 달리 대화하려고 애쓰지 말고 그가 하는 말에 귀를 기울여 주자. 간혹 고개를 끄덕이거나 표정으로 맞장구를 쳐준 다면 최상의 대응이다.

이 유형의 사람은 가능한 한 말을 많이 하고 싶어 하며, 주변의 시선을 모으는 것을 낙으로 삼는다. 때문에 그와 친해지려면 그의 말을 최대한 많이 들어주면 되는데, 남의 이야기를 잘 들어주는 사람은 그 어디에서도 환영받으며, 대화에 있어서 말을 잘하는 것보다 들어주는 것이 더 중요하고 효과적일 때가 많다.

이러한 이마 주름을 가진 사람들 가운데 간혹 마술사, 연기자, 예술가 등으로 이름을 날리는 경우가 있으며, 이들 중에는 투시나 염력에 소질이 있는 사람도 많다. 이들은 이러한 직종으로 진출하여 부를 축적하고 명성을 얻기도 한다. 그러나 재능을 발휘하여 얻는 부는 있지만 명성은 그다지 높지 않다.

"저는 언젠가 낚시하는 친구를 따라 강원도 화천 비수구미라는 곳에 간 적이 있어요. 아시다시피 저는 낚시를 좋아하는 체질은 아닌데, 그곳에 다시 한 번 가보고 싶네요."
"낚시가 잘 되던가요?"
"처음으로 낚시에 따라 간 제게 행운이 따랐죠. 첫 낚시에 장어를 낚았으니 정말 대단하지 않습니까? 거짓말 조금 보태서 팔뚝만한 장어를 낚아서 심장이 두근두근했죠."

그의 말에 조금만 맞장구를 쳐주면 그는 자신의 활약상을 쉬지 않고 풀어낼 것이다. 그저 고개를 끄덕이며 그의 말을 들어주는 것만으로도 그의 친구가 될 수 있다. 이야기를 잘 들어주는 당신을 그는 매우 고맙게 생각할 것이다.

대화에서 대응은 무척 중요하다. 그의 이야기가 재미없거나 관심 밖의 주제라고 생각해서 고개를 끄덕여 주지 않거나 외면하는 듯한 태도를 보이면 그와는 어떤 관계도 맺을 수 없다. 말이 많은 사람은 대개 사람들로부터 환영받지 못하는데, 이 유형의 사람들은 하는 일에 비해 인기와 명성을 얻기 힘들기 때문에 자신에 대한 평판이나 다른 사람의 응대에 목말라 하는 경우가 많다.

다른 사람의 이야기를 들어주는 사람이 가장 환영받는 사람이다. 그러나 바라보는 것만으로는 부족하다. 당신이 상대에게 집중하고 있다는 느낌을 확실히 전달해야 하며, 간혹 고개를 끄덕이거나 맞장구를 쳐서 당신이 그에게 관심을 가지고 있다는 것을 보여주어야 한다.

이마 가운데가 처지는 주름을 가진 사람의 특징

1. 주목을 받고 싶어 한다.
2. 직감력이 뛰어나다.
3. 말이 많다.

이마 아래로 집중된 주름을
가진 그의 인생을 위로하라!

이마의 주름이 어느 부위에 있는가도 사실은 무척 중요한데, 만약 이마의 주름이 하부 쪽에 주로 새겨져 있다면 인생의 변화나 기복이 심하다.

"세상 사는 게 다 그렇지. 인생 뭐 별거 있나요?"

이마 아래로 집중된 주름을 가진 그는 이런 형태로 대화를 전개해 나갈지도 모른다. 이들은 툭툭 던지는 듯한 말투를 자주 쓰기 때문에 처음에는 적응이 어려울 수 있지만, 그들의 특성을 조금만 이해하면 편하게 대화를 이어나갈 수 있다.

"그래도 살만하지 않나요?"
"저희가 고향에서 나올 땐 지금보다 훨씬 못했죠."

단편적인 말투가 이들과의 대화에서는 도움이 될 수 있다. 그러나 이마 아래로 집중된 주름을 가진 사람들이 신세한탄을 하기 시작하면 끝이 없다. 때문에 적당한 선에서 대화를 끊어주는 것이 필요하며, 이 유형과는 진취적이고 앞을 바라보는 대화를 하는 것이 좋다.

"그래도 우리나라가 곧 4만 달러 시대를 열어간다고 하잖아요. 저희가 힘들게 쌓아놓은 역사가 결실을 맺는 거 같아요."

이마의 주름이 하부에 처져 있고 끊어지듯 짧게 새겨진 사람들은 인생역경이 험난하고 버겁기에 이것을 이겨내고자 하는 힘이 강하다. 어떤 상황에서든 헤쳐 나가려는 실천적 의지가 강하기 때문에 말로 하거나 듣는 것으로 만족하지 못하고, 체험을 통하여 실천하려는 경향이 있다.

이들은 체험을 바탕으로 한 장사 수완이 매우 뛰어나며, 체험을 통해 얻은 지식이나 경험을 자신이 하는 일이나 장사, 사업에 연결시켜 부를 축적하는 능력이 탁월하다.

이마 아래로 집중된 주름을 가진 사람의 특징

1. 말투가 곱지 않다.
2. 인생길이 순탄치 않다.
3. 생활력이 강하다.

끊어진 주름을 가진
그의 말에 힘을 실어 주어라!

이마의 주름은 그 사람이 살아온 인생역정을 첨예하게 보여준다. 길게 이어지고 부드러운 주름이야말로 그가 순탄한 인생을 살았음을 보여주는 것이며, 인생 항로가 험악하면 험악할수록 주름이 거칠고 반복되며, 짧게 끊어지고 겹치는 모습을 보여준다. 따라서 이마의 주름은 길고 부드러운 형태의 것이 좋다.

이미에 새겨진 주름이 굴곡이 심하거나 끊어진 곳이 많으면 그 사람은 초년에 고생이 심했다고 본다. 또한 이마에 새겨진 주름이 끊어지고 겹치며, 구부러진 것이 전체적으로 끊어진 것처럼 보이는 인상을 지녔다면 그 사람은 과거에 고난이 많았으며, 대단히 많은 고생을 겪었을 것이다.

"옛날이야기는 모두 추억 아닙니까?"

그렇게 던지듯 입을 열어도 그는 할 말이 많을 것이다. 끊어진 주름을 가진 그는 자신의 무용담이나 어린 시절의 고난을 누군가에게 이야기하고 싶어 한다. 그것을 잘 들어준다면 그의 친구가 될 수 있다. 즉 여성의 마음을 사로잡는 비결이 끊어진 주름을 가진 그를 사로잡는 비결이 되는데, 플레이보이들은 여성을 사귈 때 자신을 부각시키지 않는다. 단지 여성이 하는 말에 맞장구를 치며 열심히 들어준다. 상대가 이야기를 많이 하면 여성들은 기분 나쁜 표정을 짓거나 다시 생각하는 속성이 있다. 그러나 그 속성은 여성만 가지고 있는 것이 아니며, 대부분의 사람들이 그와 비슷한 속성을 지니고 있다.

사람들은 상대가 자신의 이야기에 귀를 기울이면 사이가 가까워진 것이라 생각한다. 이는 플레이보이의 법칙과 상통하는 것으로, 대화를 잘하는 사람은 자신의 주장을 강하게 펼치는 사람이 아니다. 자신의 주장을 강하게 펼치는 사람은 선동가이거나 정치가, 혹은 웅변가일 것이다.

진정한 친구를 얻기 위해서는 그의 말을 무조건 들어주어야 한다. 사람은 결국 자신의 이야기를 진지하게 들어주는 사람에게 호의적인 반응을 보이기 마련이다. 이때 상대의 이야기에 반응을 보이고 칭찬하며 맞장구를 치면 상대는 감격한다. 플레이보이처럼 상대에게 감동적인 시선을 보내고 집중하는 모습을 보이는 것이야말로 상대를 내편으로 만드는 최고의 전략이다.

끊어진 주름을 가진 사람들은 고생을 많이 하긴 하지만, 성공을 거두기도 한다. 그들은 자신의 성공신화를 누구에겐가 이야기 하고 싶어 하며, 그 이야기를 진심으로 들어주는 사람과는 쉽게 친구가 된다.

"와! 그런 적이 있었군요. 지금이라면 쉽지 않겠는데요."
"정말로 그 고비를 넘겼다고요? 저 같으면 주저앉았을 겁니다."
"그래도 늘 준비해야겠지요."
"다시 기회가 오지 않겠습니까?"

짧은 응대지만 그의 말에 동조해 줌으로서 그의 마음을 열 수 있다.

이마의 주름이 심하게 굴곡지거나 끊어진 형태라면 가까운 사람들과의 문제로 많은 고생을 했거나, 부모나 형제, 친구와의 관계에 문제가 생겨 현재도 많은 고생을 하고 있을지 모른다. 이마의 주름이 끊어진 형태에서 보다 정확한 인간관계를 알 수 있는데, 이마에 새겨진 주름 가운데 상부의 주름이 많이 끊어져 있다면 손윗사람의 문제로 고생하고, 중앙부라면 배우자에게서 문제가 일어난다. 또한 이마에 새겨진 주름 중에서 하부가 끊어지고 심하게 굽은 모습이라면 자녀 문제가 많다.

다른 측면에서 살펴보자면 상부의 주름이 많이 끊어졌다면 사회적 지위나 명성에 변화가 많은 것이고, 중앙 부위의 주름이 많이 끊어지거나 굴곡이 심하다면 사람에 의한 고생이 심한 것이며, 하부의 주름이 심하게 굽거나 끊어지면 재산에 의한 변화나 고민이 심한 것이다.

끊어진 주름을 가진 사람의 특징

1. 초년고생이 심하다.
2. 고난을 많이 겪는다.
3. 자식 문제로 고민이 많다.

10

1개의 주름만 있는 그와는
건강에 대한 얘기를 하라!

가장 이상적인 3개의 주름은 각기 명예와 사람, 그리고 재산의 고른 분배와 배합 등을 나타낸다. 그러나 모든 사람이 정확하게 3개의 이마 주름을 가지는 것은 아니며, 사람의 얼굴이 천차만별이듯 주름도 천차만별이다.

간혹 이마의 주름이 하나 또는 2개인 사람도 있는데, 이마의 주름이 하나 뿐인 사람은 그 하나의 주름이 어느 곳에 위치하느냐에 따라 인생 항로를 예측할 수 있다.

이마의 주름이 이마 상부에 하나만 새겨진 경우라면 명예는 있으나 인맥과 재물이 약하고, 한 줄의 주름이 이마 중앙 부위에 새겨져 있다면 인맥은 강하지만, 명예나 재물운은 약하다고 할 수 있다.

이마에 주름이 하나뿐인 사람들 대부분은 그 주름이 이마 하부에 새겨진 경우가 많다. 이마의 아래쪽에 길고 선명한 주름이 새겨져 있다는 것은 넘칠 듯한 건강미를 지니고 있다는 것이다. 체력은 물론이고 기가 강하며, 무엇을 해도 지치지 않는다.

특히 이마의 아랫부분에 해당하는 주름은 재물과 깊은 연관이 있다.

이러한 주름을 지닌 사람 중에는 개인 사업이나 장사를 하는 사람이 대단히 많다. 한 계단씩 밟고 올라가서 성공하는 사업가의 표상과도 같은 이 주름은 대기업보다는 장사를 하는 사람에게서 많이 나타난다.

"무척 건강해 보이시는데, 요즘 건강관리를 어떻게 하세요?"

이마에 주름이 1개만 있는 사람은 건강을 최고로 치기 때문에 그와 만나면 "안녕하십니까?", "바쁘시죠?"와 같은 인사말보다는 건강과 관련된 질문을 던지는 것이 좋다.

그는 어디에서나 인기가 있으므로 자신에게 친화적으로 다가오는 것을 당연하게 여기며, 스스로도 상대에게 친화적이다.

이 주름은 간혹 육체노동을 하는 사람들에게서 나타나기도 하는데, 여기저기 쫓아다니는 일을 해도 체력이 받쳐주기 때문에 지치지 않는다. 발이 넓고 서민적인 사람이라 인기가 있으며, 무엇인가를 반드시 해내는 사람들이 이와 같은 주름을 가지고 있는 경우가 많다.

1개의 주름을 가진 사람의 특징

1. 육체노동에 강하다.
2. 건강을 중요하게 여긴다.
3. 장사에 소질이 있다.

Chapter 4
상대의 눈썹에 비밀이 숨어 있다

유인원과도 같던 인간의 몸은 진화를 거치면서 대부분의 털이 사라졌지만, 신체 일부의 털은 사라지지 않았는데, 눈썹도 그 중 하나다.

눈은 정신이 머무는 기관이자, 건강과 수명을 지키는 기관이며, 눈썹은 빗물이 눈으로 흘러들어가는 것을 막아주는 눈의 지붕 역할을 한다.

관상학적으로 눈썹은 형제의 운을 나타내는 곳으로 보며, 눈썹의 형태를 보면 형제의 수나 우애 정도를 알 수 있다.

눈썹은 가늘고 길며 윤택해야 좋고, 거칠거나, 탁하거나, 마구잡이로 자라거나, 지나치게 넓게 퍼져 있으면 좋지 않으며, 눈썹의 모양을 보면 그 사람의 대인관계나 성품, 수명, 명예의 한계까지도 알 수 있다.

또한 눈썹을 통해서 그 사람의 성질과 재산의 정도까지 알 수가 있다고 하는데, 지금부터 각양각색의 눈썹에 대해 한번 살펴보자.

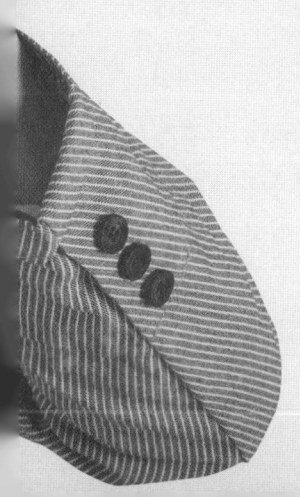

귀신 눈썹을 지닌 사람과는
언쟁을 하지 말자!

귀신은 그 형태나 종류가 다양할 뿐만 아니라, 일정한 기준도 없기 때문에 귀신의 눈썹을 닮은 눈썹이라고 하면, 잘 이해가 되지 않겠지만, 어쨌든 귀신의 눈썹을 귀미(鬼眉)라고 부른다.

귀신의 눈썹이라는 이름을 붙였지만 사실 그 형태는 명백하다. 귀미는 지나치게 혼탁한 눈썹을 말하며, 여기에서 혼탁하다고 하는 것은 불규칙하다는 것으로, 눈썹이 자라난 모양이 마치 잔디가 자라난 것처럼 불규칙하고 정리가 되어 있지 않다. 마치 만화에 나오는 임꺽정의 눈썹처럼 성기고 거칠다.

눈썹이 정리가 되지 않으니 눈 주위가 지저분하게 보이기도 하며, 눈을 가리기라도 할 것처럼 마구잡이로 자라난 눈썹이 진하기도 하고 흐리기도 하면서 일정한 규칙이 없다.

눈과 눈썹 사이가 멀어야 재산이 쌓이는 법인데, 귀신 눈썹은 눈을 가리듯 눈썹이 나 있고 눈과 지나치게 가까워 재산과는 거리가 멀다. 이 유형은 의리가 있고 선량한 것처럼 보이지만 간혹 사악한 마음을 품기도 한다.

굵은 눈썹을 지닌 사람은 인상이 강해 보이고 매사에 굴함이 없어 적극적으로 사람을 대한다. 귀미 또한 굵은 눈썹에 속하므로, 저돌적이고 적극적이며 매사에 성실하다. 굵은 눈썹이 잘 정돈되어 있으면 부모의 사랑을 받으며 자라 긍정적이고 운세가 좋다. 반면에 지나치게 성글고 거칠며 정리가 되지 않으면 목적을 이루기 위해 사악한 생각과 행동을 하기도 한다.

따라서 귀신 눈썹을 지닌 사람 중에는 죄수가 많으며, 이러한 눈썹의 소유자는 평생 동안 타인의 물건에 욕심을 내므로 남의 물건이나 재물에 손을 댄다. 따라서 예로부터 귀신 눈썹은 죄수의 눈썹으로 간주했다.

귀신 눈썹을 지닌 사람은 때때로 감정이 격해지기 때문에 이러한 눈썹의 소유자와는 적대적인 감정을 만들지 않아야 한다. 물론 상대하지 않으면 되겠지만 사람이란 생각지 않은 곳에서 반드시 마주치기 마련이다.

"처음 뵙겠습니다. 말씀 많이 들었습니다."와 같은 인사말을 귀신 눈썹을 지닌 사람이 듣는다면 그는 순간적으로 머리가 복잡해질 것이다. 처음 보는 그에게 이미 들은 바가 있다는 말은 부정적인 이야기를 들었다는 이야기가 될 수도 있다. 어떤 사람에게는 좋은 인사가 이 유형에게는 나쁜 인사가 될 수도 있는 것이다.

"처음 뵙겠습니다. 반겨주셔서 감사합니다."
"안녕하십니까? 날씨가 무척 좋은데요."

처음 소개받은 사람이 귀미를 가지고 있다면 일상적인 대화가 좋다. 주제넘은 대화나 오지랖 넓은 대화는 가급적 삼가고, 조심스러운 태도로 접근해야 한다.

귀신 눈썹을 지닌 사람은 평상시에는 자신의 감정을 억제하고 조절하지만 그것이 한순간에 무너지는 약점을 가지고 있기 때문에 이 유형과 대화를 나눌 때에는 그의 단점을 줄이고 장점을 부각시키는 노력이 필요하다. 그의 외모에 대해 논하지 말고, 그의 마음에 상처를 주는 말은 가급적 삼가는 것이 좋다. 또한 그의 앞에서는 단점을 언급하지 말고, 가급적이면 장점을 이야기하라.

"정말 남성미가 넘쳐 보이십니다."
"그 옷은 선생님께 안성맞춤이네요. 디자인이 세련되었어요."
"목소리가 너무 좋으셔서 성우를 해도 되실 걸 그랬어요."

그의 단점에 대해 왈가왈부하지 않는 것이 그를 당신의 친구로 만드는 방법이다. 그는 자기에 대해 떠벌이거나 자신과 관련된 주변 이야기를 별로 좋아하지 않는다. 주변에서 들려오는 평판을 이야기 한다면 그와는 원수지간이 되거나 좋지 않은 상황이 벌어질 수도 있다.

귀신 눈썹을 가진 사람의 특징

1. 매사에 적극적이다.
2. 재산이 없다.
3. 타인의 재산을 탐낸다.

2

드문드문 흩어진 눈썹을 지닌
사람과는 형제 이야기를 하지 마라!

눈썹이 가지런하지 못하고 드문드문 흩어졌으며, 눈썹의 나고 자람이 일정치 않은 눈썹을 소산미(疏散眉)라고 부른다. 소산미는 흩어지고 퍼져 있는 눈썹이라는 뜻이며, 눈썹에 상처가 생겨 이런 현상이 일어나도 소산미로 본다.

드문드문 흩어진 눈썹을 가진 사람은 일생동안 재복의 부침이 심하다. 평생 새순이 불규칙하니 가정이 안정을 찾기가 어렵다. 눈썹이 짙거나, 짙지 않더라도 일정한 높이로 일정한 분포를 가지고 자라나야 재운도 일정하다.

드문드문 흩어진 눈썹을 지닌 사람은 평소 온화하고 부드러운 인상을 주려고 노력하기 때문에 외관상으로는 온화한 인상이지만, 내면적으로는 매우 냉담하다. 또한 인생의 기복이 심해 늘 마음이 아프고 안정감이 떨어진다. 형제는 적은 편인데, 그나마도 친화력이 떨어지며, 형제간의 우애가 약해 반목하거나 서로 돕지 않는다.

드문드문 흩어진 눈썹을 지닌 사람에게는 형제 이야기를 먼저 꺼내지 않는 것이 좋다. 서로 친해져서 그가 먼저 형제 얘기를 입에 올리면 말을 해도 되지만, 당신이 먼저 이야기를 꺼내 화제로 삼는 것은 좋지 않다. 그에게는 어쩌면 형제가 아픔의 이유일 수도 있기 때문이다.

"어제 뉴스를 보았는데 가관이더라고요."
"뭐가요?"
"형제가 재산 다툼을 벌이다가 아버지를 서로 빼돌려 동생이 아버지를 요양원에 집어넣고 재산 상속을 강제로 요구했다는 뉴스인데, 정말 콩가루 집안이 따로 없더군요."

만약 이러한 이야기를 한다면 그는 당신을 좋지 않게 볼지도 모르며, 마음속으로 아마도 당신과 앞으로는 상종하지 않겠다는 극단적인 생각을 할지도 모른다. 그러니 이러한 유형에게는 되도록 집안 이야기를 하지 않는 것이 좋다.

드문드문 흩어진 눈썹을 가진 사람의 특징

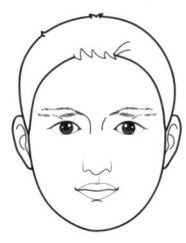

1. 외관상 온화한 느낌을 준다.
2. 내면이 냉담하다.
3. 평생 재복의 부침이 심하다.

미간 쪽은 가늘고 꼬리가 넓은 눈썹을 지닌 사람은 유머로써 대하라!

가는 눈썹이 섬세함이라면 두터운 눈썹은 적극적이다. 이 눈썹은 미간 쪽의 눈썹은 가늘고 진하지만, 바깥쪽으로 갈수록 눈썹이 넓어진다. 그 모양이 마치 옛날 방에서 쓰는 빗자루와 같다.

이와 같은 눈썹을 소추미(掃箒眉)라고 부르는데, 소추미는 비로 쓴다는 의미를 가지고 있다. 풀이하면 재산을 비로 쓸어낸다는 것인데, 빗자루로 재산을 쓸어내므로 나이가 들수록 가난해진다.

미간 쪽은 가늘고 꼬리가 넓은 눈썹은 미간이 확연하다. 이는 분명 좋은 눈썹의 조건이지만, 외측으로 갈수록 눈썹이 넓어지면서 흩어지는 것은 재산이 흩어지는 것이므로 좋다고만 볼 수는 없다.

소추미는 일종의 위로 올라간 눈썹에 해당한다. 위로 올라간 눈썹은 눈썹 외측이 올라간 형태를 말하는 것으로, 이러한 눈썹을 가진 사람은 자존심이 강하고 타인과 겨룸이나 경쟁, 말다툼에서 지기 싫어한다. 타협과 어울림을 싫어하는 외골수 타입으로 타인과의 조화를 깰 뿐 아니라 어떤 경우에도 협조에 있어 부족함이 많다. 조직에서는 균열을 일으키고 협동성을 저해하며 타인과의 협업을 붕괴시킨다. 그러나 이들은 자신의 실력을 키울 줄 알며, 시간이 흐르면 흐를수록 실력을 발휘하는 장점을 지니고 있기도 하다. 하지만 때로 독불장군이 되기도 한다.

"넌 그게 나빠!"
"자넨 자존심이 강한 것이 흠이야."
"고집이 센 친구야. 자네는."

이렇게 그의 흠을 지적하는 것은 어떤 경우에도 도움이 되지 않는다. 그에게는 분위기를 반전시킬 수 있는 유쾌한 말을 하는 것이 좋다. 이를테면 방송에서 개그맨들이 쓰는 유머나 이유 있는 우스갯소리가 분위기를 반전시켜 줄 것이다.

장황한 언어와 추임새는 그다지 도움이 되지 않으며, 촌철살인(寸鐵殺人)이라는 말처럼 짧은 한 마디의 말이 그의 생각을 바꿀 수 있다.

소추미를 갖고 있는 사람은 눈썹이 위로 올라간 사람의 성향을 많이 갖고 있다. 이 유형은 형제 운이 그다지 좋지 못하며, 어릴 적에는 형제간에 우애가 있지만 나이를 먹으면서 점차 사이가 벌어진다. 그 근본적인 원인은 질투심 때문이다.

"넌, 왜 그러니? 기철이 봐라!"
"넌 도대체 누구를 닮았니?"

자식이라 해도 소추미를 가진 아이에게 다른 사람과 비교하는 말은 금물이다. 나이가 든 사람에게 비교하는 말을 하는 경우는 거의 없겠지만, 소추미에게는 비교 당하는 것이 엄청나게 큰 아픔이다. 형제와의 비교, 친구와의 비교도 그들에게는 참을 수 없는 고통이므로 소추미를 가진 누군가에게 충고를 하거나 그와 친해지고자 한다면 비교화법은 사용하지 않아야 한다.

사람은 살아가는데 있어서 형제나 친구가 무척이나 중요하다. 이들 또한 마찬가지인데, 이들은 그 부분에 있어 더욱 민감하게 받아들이므로 보다 세심한 배려가 필요하다.

소추미를 가진 사람은 형제가 많아도 홀로 떨어져 사는 경우가 많으며, 형제간에 우애가 없기 때문에 화합하지 못하고 잘 어울리지도 않는다. 간혹 자손이 없거나 자식을 낳아도 잃어버리는 경우가 있으며, 나이를 먹을수록 사람들과의 사이가 멀어지기 때문에 말년에 외로울 수 있다.

미간 쪽은 가늘고 꼬리가 넓은 눈썹을 가진 사람의 특징

1. 나이가 들수록 가난해진다.
2. 자존심이 강하고 독불장군이다.
3. 노후가 외롭다.

칼날 같은 눈썹을 지닌 사람의
복수심을 자극하지 마라!

관상학에서 사용하는 단어의 대부분은 중국어로 사물의 형태가 우리 나라와는 다른 경우가 종종 있다.

칼날 같은 눈썹의 칼날도 그와 같은데, 여기에서 말하는 칼날 같은 눈썹의 칼은 우리나라의 칼이 아니라 중국 칼이다. 중국의 칼은 검(劍)과 도(刀)로 나뉘는데, 칼날 같은 눈썹이라는 말은 눈썹이 중국의 칼(刀)과 같은 모양이라는 뜻으로, 미간 쪽이 좁고 가늘며 외측은 넓은 형태를 띤다.

여성들의 인위적인 눈썹을 제외하면 우리나라 사람들의 눈썹은 대부분 내측보다 외측이 넓다.

자연적인 눈썹을 기준으로 칼날 같은 눈썹을 달리 첨도미(尖刀眉)라 부르는데, 첨도미는 칼끝이 날카롭다는 의미를 지니듯 날카로운 칼처럼 눈썹 끝이 날카롭다는 것을 의미한다. 즉 눈썹을 삼등분했을 때 2등분까지는 점차 넓어지고 마지막 1등분이 갑자기 좁아지는 형상의 눈썹이다. 다시 말해 부엌칼의 손잡이를 왼쪽으로 해서 날을 위쪽으로 놓은 형태에 가깝다고 보면 된다.

눈썹을 보면 그 사람의 성격을 알 수 있다고 했는데, 첨도미는 외측의 눈썹 끝을 가지고 성격을 살핀다. 눈썹 끝이 날카로운 칼끝처럼 되어 있는 사람은 날카로운 성격을 가지고 있다. 첨도미의 소유자는 성격이 대단히 과격하며, 더구나 눈썹을 이루는 눈썹의 세세한 털들이 위로 섰다면 과격한 것에 더해 성격이 쾌활하기까지 하다.

눈썹이 잘 정리되지 않은 것을 예로부터 '악살(惡殺)'이라 불렀다. 이는 사람을 죽이는 사람이 지니는 눈이라는 의미가 된다. 이런 사람과는 깊게 사귀지 말라는 말도 있었다. 첨도미를 지닌 사람은 겉으로는 온화하고 다정해 보이지만, 내심은 집요하고 악랄해서 손해를 보면 꼭 복수를 하고야 마는 성격으로, 배우자라 해도 용서가 없다.

칼날 같은 눈썹을 가진 사람의 특징

1. 날카로운 성격을 가지고 있다.
2. 겉은 온화하지만 내심은 집요하다.
3. 복수심이 강하다.

양쪽 끝단이 처져 있는 눈썹을
가진 그를 채근하지 말라!

눈썹 끝이 처진 사람을 보면 우리는 흔히 울상이라고 한다. 눈썹이 처지면 아무리 쾌활하게 말하고 웃고 있어도 우는 모습으로 보인다. 주변에 이런 친구들이 하나 둘씩은 꼭 있기 마련으로 당신도 잠깐 누군가를 떠올릴 수 있을 것이다.

우리는 울상을 하고 있으면 인생이 피지 않는다는 말을 곧잘 하지만, 겉으로 보이는 것과는 달리 그들은 마음이 선량하다. 눈썹이 아래로 처진 사람은 성격적으로 느리기 때문에 동작도 느리다.

"야, 서둘러."
"넌 왜 그렇게 느려? 속 탄다."

아무리 채근해도 그의 동작은 빨라지지 않는다. 그의 동작을 채근하거나 재촉할 것이 아니라 시간을 넉넉히 잡고 여유 있게 기다려주는 자세가 필요하다.

이 눈썹을 흔히 팔자 눈썹이라고 하는데, 이것은 아라비아 숫자 8이 아니라, 한문의 여덟팔자 모양을 뜻한다. 눈썹이 처져서 팔자 눈썹을 이룬 사람은 누군가를 돕는데 주저하지 않는다. 마음 깊은 곳에 동정심을 지니고 있어 타인을 잘 돌보고, 아픈 사람이나 힘들어 하는 사람이 있으면 기꺼이 도와준다. 이 눈썹은 또한 고생을 하면서 겨우겨우 견디다가 말년에야 겨우 성공하는 기업가의 얼굴에서 보이기도 한다.

"기다리면 때가 오지 않겠습니까?"
"우공이산이라는 말을 늘 생각합니다. 오늘 안 되면 내일 되는 것이고, 그래도 안 되면 내년에 되거나 10년 후에라도 되지 않겠습니까? 저는 인생이 단기전이라고 생각하지 않습니다. 인생은 마라톤처럼 지구력이 필요한 종목이니까요."

그에게는 지구력이 필요하다. 그러나 그는 자신이 단거리 선수라고 착각하고 살 것이다. 그에게는 마라톤 선수로서의 소질이 있으니 인생을 길게 내다보는 것이 좋다는 충고를 해주는 것이 좋다.

끝단이 처진 눈썹도 그 종류가 다양하다. 눈썹이 좀 성기면 양 미간이 높고 눈썹의 외측이 낮은 모양이라 세련미가 보이지 않는다. 팔자 눈썹을 지닌 사람은 밝게 웃는 모습이 중요하다. 더구나 팔자 눈썹에서 미간의 털이 많지 않고 눈썹 꼬리 쪽으로 갈수록 눈썹이 흩어지면 형제의 운은 물론이고 재산복도 없어 늘 빈곤할 수 있다.

눈썹의 꼬리부분이 지나치게 처져 있어 눈초리라 불리는 눈의 끝 부분을 가리는 것처럼 보인다면 결혼운이 지나치게 나쁘다. 눈초리의 끝 부분을 어미(魚尾)라고 부르는데, 이 부분을 눈썹이 가린다면 몇 번이고 결혼과 재혼을 반복할 수 있으며, 자신과 맞는 배우자를 만나지 못해 한숨만 쉬는 일이 생길 수 있다.

"야, 너 혹성탈출에 나오는 그 원숭이들 같아. 눈썹 끝 좀 정리해."

친한 친구라면 농담 삼아 그런 이야기를 해서 도움을 줄 수도 있다.

눈썹이 흩어져 눈꺼풀 위에서까지 자라는 사람이 있는데, 이런 사람은 정갈한 맛이 떨어지기 때문에 사업적으로나 사람을 사귀는데 있어 마이너스 요인으로 작용한다. 아울러 눈꺼풀에서 눈썹이 자라는 사람은 이성 관계가 좀 복잡하고 문제가 생기는 일이 많으므로 진정한 상대를 만나기가 어렵다.

"눈썹이 어지러우면 복이 달아난다고 하니까, 좀 다듬지 그래."
"눈꺼풀에 난 눈썹을 다듬으면 좋은 배우자가 나타난다고 하더라."

친한 친구 사이라면 이러한 조언을 아끼지 말라. 눈꺼풀의 털이 지저분하면 이성 문제가 발생하게 되고 소문이 나서 신용이 떨어지거나 모든 일이 뒤죽박죽이 되어버린다.

눈썹이 촘촘하면 그런대로 재운이 있어 밥을 빌러 가지는 않는다. 그렇다고 하더라도 자손의 운이 없어 자식을 보지 못하는 경우가 많고, 결국 친구도 많지 못하니 만년에 외롭고 쓸쓸하기가 북풍한설 몰아치는 산꼭대기와 같다. 형제는 없을 가능성이 높지만 그래도 재산은 있다.

양쪽 끝단이 처져 있는 눈썹을 가진 사람의 특징

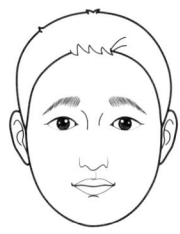

1. 울상이다.
2. 말년이 되어서야 성공한다.
3. 이성 문제가 복잡하다.

6

버들잎 눈썹은 가장 아름다운 미인의 눈썹이다

미인의 기준을 두고 눈썹을 논한다면 단연 가늘고 긴 눈썹이다. 미인이라면 얼굴 곳곳이 모두 예쁘고 조화를 이루어야 하지만, 가장 눈여겨보아야 하는 것 중의 하나가 바로 눈썹이다. 이 눈썹은 그 모습이 마치 버드나무 잎과 같아서 달리 유엽미(柳葉眉)라고 부른다.

유엽미는 가늘고 긴 눈썹이 잘 다듬어져 있어 상쾌함을 준다. 일반적으로 여성들이 화장을 하며 다듬고자 하는 형태가 유엽미에 해당하는데, 날렵함을 지니니 한 눈에 봐도 깨끗함을 느낄 수 있다. 유엽미는 초승달 같은 눈썹과 더불어 가장 아름다운 눈썹에 속하며, 이러한 눈썹을 가진 사람은 전체적인 인생 항로에 있어서 운이 따르고 복된 삶을 산다.

이들은 의리가 있고 충직함이 있어 인기가 있으며, 많은 사람들로부터 칭송을 듣기도 한다. 또한 사회생활을 잘하고 지혜를 지니고 있으며, 대부분 천성이 착하고 상냥한 성정을 지니고 있다.

"이 대리님! 이것 좀 봐 주세요. 어떤 가방이 저한테 잘 어울릴 것 같아요?"

"인터넷 쇼핑몰에서 할인 행사를 하는구나. 음~ 내가 봤을 때 자긴 키가 크고 말라서 3번째에 있는 빅백이 잘 어울릴 거 같아."

쇼핑을 하려고 한다면 유엽미의 소유자에게 조언을 구해라. 유엽미의 소유자는 총명하고 기지가 넘치는 눈을 가지고 있으며 눈썰미도 있다. 이들은 이름을 떨칠 가능성이 높고, 크게 출세하지 못해도 자신이 속한 곳에서는 반드시 필요한 사람이라는 인식을 얻을 수 있다.

단 형제운은 그다지 좋지 않은데, 지나치게 가느다란 눈썹은 형제의 운을 깎아 먹는다. 형제는 어느 정도 있지만, 형제가 서로 양보하지 않아 옥신각신하며 다툴 일이 많다. 눈썹이 정리되어 있지 않은 경우에는 형제간에 정이 없다. 잘 다듬던 눈썹도 가꾸거나 다듬지 않으면 그 순간부터 형제간에 다툴 일이 생긴다.

버들잎 눈썹을 가진 사람의 특징

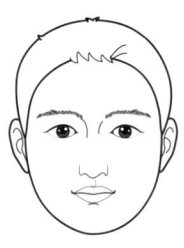

1. 운이 따르는 복된 삶을 산다.
2. 천성이 착하고 상냥하다.
3. 형제운이 없다.

검같이 날카로운 눈썹을 가진 사람은 참모로서의 재능이 많다

모든 것에 있어서 예리한 것은 좋지 않다. 예리하다는 것은 날카로움과도 통하지만 근본적으로 살기를 띠며, 지나치게 예리한 물건은 남을 해하기 쉽다.

눈썹에서 살기를 논하니 이해하기 어렵겠지만, 눈썹에도 날카로움이 있고 살기가 있다. 날카로운 눈썹의 소유자는 외향적인 살기를 보인다. 때로는 다른 사람에게 위압감을 주거나 거부감을 줄 수도 있으며, 빡빡한 사람이라는 느낌을 줄 수도 있다. 그러나 그 날카로움을 잘 사용하면 천하를 지배하는 검을 만들 수도 있다.

검같이 날카로운 눈썹을 검미(劍眉)라고 하며, 검미는 예로부터 미남의 조건 중 하나였다. 유엽미와 비슷하지만 눈썹이 총총하고 흩어지지 않았으며 끝 부분이 잘 정돈되어 있다. 나머지 부분은 유엽미와 비슷하며, 세밀하게 정리되어 있고 눈썹 외측으로 살펴보면 눈썹이 촘촘하여 빈 곳 없이 균형미가 있다.

칼같이 날카로운 눈썹을 지닌 사람은 성격이 담백하고 맺고 끊어내는 맛이 있다. 위풍당당하고 지혜를 지니고 있으며 얼굴이 맑아 보인다. 가지런하게 정렬된 인상이며 말도 또박또박 하는 등 성격을 드러낸다. 전형적인 신하의 모습으로 군주 곁에 머무는 상이지만 중요한 것은 그가 군주는 아니라는 것이다.

"친구를 위해 충고하는 모습이 보기 좋았습니다."
"자네는 말을 조절하는 능력이 있더군."

그는 자신이 지닌 습성을 잘 아는 사람이다. 그에게는 행동의 절제에 대하여 이야기를 하는 것이 좋은 응대 방식이다.

"전 좀 감정이 격한 편입니다. 그래서 그런지 때로는 오버하는 것이 아닌가 하는 생각이 들 정도로 제 자신을 주체하지 못하는 것이 흠인데, 선생님은 자신을 잘 컨트롤하는 것 같아 무척 부럽습니다."

그가 당신보다 나이가 많다면 이처럼 직접적으로 칭찬을 해 주는 것도 좋다. 그는 비상한 머리를 지니고 있으며 참모적인 성향이 강하므로 당신에게 필요한 충고를 해 주거나 때로 조언을 해 줄 수도 있을 것이다.

검같이 날카로운 눈썹을 가진 사람은 건강하며 장수한다. 장수하는 것에서 그치지 않고 건강을 겸비하였으니 복 받은 눈썹이다. 눈썹이 흠 없이 무성하고 그 자태가 모나거나 찢어지지 않고 수려하면서 길면 위세를 지니고 권세도 누릴 수 있다. 따라서 눈썹이 길게 뻗어 자리 잡아야 더욱 좋다.

형제의 운도 매우 좋은 편에 속하는데, 검같이 날카로운 눈썹을 가진 사람이 눈썹 길이까지 길면 매우 많은 형제가 있다. 검같이 날카로운 눈썹을 지닌 사람은 형제의 운은 물론이고 우애 또한 좋아 평안하다.

"전 늘 궁금했습니다. 과장님 형제는 모두 몇 분입니까?"

그가 어떤 대답을 하든지 이야기는 시작된다. 십중팔구 그는 형제운이 좋을 것이다.

검같이 날카로운 눈썹을 가진 사람의 특징

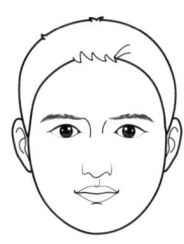

1. 비상한 머리를 가지고 있으며, 참모에 어울린다.
2. 장수하며 건강하다.
3. 형제의 운이 좋다.
4. 맺고 끊는 맛이 있다.

8
사자의 눈썹을 가진 그는
대기만성형이다

흔히 사자미(獅子眉)라고 부르는 굵은 눈썹을 가진 사람은 매우 강해 보이며 매사에 적극적이다. 사자의 눈썹은 아주 짙지 않다. 사자의 눈썹은 여백이 있어 성글기보다는 조금 거칠어 보이는 특징을 가진다.

사자의 눈썹을 가진 사람은 언뜻 보아 산만하다고 느껴지는 인상을 주지만 은연중 비범함이 느껴진다. 눈썹이 두툼하고 조금 높은 감을 주며 눈썹 자체가 둔탁한 느낌을 주는 다듬지 않은 눈썹처럼 보인다.

눈썹의 털은 대체적으로 산만하고 눈과의 간격이 넓다. 이는 전형적으로 재산의 유무를 넘어 재산의 많고 적음을 나타내는 것이다. 눈과 눈썹 사이가 멀다는 것은 우선 재물이 많다는 것으로, 사자미를 지닌 사람은 재산이 많은 사람이다. 현재는 재산이 없다 해도 시간이 지나거나 세월이 흐르면 재산을 축적한다.

"사장님의 근엄한 모습에 다들 주눅이 든 것 같습니다. 오늘 발걸음을 잘 하셨습니다. 가끔 그렇게 얼굴을 보여주시면 직원들이 반기를 들지 못할 겁니다."

사자의 눈썹을 지닌 사람은 대부분 나이를 먹어 성공하고 부를 축적하니 대기만성형이라고 할 수 있으며, 이들은 세상에 굴함이 없다. 자신만만하여 간혹 피해를 보거나 잃기도 하지만 결국은 자신의 부를 축적한다. 아울러 사자가 보여주는 상징이 제왕적 풍모이듯 사자의 눈썹을 가진 사람은 풍모가 남다르다.

여성에게는 드문 형상의 눈썹이지만, 만약 여성이 사자의 눈썹을 가지고 있다면 관직에 올라 남성들을 호령할 것이고, 부부가 모두 이러한 사자의 눈썹을 가지고 있다면 일생동안 부귀영화가 함께 한다.

사자미는 형제운 또한 좋아서 많은 형제가 있으며, 형제간의 우애도 좋다.

사자의 눈썹을 가진 사람의 특징

1. 재산이 많다.
2. 대기만성형이다.
3. 풍모가 남다르다.
4. 형제간에 우애가 있다.

9

앞은 정리되고 뒤는 흩어진 눈썹을 가진 사람은 구설수에 휘말리기 쉽다

여성들의 눈썹을 살펴보면 약속이나 한 듯이 미간 방향이 잘 정리되어 있는 것을 볼 수 있다. 대부분의 남성들도 미간 방향 눈썹은 일관성을 가지고 있다. 그러나 외측으로 갈수록 흩어지는 모양은 모든 사람들이 거의 비슷하다.

미간 쪽은 잘 정리가 되어 있어 수려하지만 꼬리 쪽으로 갈수록 넓어지고 흩어지듯 희미한 형태를 하고 있는 전청후소미(前淸後疎眉)라고 불리는 이 눈썹은 그다지 부풀거나 특이한 점 없이 미간 방향이나 꼬리 방향의 눈썹 폭이 비슷하다. 단 다른 점이 있다면 눈썹의 많고 적음일 것이다. 즉 바깥쪽으로 나갈수록 눈썹의 털이 적어지고 약간 넓어지는 형태를 띠는데, 그런 면에서 본다면 미간 쪽은 가늘고 꼬리가 넓은 눈썹에 해당하는 소추미와 비슷하다고 볼 수도 있다.

전청후소미의 눈썹 중에서도 간혹 미간 쪽이 지저분한 경우도 있는데, 일반적으로 눈썹이 하늘을 향해 뻗어 있거나 앞쪽으로 뻗어 나온 경우도 있다. 그런데 특이하게 미간 쪽 눈썹이 미간을 향해 찌르듯 자라는 경우도 있는데, 이러한 눈썹은 관상학적으로 용호상쟁이라 하여 다툼이 있는 것으로 보며, 여성의 경우 미간의 눈썹이 서로를 찌르면 평생 구설수가 있다고 한다.

"세상이 널 몰라준다고 하늘에 돌팔매질을 해도 달라지는 것은 없지 않겠어? 차라리 네가 말을 좀 줄이는 게 낫지."

당신은 그에게 이 같은 말을 해주고 싶겠지만 감정이 상할까 봐 두려울 것이다. 그렇다면 다음과 같이 말해보라.

"친구야! 세상 사람들이 다 내 맘 같지 않더라. 내가 아무리 좋다고 해봐야 그들이 좋아하는 건 따로 있더라고. 사람은 모두 다 다르다는 것을 인정해야 돼."
"난 네가 이야기 하는 건 다 좋다고 생각해. 그렇지만 무작정 네 생각대로 밀고 나가면 곤란한 일이 생기지 않을까? 우리 같이 좀 더 생각해보자."

앞은 정리되고 뒤는 흩어진 눈썹을 지닌 사람에게는 어느 정도 직접적인 충고가 필요하다. 처음에는 좋아하지 않겠지만 시간이 지나면 누가 진정한 친구인지 깨닫게 될 것이다. 대화란 좋은 관계를 이어가기 위한 수단으로도 사용하지만, 때로는 사람을 깨우쳐 주거나, 현재 상대방이 처한 상황을 이해시키는 척도로도 사용된다.

특히 미간 쪽 눈썹의 털이 미간을 찌르듯 자란 사람은 재능도 있고 인물도 좋지만 생각이 짧다. 지나칠 정도로 단순하게 생각하는 단점을 지니고 있는데, 이런 사람들은 잘했다고 칭찬해주는 사람보다 진정으로 충고해주는 사람이 필요하다. 진정으로 당신이 도움이 될 수도 있다.

앞은 정리되고 뒤는 흩어진 눈썹이라고 해도 예쁘게 보이는 눈썹이 있다. 이처럼 정리가 잘 이루어지고 예쁘게 보이면 젊은 시절에 인기가 있고 공명을 얻어 재산을 축적한다. 눈썹이 잘 정리되어 있으면 젊은 시절의 복이 중년과 말년으로 이어질 수도 있다. 그러나 정리가 이루어지지 않으면 복은 흩어진다.

"어머 얘, 너 눈썹을 정리하니까, 사람이 달라 보인다. 진작 그렇게 좀 하지. 너무 예쁘다."

이런 이야기를 반복한다면 그는 늘 눈썹에 신경을 쓸 것이다. 특히 여성들에게 이런 칭찬은 자주하면 자주할수록 좋다.

전청후소미 눈썹을 가진 사람은 형제 관계가 크게 두드러지지 않지만, 다투거나 특별히 소원해지지는 않는다. 그러나 눈썹에 흠이 생기면 형제가 다투고 소원해진다.

눈썹은 잘 정리되어 있어야 한다. 만약 눈썹이 인당까지 연결되어 있다면 액이 많고 형제간에 해롭다. 양쪽의 눈이 인당에 마주 닿거나 연결되어 마치 좌우의 눈이 하나로 연결된 일자눈썹 형태라면 형제간의 우애나 형제간의 정은 기대하기 어렵다.

앞은 정리되고 뒤는 흩어진 눈썹을 가진 사람의 특징

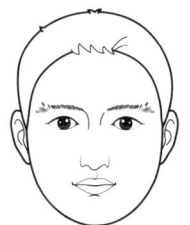

1. 구설수에 많이 오르내린다.
2. 눈썹이 정리되어 있으면 재산이 축적된다.
3. 다툼이 많다.

10

짧은 눈썹을 가진 사람은 결단력이 뛰어나며 청렴결백한 사람이다

일반적으로 눈썹은 눈을 보호하는 기능을 가지고 있다. 우스갯소리로 눈썹은 눈으로 들어오는 비를 막는 우산이라고 한다. 이 말은 나름 일리가 있는 말이다. 반드시 비를 막아야 할 필요는 없지만, 눈을 보호하는 것임에는 틀림없다.

간혹 짧은 눈썹이 있는데, 일반적으로 눈썹이 눈보다 길어야 아름답다. 하지만 형태가 짧은 눈썹도 있으며, 마치 검은 숯 한 조각 올려놓은 것처럼 짧지만 형태는 대부분 예쁜 편이다. 뒤가 지저분하지 않아 단순하게도 보이는 짧은 눈썹을 단촉수미(短促秀眉)라고 부르는데, 단촉수미는 눈썹의 길이는 짧지만 수려한 눈썹이라는 의미이다.

단촉수미의 눈썹을 가진 사람은 흔하지 않지만, 이 눈썹은 길지 않아도 장수하고 귀한 인물이 된다. 일반적으로 눈썹의 길이가 눈보다 길면 부귀하고 눈보다 짧으면 곤궁하다고 했지만, 강한 기운이 넘치는 짧은 눈썹은 곤궁하지 않다.

짧은 눈썹은 결단력이 뛰어나다. 눈썹이 짧은 만큼 대부분 강하고 굵으며, 밀어붙이는 힘이 있고 학구열도 있으므로 좋은 성적을 내며, 공직으로의 진출 가능성이 높다. 옛날로 치자면 과거에 급제하여 왕 앞에 나아갈 수 있는 눈썹이다.

"선생님께서 결정하시면 따르겠습니다."
"결정이 문제이지 사람 모으는 것이 문제겠습니까? 결정이 이루어지면 사람을 모으는 일은 어렵지 않습니다."

그는 결단성을 가지고 있고, 강한 기상을 지닌 사람이다. 무언가를 결정하는데 주저함이 없으며, 은혜를 아는 사람으로, 그는 믿고 따르는 사람을 배반하거나 다시 생각하는 사람이 아니며, 그가 결정했을 때는 믿고 따라주는 것이 그의 친구가 되는 방법이다.

짧은 눈썹을 지닌 사람은 비교적 성격이 호쾌하며, 뒤끝이 없고 전형적인 호인이다. 약속을 하면 자신에게 이익이 있고 없고를 떠나서 손해가 나거나 아무리 시간이 촉박하다고 해도 약속을 깨지 않는다.

"죄송합니다. 만나서 상황 설명 드리겠습니다. 10분만 더 기다려 주십시오."

그들은 약속시간에 늦었더라도 간단하게 전화 한통으로 동의를 구할 수 있는 유형이며, 늦는다는 말을 지지부진한 변명으로 늘어놓지 않아도 이해를 한다. 때문에 구차한 변명을 늘어놓으며 시간을 끌기보다는 담백한 말로 이해를 구하라.

그들은 또한 충효정신에 투철하고 현대사회에서는 보기 드물게 정련된 모습을 보인다. 품위가 있으며 청렴결백하고 세상에 나아감에 있어 주저함이 없다. 스스로도 청렴한 인물로 추앙받지만 자손들도 대를 이어 청렴한 관료가 되는 일이 많다.

형제운도 나쁘지 않으며, 형제는 적은 편이 아니다. 형제간의 우애가 나쁘지 않으므로 형제들의 이야기도 좋은 화제가 될 수 있다.

짧은 눈썹을 가진 사람의 특징

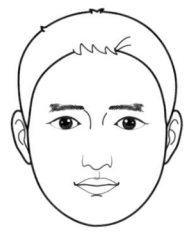

1. 결단력이 뛰어나다.
2. 전형적인 호인이다.
3. 청렴한 관료의 기상이다.

11

일자 형태의 눈썹을 가진 그는
부귀를 누리고 장수한다

일자 눈썹을 한 사람은 그다지 많지 않은데, 이 눈썹은 마치 붓으로 그린 듯 단정해 보이는 것이 특징이다. 눈썹이 일자로 곧은 사람은 개성이 강하고 굴함이 없다. 굳센 의지를 지닌 사람들의 특성만큼이나 일자미(一字眉)라 불리는 이 눈썹은 마치 자를 대고 그은 듯 미간에서 눈썹의 꼬리까지 거리낌이 없다.

예로부터 일자 눈썹을 지니면 부귀를 누리고 장수를 한다고 한다. 젊은 시절부터 성공하고 부를 누리며 오래도록 보전하니 그 복이 중년을 지나 말년에 이르며, 부부가 같은 형태의 눈썹을 지니면 백년해로 한다.

"옛날에는 환갑이라고 했다가 언제부턴가는 인생 80이라고 했죠. 그러다 지금은 백세시대가 되었습니다. 선생님은 건강하게 백수를 누리신다는 걸 척 보기만 해도 알겠습니다."
"오래살기만 하면 무슨 의미가 있겠습니까? 오래 사실 뿐 아니라 건강하고 재력도 있을 것이라고 확신합니다."

이와 같은 말은 칭찬이 아니라 사실적인 것으로, 일자 눈썹을 가진 사람은 이 말을 선입관이나 편견을 가지고 듣지 않을 것이다. 자신이 하는 일이나 업무, 재물의 쌓임이 눈에 보이기 때문이다.

우리는 일반적으로 선입관이나 편견을 가지고 상대에게 말을 하거나 듣기 쉬운데, 이러한 사고를 지닌 상태에서는 말하는 사람이나 듣는 사람이나 그 말 속의 진의를 알 수 없게 된다. 그러나 주관적인 입장을 배제한 상태로 말하거나 들으면 모든 것이 확연해진다.

일자 눈썹을 가진 사람을 대할 때는 솔직함이 가장 큰 무기가 된다. 그에게는 속이거나 주저하기보다는 있는 그대로 솔직하게 이야기 하는 것이 믿음을 준다.

때때로 눈썹 속에 점이 있는 경우가 있으며, 그 점이 눈썹에 가려 보이기도 하고 보이지 않기도 한다. 눈썹 속에 검은 사마귀가 있는 사람은 총명하며 귀한 인생길을 걷게 되지만, 때로 건강을 조심해야 한다. 따라서 눈썹에 점이 있다는 것을 확인하면 건강에 대한 조언을 해 주는 것이 좋다.

일자형 눈썹을 가진 사람의 특징

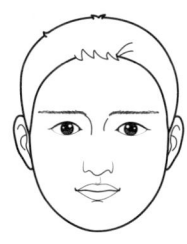

1. 굳센 마음의 소유자다.
2. 부귀와 장수를 누린다.
3. 건강과 재력이 있다.

12

누에 눈썹을 가진 사람은
기회를 잘 잡는다

누에가 자고 있는 형태를 하고 있는 누에 눈썹은 누에가 누워있는 모습이라 하여 와잠미(臥蠶眉)라고 불린다. 와잠미는 두툼한 눈썹으로 눈썹 중에서 대표적으로 좋은 눈썹 중의 하나로 통한다.

눈썹이 수려하게 자라나면 책략가인데, 털의 수도 많아야 하고 길이도 적당하여야 한다. 이 눈썹의 주인은 시기를 노릴 줄 알며 기회를 놓치지 않는 강단도 가지고 있다. 일반적으로 눈썹이 눈보다 길면 부귀를 누리고 눈썹이 눈을 지나지 못하면 곤궁하다고 하였으나 누에 눈썹만은 짧다고 하더라도 곤궁하지 않다.

"타이밍을 잡는 법이 기가 막히십니다. 저도 그런 재능이 있었으면 좋겠다는 생각을 한 게 한 두 번이 아닙니다. 그런데 생각처럼 되는 것이 아니던데요."

누에 눈썹을 가진 사람은 타인의 칭찬을 싫어하지 않는다. 그러나 위선적이고 입에 발린 소리를 좋아하는 것은 아니다. 따라서 그를 칭찬해야 할 때라고 생각한다면 자신의 경우에 빗대어서 칭찬하는 것이 좋다.

눈썹이 힘차 보이면 성질이 강하다. 눈썹의 폭이 굵고 강하니 성격이 강해 남에게 허리를 굽히기가 쉽지 않다. 강한 성격은 일을 추진하는데 있어 강한 추진력을 보이며, 능숙함을 바탕으로 한다.

와잠미의 소유자는 세상살이에 능숙하여 거침이 없고 젊어서부터 이름을 날리는 사람이다. 책략과 기획에 능숙하기 때문에 외교적인 일이나 우수한 두뇌를 활용하는 국제적인 일에서 이름을 날릴 가능성이 높다.

눈썹이 탐스럽게 생긴 사람이라면 길이가 좀 짧다 해도 체격이 우람하다. 마치 송충이를 얹어 놓은 듯 탐스럽고 강한 눈썹은 강한 체력의 소유자임을 나타내며, 이 유형은 병에 대한 저항력도 뛰어나다. 이들은 또한 형제는 많지만 형제간의 우애는 기대할 것이 없다.

누에 눈썹을 가진 사람의 특징

1. 부귀를 누린다.
2. 타인의 칭찬을 즐긴다.
3. 성격이 강하고 체격이 우람하다.

13

초승달 눈썹은 가장 이상적인 눈썹이다

많은 눈썹 중에 가장 이상적이고 아름다운 눈썹이 초승달 눈썹이다. 가늘고 길며 곡선을 가지고 휘어진 모습이지만 지나치게 가늘지 않고 유려하다. 눈썹이 뚜렷하고 눈동자까지 수려하면 더욱 좋은데, 이러한 초승달 눈썹을 신월미(新月眉)라고 부르며, 신월미는 사람이 가질 수 있는 눈썹의 형태 중에서 가장 좋은 형태의 눈썹이다.

신월미는 약간 휘어진 가느다란 초승달 모양으로, 가느다란 눈썹을 가진 사람은 상냥한 성품과 점잖은 외양, 조용한 성격을 지니고 있다. 다소 소극적이기 때문에 지나치게 나대지 않으며, 자기주장이 강해 타인에게 상처를 주거나 목소리를 높이지도 않는다. 성격적으로 조금 약한 것이 단점이기는 하지만, 마음씨가 곱기 때문에 약점을 보충하고도 남는다.

초승달 눈썹을 지닌 사람은 근본적으로 지식을 추구하며, 높은 지식을 습득할 정도의 머리를 가지고 있다. 머리가 좋고 상황 판단도 빠른 지식인들에게 이러한 눈썹이 많으며, 이들은 모든 사람들에게 친절하고 부모님을 배려하는 마음을 가지고 있다. 본인뿐 아니라 형제간의 우애 또한 좋으며 형제자매 모두 부귀와 관련이 있다.

"며칠 후에 고향에 가려고 합니다."

"무슨 일이 있으신가요?"

"고향에 형님이 계시는데 오래전부터 부모님을 모시고 계십니다. 굽은 소나무가 선산을 지킨다는 이야기가 있지만 저는 형님께 늘 감사한 마음입니다."

그는 당신의 마음을 이해할 것이다. 초승달 같은 눈썹은 짧은 것보다 긴 것이 좋으며, 눈썹의 꼬리가 길게 뻗어 이마 옆쪽까지 길게 자라면 더 좋은 눈썹으로, 눈썹이 아름답고 부드러우면서 고우면 마음도 곱다.

남성이 초승달 같은 눈썹을 지녔다면 국가고시와 같은 시험에 합격하고 좋은 회사에 취직 할 수 있으며, 조선시대라면 과거에 급제해서 최고의 관직에 오를 수 있다.

눈썹이 좋으면 우선 형제간의 우애가 좋다는 것을 알 수 있는데, 이들은 인적 자원이 풍부해서 많은 사람들과 교류를 한다. 또한 많은 형제들이 하나같이 귀한 인물이 되며, 모두가 높은 지위에 이를 수 있다.

초승달 눈썹을 가진 사람의 특징

1. 상냥한 마음씨를 지니고 있다.
2. 지식을 추구한다.
3. 우애가 좋다.

14

호랑이 눈썹을 가진 그는
위엄을 자랑한다

호랑이 눈썹은 우선 숱이 많다. 굵은 눈썹을 지닌 사람은 거칠고 강한 면모를 드러내며 매사에 적극적이다.

흔히 호미(虎眉)라고 불리는 이 눈썹의 소유자는 위엄을 지니고 있으며 크고 원대한 이상을 가지고 실천해 나가는 사람이다. 다른 사람에게 위엄을 드러내기란 쉽지 않지만 호랑이 눈썹을 지닌 사람은 몸 전체에서 자연적으로 위엄이 뿜어져 나와 다른 사람을 압도한다.

"우리는 팀장님이 하자고 하면 합니다."
"결정만 내리시면 됩니다."

호랑이 눈썹을 가진 사람은 강력한 지도력을 가지고 있으며, 아울러 강력한 추진력을 발휘한다. 주변에서 왈가왈부하는 것을 싫어하므로 사람이 많은 곳에서는 그의 의견에 동조해 주는 것이 좋다.

추진력이 있고 강한 리더십이 있는 사람은 원대한 자신의 이상을 드러내는 것을 주저하지 않기 때문에 다소 세밀함이 떨어지지만, 자신에 대한 조언을 사람이 많은 곳에서 듣는 것을 무척 싫어한다. 따라서 단둘이 있을 때 조언을 하거나 도움이 되는 이야기를 하는 것이 좋다.

"오늘 아침 뉴스 브리핑 주제는 북한을 찬양하는 콘서트를 연 두 명의 여자에 대한 이야기인데요. 이러한 경우 강력한 제제를 가해야 한다는 것이 국민 대다수의 의견이라는 조사 결과가 나왔답니다."

지나가는 말처럼 들려주는 것이 그에게는 훌륭한 무기가 될 수 있다. 겉으로 드러내지 않지만 마음속으로는 고마워할 것이고, 여러 곳에서 이 말을 주제 삼아 이야기를 꺼낼 수도 있다. 그에게 필요한 것은 세세한 내용이 아니고 대중에게 툭 던질 수 있는 말들이다.

호랑이 눈썹을 지닌 사람은 반드시 부자가 된다고 알려져 왔다. 시골에서 살든, 도시에서 살든, 그 차이는 있으나 부자가 되는 것은 분명하다. 부자가 되지 않는다면 종교 분야나 학문 분야에서 거물이 될 가능성이 높다.

하지만 지나치게 강하면 부러질 확률도 높아서 흥했다가 기울어질 수도 있다. 호랑이 눈썹을 지닌 사람은 성공할 확률이 매우 높지만, 지나치게 강해서 부러지는 경우도 종종 있다. 그렇다 하더라도 다시 반등하여 성공할 수 있다.

"부장님! 와신상담(臥薪嘗膽)이라는 말도 있잖습니까?"
"사장님이 어려움을 딛고 다시 일어 서신다는 것을 저는 100% 확신합니다."

주변에서 호랑이 눈썹을 가진 사람이 힘든 시기를 지나고 있다면, 이와 같은 말로 용기를 북돋아주는 것이 좋다. 이들은 위기를 극복하고 다시 재기하는 경우가 많다.

   호랑이 눈썹을 가진 사람은 수명이 매우 길다. 그러나 형제간의 우애가 좋다고는 말하기 어려운데, 이는 호랑이의 습성과 크게 다르지 않다.

호랑이 눈썹을 가진 사람의 특징

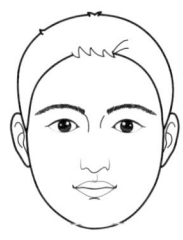

1. 크고 원대한 이상을 지니고 있다.
2. 강력한 추진력을 가지고 있다.
3. 섬세함이 부족하지만 위기를 잘 극복한다.

15

뚜렷하고 예쁜 눈썹을
지닌 사람은 총명하다

눈썹이 뚜렷하고 어여쁜 형태를 지니고 있으면 흔히 청수미(淸秀眉)라고 한다. 신월미와 비슷한 모습의 눈썹이지만 조금 두껍고 각이 부드럽지 못하다. 그렇다고 해서 눈썹이 각을 이루고 있다는 것은 아니다.

청수미의 특징은 유려한 곡선을 지닌 눈썹이 이마 옆쪽까지 길게 뻗어 있다는 것이다. 이 눈썹은 흔하지 않으며, 우선 바라보는 것만으로도 눈썹이 길다는 느낌을 지우기 어려울 것이다. 눈썹이 좌우로 길면 우선 청수미가 아닌가 생각해 보아야 한다.

이러한 눈썹을 가진 사람은 총명하다는 특징을 지닌다. 눈썹이 유려하고 깨끗한 느낌을 주면서 아름다우면 총명한 사람이라는 것을 알 수 있는데, 이러한 눈썹을 가진 사람들은 총명하여 젊어서 명성을 얻을 가능성이 매우 높다. 눈썹이 눈을 지나쳐 길게 뻗어 있으면 부귀할 상이다.

이들의 눈썹에 흠이 없고 끊기지 않은 상태로 일정하면 형제간의 우애가 깊다. 그러나 살아가면서 눈썹에 상처가 생기거나 수술을 하면 형제의 우애가 사라지거나 깨어지기도 하고 상황에 따라서는 반목하고 재산을 놓고 다투기도 한다.

"예전에는 형제간에 우애가 좋지 않으셨습니까?"
"그랬죠. 그러나 그건 옛말입니다."
"관계를 회복할 방법이 없으신 건가요?"
"너무 많은 시간이 흘렀어요."
"우리 동양의 상법에는 끊어진 우애를 다시 잇는 상법(相法)이 있습니다. 그걸 한번 해보시는 건 어떻습니까?"
"그런 것이 있나요? 정말 실효성이 있을까요?"
"어느 상법 학자가 눈썹 속에 상처가 나 있으면 그 상처를 없애고, 눈썹이 드문드문 나 있으면 문신과 수술을 통해서 눈썹을 복원하는 방법을 쓰면 좋다고 했답니다."
"그렇게 하면 정말 형제간의 우애가 되살아날까요?"
"예로부터 눈썹은 형제의 궁으로 보았습니다. 눈썹을 수정한다면 어느 정도 형제 관계가 좋아질 겁니다."

눈썹에 흠이 있는 사람은 이런 대화를 나누는 것만으로도 형제 관계에 대한 생각이나 대응 방법이 달라질 것이다.

뚜렷하고 예쁜 눈썹을 지닌 사람의 특징

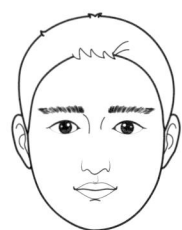

1. 총명하기 때문에 어려서 명성을 얻는다.
2. 눈썹이 길게 뻗어 있으면 부귀하다.
3. 형제간에 우애가 있다.

16

끊어진 눈썹을 가진 사람의 인생은 부침이 심하다

사람의 얼굴이 모두 제각각이듯 눈썹도 그렇다. 그러나 일정한 통일성을 가지고 이루어진 눈썹이라도 자세히 보면 다른데, 각각의 눈썹에서 결정적으로 다른 한가지의 기준은 눈썹이 이어졌는지, 혹은 끊어졌는지 하는 것이다.

눈썹이 하나로 연결되지 않고 중간 중간이 끊어진 것을 두고 간단미(間斷眉)라고 하는데, 아무리 길쭉긴 눈썹이니 아름다운 눈썹이라 하더라도 중간이 끊어져 있으면 간단미의 성향이 드러난다.

다시 한 번 말하지만 눈썹은 형제의 우애를 보는 곳으로, 형제궁이라 칭하며, 눈썹이 어떤 형태를 가지고 있는지, 혹은 어떤 유형인지에 따라 그 사람의 형제 수나 형제간의 우애 정도를 알 수 있다.

끊어진 눈썹은 단절을 의미하는 것으로, 눈썹이 끊어졌다는 것은 형제간의 우애가 이어지지 않을 것이라는 것을 강하게 암시한다. 눈썹이 극단적으로 끊어졌다는 것은 형제간의 인연이 없다는 말로 표현해도 모자람이 없다. 형제가 있어도 없는 것만 못하며, 애초에는 잘 연결된 눈썹이었다 해도 사고로 인해 눈썹이 단절된다면 형제간의 우애가 나빠지거나 인연이 끊기는 일이 생길 수 있다.

간단미는 단순하게 형제의 우애와 부모의 정이 끊기는 정도에서 그치는 것이 아니라, 재운에 있어서도 치명적인 위기를 맞게 된다. 재운에 부침이 심해져서 결국 빈곤해지며, 더욱 나쁜 경우에는 부모를 연이어 잃을 수도 있다. 바라는 일이 있다 해도 생각대로 이루어지지 않아 마음고생이 심해질 수도 있고, 마음이 허공에 뜬 듯 하루도 안정이 되지 못하고 친구마저 잃어버리는 고독함이 일생을 따라다닌다.

간단미의 소유자는 친구가 없다. 심하면 친하던 친구마저도 자신의 잘못이나 한탄으로 잃어버린다. 그는 외로운 사람이거나 점차 외롭게 되어간다. 그런 그에게 친구란 겨울철의 화로와 같은 존재이다.

"저는 친구가 필요합니다. 문득 돌아보니 저에게는 진정한 친구가 없는 것 같습니다. 열심히 사회생활을 하고 발바닥에 땀이 나도록 뛰어다녔지만, 문득 돌아보니 술친구는 있는데, 마음을 터놓을 친구는 없더군요."

그는 동병상련을 느낄 것이다. 왜냐하면 그도 늘 외로움을 느꼈을 것이며, 마음을 터놓을 친구가 필요했으므로.

잘난 친구들은 그에게 도움이 되지 않으며, 사회적으로 성공한 사람도 도움이 되지 않는다. 자신과 비슷한 처지의 친구가 자신의 말을 들어주고, 한탄도 들어주기 때문인데, 그에게는 자신의 푸념을 편안하게 들어주는 친구가 필요하며, 스스로도 자신과 비슷한 마음을 가진 친구를 원한다.

눈썹이 곳곳에서 끊어진 형상이라면 이처럼 곤궁하고 마음을 둘 곳이 없어 안정감이라고는 눈을 씻고 보아도 찾아볼 길이 없는데, 눈썹의 결이 거칠고 성긴 상태거나 엉기게 되면 마음 또한 거칠어져서 마음이 안정되지 못하고 투쟁적이 되어서 다툼이 많다.

눈썹이 약하고 듬성듬성한 사람은 성격도 약해서 자신의 의지를 실현하기 어려우며, 눈썹이 일정하지 못하고 불규칙하거나 듬성듬성 자라면 운명적으로 고독하다.

끊어진 눈썹을 지닌 사람의 특징

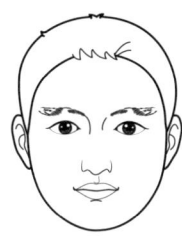

1. 형제간의 우애가 단절되어 있다.
2. 재운이 없다.
3. 일생에 고독이 뒤따른다.
4. 투쟁적 성향으로 다툼이 많다.

Chapter 5
눈을 보고 말하라!

눈은 마음의 창이다. 사람은 모든 것을 눈을 통해 살피고 관찰하기 때문에 동양에서는 눈을 감찰관(監察官)이라고 표현한다. 그러나 눈은 단순히 보는 것에서 그치지 않고 그 눈을 통해 자신의 내면을 드러낸다.

눈을 통해 그 사람의 자질을 살필 수 있으며, 성정도 파악이 되는데, 눈 뿐 아니라 주변의 누당을 통해서 자손의 운도 볼 수 있다. 여성의 경우에는 두 눈을 통해 자식운과 배우자운을 볼 수 있다. 눈은 신장의 기능을 나타내는 기관이므로 항상 마르지 않아야 한다. 눈을 통해 건강과 감성을 알 수 있으며, 재물운도 파악이 가능하다.

1

용의 눈을 가지면 높은 자리에 오른다

용의 눈을 본 적이 있는가! 용의 눈이라고 하면 짐작이 잘 가지 않겠지만, 용안(龍眼)은 근본적으로 큰 눈을 말한다. 클 뿐만 아니라 눈빛이 강하며, 동그랗게 큰 눈이 아니라, 좌우로 길게 큰 눈이다. 고귀한 상에 어울리는 눈으로, 용안을 지니면 고위 공직자가 되거나 그와 같은 위치에 오른다고 한다.

용안을 가진 사람은 적극적인 행동파로 성정이 열정적이다. 사람들은 눈이 크면 겁이 많다고 생각하는데 용안의 소유자는 강한 기상을 지니고 있다. 매사에 주저함이 없으며 적극적인 행동으로 만인의 호감을 산다. 용안은 비교적 큰 눈에 속하기 때문에 좌중에게 인기가 있으며, 화술 또한 뛰어나다.

성격이 급한 사람은 포기하는 것도 빠른데, 용안을 가진 사람 또한 그러한 단점이 있다. 따라서 용안인 사람은 일을 하는데 있어서 용두사미가 되기 쉬우므로 끈기를 기르는 것이 필요하다.

눈이 너무 크다 보면 흰자위가 드러나게 되는데, 지나치게 드러나면 용안이 아니다. 흰자위와 검은자위가 일정한 비율이어야 하며, 시각적으로 흰자위가 유난히 드러난다는 생각이 들지 않아야 한다.

눈에는 여러 가지 형태가 있을 수 있지만 그 좋고 나쁨은 어느 정도 외형적으로 드러난다. 눈의 모양은 마치 붕어의 몸처럼 생겨야 좋으며, 검은자위와 흰자위가 분명해야 한다. 검은자위와 흰자위가 분명하면 정신적으로 강하다.

눈이 크되 흰자위가 많이 보이거나 붕어의 몸체 모양이 아니라면 흠결이 있는 것이다. 지나치게 둥글거나 지나치게 길어서 째진 눈이 되었다면 용안과는 거리가 멀다. 일설에는 용안이 아니라 용안과 비슷하지만 결함이 있는 눈은 왕좌를 훔치는 눈이라 한다. 즉 왕좌의 주인이 아니라 왕의 자리를 탐하는 자의 눈이라는 것이다.

"과장님은 곧 승진하실 겁니다."
"시험에 합격할 테니 걱정 붙들어 매십시오."
"다 잘 될 테니 두고 보시죠."

용안을 가진 사람에게는 긍정의 힘을 심어 주어라.
용의 눈과 같은 눈을 가진 사람은 부귀함이 넘치고 군왕의 총애를 받는 훌륭한 신하가 될 수 있다.

용의 눈을 가진 사람의 특징

1. 크고 강한 눈빛을 지녔다.
2. 흰자위가 많이 드러나지 않는다.
3. 흰자위와 검은자위가 분명하다.
4. 눈이 붕어의 몸체 모양이다.
5. 부귀가 넘치고 훌륭한 신하가 된다.

소의 눈을 가진 사람은
예술성이 풍부하다

소의 눈은 크다. 용안과 마찬가지로 눈이 크지만, 우안(牛眼)을 가진 사람의 눈동자는 둥글며, 눈초리가 또렷하고 밝은 빛을 지니고 있다. 소의 눈은 비교적 둥글고 크면서 평평하다. 또한 투명하기도 해서 먼 곳을 보는 듯하다. 우안을 가진 사람은 적극적으로 행동하며, 모든 일에 열정적으로 응한다. 누구에게나 인기가 있고 사람을 설득시키는 화술이 뛰어나다.

이 눈을 가진 사람은 대 부호가 되어 많은 재물을 벌어들이며, 수명도 긴 편으로 일생을 안락하고 평온무사하게 지낸다.

우안의 소유자는 선하고 총명하다. 그러한 눈을 가진 대표적인 인물로는 우리나라를 전 세계에 알린 김연아 선수와 손연재 선수를 들 수 있는데, 우안은 쌍꺼풀이 있는 것보다 없는 것이 좋다. 간혹 어디를 쳐다보는지 잘 알 수 없는 경우도 있는데, 그것은 초점이 깊기 때문이다.

"감수성이 풍부하고 예술적인 소질이 있으며, 감각적입니다. 예술적인 직업을 찾으시면 성공할 확률이 높습니다."

이들은 대부분 성정이 부드러운 편으로, 만약 자녀가 우안을 가지고 있다면 예술과 관련된 직업을 권하는 것이 좋다.

"정말 대단합니다. 그렇게 짧은 시간 연습하고도 그런 성적을 낸 것을 보면 놀랍다는 말밖에 할 수가 없네요. 다음에는 반드시 더 좋은 성적을 낼 겁니다."

우안의 소유자에게는 애써 포장하거나 과장하지 않아도 되며, 그들은 있는 그대로 이야기를 해 주어도 긍정적으로 받아들인다. 그것은 우안의 소유자들이 순박한 성정을 지니고 있기 때문이다.

우안을 지닌 사람의 노력은 놀라울 만하다. 어떤 역할, 어떤 직종에 있든 우안의 소유자들은 노력을 아끼지 않으며 스스로 자신을 채찍질한다.

우안을 가진 사람은 소의 성정과 일맥상통하는 특징을 지니고 있는데, 소는 우직하지만 주인을 잘 따르고 일을 함에 있어 멈추거나 꾀를 부리지 않는다. 마찬가지로 우안을 가진 사람들도 열심히 일을 해서 부와 명성을 얻는다.

하지만 한번 회가 나면 물불을 가리지 않는 무모한 면도 있기 때문에 우안의 소유자들에게는 무리한 요구를 하지 말아야 하며, 그들의 순박함을 이용하려고 해서도 안 된다.

소의 눈을 가진 사람의 특징

1. 크고 둥근 눈을 가지고 있다.
2. 적극적인 행동력과 뛰어난 화술을 구사한다.
3. 수명이 길고 안락한 생활을 한다.
4. 선하고 총명한 성정을 지니고 있다.

3

원숭이 눈을 가진 사람은
연예인 기질이 강하다

원숭이의 눈은 작고 둥글며 마치 달걀의 노른자처럼 동그랗다. 둥근 눈을 가진 사람은 비교적 감수성이 예민한데, 이 감수성은 예술적인 면과도 상통한다. 원숭이의 눈은 후안(猴眼)이라고 하며, 후안을 가진 사람은 분위기에 예민하게 반응하며 대부분 연예인 기질이 있다.

"말씀을 나눠보니 끼와 재능이 대단하신 것 같은데요. 젊었을 때 혹시 연예계로 진출해볼 생각 안 해 보셨나요?"
"언젠가 TV에서 본 것 같은데요. 혹시 연예인 아니십니까? 연예인이 아니라면 방송 출연 한 적 없으신가요?"

그는 빙그레 웃을 것이다. 방송에 나온 적은 없지만 자신에게 그러한 기질이 있다는 것을 알기 때문이다. 보통 사람들은 후안을 가진 사람을 보면 방송에서 보았다는 느낌을 받는데, 이것은 연예인들 중에 후안을 가진 이들이 많기 때문이다.

후안을 가진 사람은 일생동안 부귀를 누리는 것으로 알려져 있지만 평생 크고 작은 걱정이 많아 늘 근심이 사라지지 않으니 마음이 편안치 않다.

"고민이 많아 보이시는데요. 아무 걱정 마시고 저한테 털어놔 보세요. 저의 가장 큰 특징이 모르쇠입니다. 귀는 활짝 열려 있지만, 입에는 단단한 자물쇠가 달려 있어 쉽게 입을 열지 않죠. 뱉어버리면 속이 시원해지는 법이니 한 번 말씀해 보세요."

그들은 누군가에게 자신의 고민을 털어놓고 싶어 한다. 당신이 그 상대가 되어준다면 그는 오래도록 당신의 친구가 될 수 있을 것이다.

후안의 특징은 눈동자의 검은자위가 눈 위쪽에 가깝게 붙어있다는 것이다. 제대로 보지 않으면 눈동자의 좌우와 아래 모두 흰자위가 보이는 삼백안(三白眼)으로 보일 수도 있지만, 삼백안과는 다르며 눈꺼풀이 발달해서 눈꺼풀이 이중 삼중으로 겹겹이 이루어져 있고 눈동자가 매우 빠르게 구른다.

이들은 재록이 있어 먹을 것이 부족하지 않으며, 먹는 것을 매우 좋아하고 앉을 때는 무의식적으로 고개를 숙이는 버릇이 있다.

원숭이 눈을 가진 사람의 특징

1. 작고 둥근 눈을 가졌다.
2. 감수성이 풍부하다.
3. 늘 예민하다.
4. 눈꺼풀이 이중 삼중으로 되어 있다.
5. 먹는 것을 좋아한다.

4
거북이의 눈을 가진 사람은 장수와 복록을 누린다

거북이의 눈은 귀안(龜眼)이라고 하며, 귀안은 둥글고 수려한 기운을 숨기고 있다. 근본적으로 둥근 눈이라 감수성이 예민하고 분위기에 약한 특징을 지닌다. 아울러 연예인 기질을 지니고 있다.

"예술성이 있다는 이야기 많이 들으셨지요?"
"연예계에 종사하십니까?"
"학창 시절에 개그맨시험 쳐보시지 그랬어요."
"길거리 캐스팅 당하지 않았어요?"
"혹시 연예 기획사를 운영하고 계신 것은 아닌가요?"

그에게는 이런 질문들이 어울린다.

그것만으로 충분하다. 그는 익숙한 표정을 지으며, 당신을 친숙하게 대할 것이다. 만약 그가 연예인이라면 의미가 약해지겠지만 상황에 따라 입장은 달라질 수 있다.

그가 음악에 재능이 있거나 연예계나 그와 관련된 일을 하고 싶어 하는 사람이라면 그 말은 축복처럼 들릴 것이다.

귀안을 가진 사람은 위쪽 눈꺼풀이 매우 섬세한데, 눈꺼풀에 섬세하게 이루어진 여러 개의 선이 있으며, 위쪽 눈꺼풀에 쌍꺼풀과 달리 여러 개의 선이 연이어 나타난다면 귀안이 분명하다.

거북은 동양에서 매우 신비한 객체로 존중을 받는 생물이다. 특히 중국을 비롯한 동양에서는 장수의 대명사로 여겨지고 있다.

귀안을 가진 사람 상당수는 장수를 하고 복록을 누린다. 귀안의 소유자들은 건강하고 자식복이 있으며, 복이 끊어지지 않고 연이어지며 부귀영화가 계속되어 편한 일생을 보낸다. 자손에게까지 영향을 미치니 만고에 편한 팔자로, 가장 부침이 적은 사람들이다.

"저는 세상에서 형님이 가장 부럽습니다."
"건강이 가장 큰 재산이잖아요."
"자식복이야 하늘이 내리는 거 아니겠습니까?"

눈을 크게 뜨고 주위를 둘러보자. 바로 옆에서 귀안의 소유자가 당신을 바라보고 있을지도 모른다.

거북이의 눈을 가진 사람의 특징

1. 둥글고 수려한 눈을 가지고 있다.
2. 연예인 기질이 있다.
3. 눈꺼풀에 여러 개의 선이 새겨져 있다.
4. 장수하고 복록을 누린다.

원앙새의 눈을 가진 사람은
주색에 빠지기 쉽다

원앙안(鴛鴦眼)이라 불리는 원앙새의 눈은 거의 원형으로 수려함을 지니고 있다. 원앙의 눈동자에서 느껴지듯 원앙안을 가진 사람은 눈동자가 붉다는 느낌을 주며, 촉촉한 물기가 눈에 서려 있다.

요즘은 모두가 큰 눈을 선호하므로, 성형에 있어서도 눈을 크게 해달라는 주문이 많다. 특정 연예인을 거론하며 그와 같은 눈으로 만들어 달라고도 하는데, 큰 눈이라고 생각하는 그 눈이 실제로는 용안이 아닌 원앙안인 경우가 종종 있다. 원앙안은 촉촉하고 고혹적인 눈빛을 띠기 때문에 많은 사람의 사랑을 받지만 인생도 그에 따라 흘러가는 일이 많다.

원앙새의 눈을 가진 사람과 대화를 할 때는 음담패설이 섞인 개그 소재를 섞어서 말을 하는 것이 좋으며, 지나치게 진지한 자세로 대하거나 도덕적인 측면을 강조하는 것은 좋지 않다.

"어제 말이죠. 제가 명동 거리를 지나가는데, 뒤에서 갑자기 비명소리가 들리는 거예요. 그래서 돌아보니까, 한 아가씨가 치마가 벗겨진 채 넘어져서 울고 있는 거예요. 놀라서 자세히 보니 어떤 아저

씨 자전거 뒤에 실린 짐에서 늘어진 고리에 그 아가씨 치마가 걸려서 넘어진 거예요."
"아이고 세상에. 그래서요?"
"명동 거리에 사람이 좀 많아요. 다들 쳐다보는데 그 아가씨는 얼이 빠져서 어쩔 줄 모르는 거예요. 운이 없게도 그 아가씨는 고무줄 치마를 입고 있었고, 아저씨가 아무 것도 모른 채 계속 갔기 때문에 치마가 벗겨진 거죠. 그러니 얼마나 창피했겠어요."
"하하하. 정말 볼만했겠군요."

원앙안을 가진 사람은 이와 같은 대화를 좋아한다. 원앙새의 눈을 한 사람은 눈이 둥글고, 눈동자가 약간 도드라져 보이며, 도화색을 띤다. 도화색을 지니게 되면 어느 정도 음탕함을 즐기지만, 부부관계에 있어서는 정이 넘친다.

원앙안은 부귀를 불러오지만, 부귀가 오히려 음탕함을 부추기기도 하는데, 때로는 그 음탕함이 재물을 불러오기도 한다. 남성은 부귀를 얻으면 주색에 빠지기 쉬우며, 여성 또한 크게 다르지 않다.

원앙새의 눈을 가진 사람의 특징

1. 원형의 눈을 가지고 있다.
2. 복을 누리지만, 음탕한 성정이다.
3. 촉촉하고 유혹적인 눈이다.
4. 도드라진 눈동자에 도화색이 있다.
5. 부귀를 얻으면 주색에 빠진다.

6

코끼리의 눈을 가진 사람은 선량하다

코끼리의 눈을 상안(象眼)이라 부르는데, 코끼리의 눈은 일반적인 조류의 눈과 다르다. 덩치에 비해 작은 상안을 가진 사람은 내성적이며 감정 표현에 능숙하지 못하지만 마음이 강하고 나름의 근성을 지니고 있다. 이런 사람에게 일의 마무리를 맡기면 안심이 된다. 특히 앞서가는 성격을 지닌 사람들에게 작은 눈을 가진 사람은 그야말로 보배와 같다.

코끼리의 눈을 가진 사람은 부귀를 누린다고 한다. 복록을 누리는 것에서 그치지 않고 그것을 누리고 즐길 수 있는 수명까지 주어지므로 상안은 결코 나쁘지 않은 눈임에 틀림없다.

상안은 눈의 위아래에 주름이 많은 것이 특징으로, 눈꺼풀에도 주름이 많이 형성되고, 눈 아래의 와잠에도 주름이 많다. 이 눈은 눈꼬리까지 이어지는 선이 가늘며, 길게 째진 형상이다. 그러면서도 눈에서 선량한 기운이 느껴지며, 실제로도 선량한 사람이 많다.

상안의 소유자와 이야기를 할 때는 솔직담백한 것이 좋다.

"그 옷은 그다지 뛰어난 디자인이 아닌데, 선생님께는 그 색이 정말 잘 어울리는군요. 조금만 더 짙었으면 좋았겠어요."

"많은 사람들이 여사님은 키가 너무 커서 말라 보인다는 이야기를 하는데요. 정장 바지보다는 스커트를 입으시면 더 어울리실 거 같습니다."

"부장님 목소리는 조금 탁해서 늘 피곤한 것이 아닌가 하는 생각이 듭니다. 넥타이를 조금 밝은 색으로 매면 밝아 보이지 않을까요?"

조언을 하는 것은 의미가 있다. 그러나 단정 지어 말하는 것보다는 건의하거나 동의를 구하는 방식으로 이야기하는 것이 좋다.

상안을 가진 사람은 탁월한 능력을 지닌 사람이다. 일을 맡겨 놓으면 호기를 놓치는 경우가 거의 없으며, 어떤 경우에도 일을 성사시키는 능력이 탁월하다.

코끼리의 눈을 가진 사람의 특징

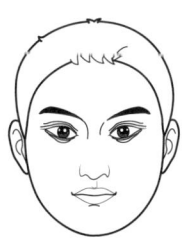

1. 눈의 위아래에 주름이 많다.
2. 작은 눈에 나름의 근성이 있다.
3. 선량하다.
4. 일을 성사시키는 능력이 탁월하다.

사자의 눈을 가진 사람은
필요없는 욕심을 부리지 않는다

사자는 우선 눈이 크다. 눈이 큰 사람은 적극적인 성향을 지니고 있으며 저돌적이기까지 하다. 주저함이 없고 믿고 있는 일에 대해서는 밀어붙이는 저력을 보인다. 때로는 주변 사람들이 위압감을 느낄 정도이지만 내면에는 다정함이 있다.

사자안(獅子眼)이라고 부르는 이 눈은 남성들이 가장 가지고 싶어 하는 눈이기도 하다. 이러한 눈을 가진 사람은 비도덕적인 일을 싫어하며, 함께 일하자고 누군가가 부추겨도 비도적적인 일에는 응하지 않는다. 이처럼 자신의 행동을 엄격하게 조절하고 제약을 가하는 그들은 함부로 움직이지 않으며 품위를 지킨다.

기본적으로 사자의 눈을 가진 사람은 잔인하지도 않고 잔혹하지도 않다. 사자는 배가 고플 때만 사냥을 하고 먹이를 먹는다. 하이에나처럼 먹이를 미리 잡아 보관하지 않으며, 배가 고프지 않으면 스쳐 지나가는 힘없는 짐승도 해치지 않는다. 이와 마찬가지로 사자의 눈을 가진 사람은 인의가 있어 잔혹하지 않다.

사자의 눈을 가진 사람에게 부정적인 말은 어울리지 않는다. 당신이 판매를 하는 사람이라면 그에게는 다음과 같은 표현을 써야 한다.

"해마다 신상품이 나오지만 이 상품은 어디에 내어 놓아도 베스트라 생각합니다. 안목이 탁월하신데요."
"이 상품은 가격대비 품격이 있습니다. 품격이 있는 사람들에게 어울리는 상품인데, 단번에 알아보시는 걸 보니 정말 대단하신데요?"

모든 사람이 존중받기를 원하지만, 사자안인 그는 더욱 존중받기를 원한다. 그는 겉으로 내색하지 않고 빙그레 웃을 뿐이지만 마음속으로 감동을 받으며, 자신을 존중해주는 사람에게 관심을 갖는다. 사자의 눈을 가진 사람은 일을 처리하는데 있어서 호쾌함이 느껴지며, 머뭇거리거나 두려워하는 기색이라고는 전혀 보이지 않는다. 또한 자신의 것이 아니라면 탐내지 않으며, 아울러 상대에게 정을 베푸는 부드러운 마음도 가지고 있다. 사자의 눈을 가진 사람은 부귀를 누리며 오래도록 장수한다.

사자의 눈을 가진 사람의 특징

1. 크고 엄숙함이 느껴지는 눈을 가지고 있다.
2. 저돌적으로 밀어붙이는 성향이다.
3. 내면에 다정함이 있다.
4. 보호받고 존중받기를 원한다.
5. 필요 없는 욕심을 내지 않는다.

짝짝이 눈을 가진 사람을 만나면 적극적으로 관심을 표명하라!

짝짝이 눈은 두 개의 눈이 각기 다른 것으로, 한쪽 눈은 크고 다른 한쪽 눈은 작다. 관상학에서는 이러한 눈을 음양안(陰陽眼)이라고 부르는데, 언뜻 보아서는 균형을 이루는 눈이 아니고 음양을 모두 지니고 있으니 참으로 좋을 듯싶지만 그렇지 않다.

음양안을 지닌 사람은 복을 누리면서도 그 복을 옳게 사용하지 않는다. 음양안을 지닌 사람은 음흉해서 낯빛을 변화시키지 않은 채로 타인을 속이고 거짓말을 한다. 눈 하나 깜박이지 않고 타인을 속이는 이들이 음양안을 가진 사람들이다.

음양안의 소유자는 칼날을 연상시키는 눈빛을 하고 있으며, 흘끔흘끔 곁눈질을 하며 사물을 살핀다. 곁눈질을 하는 사람은 근본적으로 도둑질을 하는 사람으로, 본심을 속이고 입으로는 바른 말이라고 한다. 하지만 어떤 경우에도 성실하지 못하고 마음이 간악하여 잔꾀로 위기를 모면하려고 한다. 상대와 이야기를 하는 중에도 흘끔거리며 곁눈질을 하거나 눈동자를 굴린다.

음양안을 지닌 사람은 권모술수가 매우 뛰어나서 어떤 경우라도 머리를 굴려 빠져나간다. 어떤 곤란한 지경에 이르러서도 능숙하게 빠져나가므로 한 때 부귀를 누리기도 하지만, 그 부귀를 오래도록 유지하지는 못하며, 결국은 자신의 잔꾀에 빠져 부와 명예를 잃는다.

그는 늘 사회적으로 핍박을 받는다고 생각한다. 자신의 행실이나 실수로 인해 위기에 봉착하면 사회의 차별 때문이라며 이유 없는 반항이나 적개심을 가진다. 때문에 음양안을 가진 사람과 만나면 보다 따뜻한 인사말을 건네야 한다.

"어서 오십시오. 오신다는 이야기를 듣고 언제 오시나 해서 몇 번이나 창밖을 살펴보고 있었습니다."
"직접 차를 운전하고 오신다는 이야기를 들어서 조금 걱정했습니다. 이 시간에 늘 정체가 일어나는 지역이라고 들었거든요."

말을 잘하는 것이 중요한 것이 아니라 어떻게 말하는가가 중요하다. 간단한 인사말이나 의례적인 말투보다 상황을 인식하거나 관심을 표명하는 말을 이용해 그의 마음에 다가갈 수 있다. 이러한 말투와 마음 씀씀이는 상황을 비틀어보는 음양안의 소유자에게 보다 좋은 반응을 얻어낼 수 있을 것이다.

용건만 간단히 말한다면 담백하기는 하겠지만 음양안의 눈을 가진 사람에게는 아무런 감흥도 주지 못한다. 그에게는 여운을 남기는 말이 필요하다. 그에게 다가갈 때는 인사말 이외의 말을 덧붙이는 노력을 해야 한다. 그러나 덧붙이는 말이 거창하거나 지식적일 필요는 없다.

왼쪽 눈은 태양을 의미한다. 태양은 인간 세상에서는 남성을 의미하며 아버지를 의미한다. 따라서 왼쪽 눈은 아버지이며, 반대로 오른쪽 눈은 어머니를 상징하니, 눈을 보고 부모의 운을 알 수 있다. 눈이 순한 사람은 마음이 순한 사람으로, 두 개의 눈을 통해 아버지와 어머니의 성정을 알 수 있다.

좌우 눈의 크기가 다른 음양안은 간사하기 그지없다. 그러나 재산이 있으므로 살아가는 데는 지장이 없으며, 남성의 경우에 오른쪽 눈이 크고 왼쪽 눈이 작으면 간이 작아서 자기 부인을 두려워한다. 여성의 경우에는 왼쪽 눈이 크고 오른쪽 눈이 작으면 남편을 두려워한다. 그들은 공히 사람을 옥죄거나 간교한데, 사람은 누구나 눈의 크기가 다르다. 그러나 음양안이라고 불리는 눈은 그 크기가 현저하여 누구나 알아볼 수 있을 정도에 이른다.

짝짝이 눈을 가진 사람의 특징

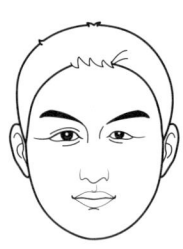

1. 양쪽 눈의 크기가 다르다.
2. 대단히 음흉하다.
3. 간사하고 권모술수가 뛰어나다.

9

뱀의 눈을 가진 사람과
적이 되어서는 안 된다

흔히 사악한 눈으로 일컬어지는 뱀눈은 뱀의 눈처럼 가느다란 눈으로, 사안(巳眼)이라고 부른다. 가는 눈을 가진 사람은 신중한 사고를 하는 사람으로, 전문 지식을 서두르지 않고 천천히 흡수해서 자신의 것으로 만들어 성공의 발판으로 삼는다. 그러나 마음이 좁고 세상을 판단하는 시야가 좁은 것이 커다란 단점으로, 한 가지 일에만 몰두하는 경우가 많다.

뱀의 눈을 가진 사람은 근본적으로 눈이 작으며, 보는 눈이 좁고 아집에 빠져 있는 경우가 많다. 이들은 세상을 보는 눈이 좁기 때문에 난폭하기도 하고 독살스러우며, 대부분 윤리의식이 매우 부족하다.

작고 둥글며 튀어나올 것 같은 눈을 뱀의 눈이라 칭하는데, 이 눈은 붉은 눈동자 같다는 느낌을 준다. 눈이 불거진 사람은 성질이 매우 급하다. 뱀의 눈을 가진 사람은 눈의 끝부분, 흔히 눈초리라고 부르는 부분이 날카로운데, 동양인, 특히 한국인의 눈에서 붉은 눈동자는 없다. 그럼에도 불구하고 붉은 눈동자라는 느낌을 주는 것은 그 사람의 독한 기운이 겉으로 드러나 느껴지기 때문이다.

결정적으로 사안을 가지면 백안 위로 붉은 줄기가 보인다. 이는 단순히 실핏줄이나 충혈된 것과는 다른 기운으로, 마주보면 드러나기 때문에 충분히 살필 수 있다. 이런 눈을 가진 사람과는 절대로 적이 되어서는 안 되는데, 그것은 항상 뒤를 조심해야 하기 때문이다.

뱀의 눈을 가진 사람은 교활하고 거짓말을 잘한다. 따라서 그의 말을 액면 그대로 받아들여서는 안 되며, 새삼 제고하고 신중하게 생각해야 한다. 그렇다고 정면에서 확인하려 하거나 대거리를 하여 판단을 하려고 하면 피해를 볼 수 있으므로 조심하자.

뱀의 눈을 가진 사람은 타인에게 피해를 주는 사람이다. 스스로 심성을 고쳐 올바로 써야 하지만, 대부분 마음을 고쳐먹기보다는 교활함으로 승부하는데, 그들은 작은 성공을 이룰 수는 있으나 결국은 큰 재앙을 가져온다.

뱀의 눈을 가진 사람의 특징

1. 가느다란 형태의 눈을 갖고 있다.
2. 시야가 좁고 난폭하다.
3. 윤리의식이 부족하다.
4. 작은 성취는 있으나 성공은 어렵다.

10

말의 눈을 가진 사람에게는 단도직입적으로 얘기하라!

말의 눈은 참으로 예쁘다. 선량해 보이고 물기가 촉촉하게 서려 있다. 말의 눈을 가만히 살펴보면 눈꺼풀이 눈에 들어오는데, 말의 눈꺼풀은 조금 독특하다. 말의 눈은 눈꺼풀이 삼각형을 이루듯 중앙부가 꺾여 있으며, 이 삼각형의 눈꺼풀이 인상을 결정 짓는다.

말의 눈처럼 생긴 눈을 마안(馬眼)이라고 부르며, 마안은 눈동자가 튀어나온 것처럼 보인다. 이 눈을 가진 사람은 슬프지 않은데도 눈 아래에 항상 눈물이 고여 있는 것처럼 느껴지는데, 말의 눈을 가진 사람은 남녀를 불문하고 음탕하고 음란한 성향을 지니고 있다.

또한 말의 눈을 가진 사람은 부귀를 누리더라도 아내와 아이를 잃고 평생을 고독하게 보내는 경우가 많다.

"단도직입적으로 말씀드리겠습니다. 제가 선생님을 만나자고 한 이유는 그동안 강의하셨던 내용을 책으로 내고 싶기 때문입니다."

성질이 급한 사람은 본론이 늦게 나오거나 이야기 전개가 느리면 짜증을 내며, 관심사가 자신의 틀에서 벗어나도 역시 짜증을 낸다. 마안의 소유자는 급한 성격을 가지고 있으므로 말을 느리게 하면 답답해하며, 본론이 없는 말은 귀에 담지도 않는다.

마안의 소유자는 마음이 조급하고 긴 이야기를 즐겨하지 않으므로 먼저 대화의 목적을 분명하게 밝혀야 하며, 그에게 단도직입적이고 적극적으로 다가간다면 그를 우군으로 만들 수 있다.

말의 눈을 가진 사람의 특징

1. 삼각형의 눈썹을 가지고 있다.
2. 눈에 물기를 머금고 있다.
3. 지루함을 이겨내지 못한다.
4. 부귀가 있어도 부인과 지식을 잃는 경우가 많다.
5. 타인의 재산을 탐낸다.

11

요염한 눈을 가진 사람의 유혹에 넘어가지 마라!

예로부터 도화기가 서린 눈을 도화안(桃花眼)이라 불렀으며, 도화안은 눈이 가늘고 길며 늘 요염한 미소를 짓는 것처럼 보인다. 웃지 않아도 이들의 눈은 요염하게 웃는 것처럼 보이는데, 저 사람이 울고 있나 하는 생각이 들 정도로 늘 촉촉하게 눈이 젖어 있어 처연함을 느끼게 한다. 여성이 도화안을 가지고 있으면 남성은 여성의 촉촉한 눈에 가슴이 찡한 느낌을 받는다.

눈에 물기를 머금은 듯한 사람은 무척 음란하다. 보통 도화살이 끼었다고 표현하는데, 얼굴이 발그레하고, 눈가에 잔주름이 많거나 눈 아래의 누잠이라 부르는 곳이 부풀어 있으면 도화살이 있는 것으로 본다.

도화안의 소유자는 눈동자에서 무게감이 느껴지지 않으며, 안정감이 없고 집중력이 부족해서 늘 곁눈질을 하거나 한눈을 판다. 그로 인해 어린 시절에는 꾸중을 듣기도 했을 것으로, 이들은 천성적으로 의지가 약하고 심지가 굳지 못해 환락에 빠지기 쉽다.

도화안은 옆으로 가늘게 째진 듯이 보이는 눈에 가는 주름이 있거나 붉은 기가 도는 눈이다. 예로부터 도화안을 가지면 성욕이 강하거나 성욕을 주체하지 못하는 것으로 보았으며, 스스로 성욕을 드러내지 않아도 상대를 부르는 묘한 매력의 소유자로 보았다. 음탕하고 몸을 소중히 하지 않으니 양반집에서는 이들을 며느리 감으로 인정하지 않았다. 하지만 이제는 세상이 바뀌어서 과거와 달리 자신의 성향을 드러냄에 주저함이 없는 시대가 되었다. 이제 도화의 기운은 예술적인 기질이나 남에게 드러내는 기질로 바뀌었으며, 우리는 이를 탤런트 기질이라 부르기도 한다.

도화안을 지닌 사람은 스타성을 지니고 있는 경우가 아주 많으며, 아울러 재능이 풍부하고 예술성도 가지고 있어 대중에게 인기를 끈다. 이처럼 최근에는 도화가 좋은 의미로 해석되고, 이성의 주목을 끄는 매력으로 간주되고 있으며, 연예인들에게 반드시 필요하다는 말도 나온다. 그러나 근본적으로 음탕하고 환락을 추구하는 성품이 변한 것은 아니며, 화려함을 추구하고 만족을 모르는 경우가 많다. 따라서 벌어들이는 수입 이상을 소비하는 등 타락과 한계치를 넘는 행위로 힘들어지기도 한다.

도화안을 가진 사람은 늘 주변의 시선을 한눈에 받고, 많은 사람들에게 둘러싸여 있지만 고독함을 느낀다. 그들에게는 진정한 마음을 담아 말해주는 친구가 필요하며, 따스한 말과 진정성 있는 태도로 다가가야지만 그를 친구로 만들 수 있다. 그리고 그와 대화할 때는 반대를 위한 반대를 해서는 안 되며, 잘난 척을 해서도 안 된다. 그는 이미 잘난 사람이다. 잘난 사람에게 자신의 잘난 모습을 보여주는 것은 의미가 없으며, 진심을 보여주는 것만이 그를 사로잡을 수 있는 비결이다.

"그 코트 새로 사셨어요?"
"네. 그런데 제 맘에 안 들어요. 얼마 전에 시내에 있는 백화점에서 샀는데, 집에 와서 입어 봤더니 백화점에서 입었을 때와 느낌이 너무 다른 거 있죠. 그래서 일주일 뒤에 반품하러 갔는데, 영수증이 없다고 안 받아 주더라고요. 따지는 것도 귀찮고 해서 그냥 입기로 했어요."
"어머나, 세상에. 왜 그러셨어요? 그거 환불받을 수 있는데요."

당신이 만약 상대에게 위와 같은 방식으로 말한다면 절대로 그와 가까워질 수 없을 것이다. 누구에게나 해당되는 얘기지만, 특히 도화안을 가진 사람과 대화를 할 때에는 그 사람의 의중을 먼저 파악해야 한다. 그러자면 우선 섣불리 판단하지 말고 그의 말을 차분히 들어주는 자세가 필요하다. 아울러 그의 생각을 알기 위해서는 당신의 생각을 유보하고 그의 말을 끝까지 들어주어라. 미리 판단하거나 단정 짓는 말을 한다면 그는 마음에 상처를 받을 것이다.

그는 마음이 약한 사람이다. 그에게 좋은 인상을 남기고 싶다면 그의 말을 자르지 마라. 그리고 그의 앞에서 다른 사람을 욕하거나 험담을 늘어놓지 않아야 한다. 타인에 대한 험담을 흔히 뒷담화라고 하는데, 처음에는 재미있을지 모르지만 시간이 흐를수록 지겨워진다. 아울러 그는 당신이 늘어놓는 누군가의 험담을 듣고 다른 곳에서 자신의 험담을 늘어놓는 당신을 상상할 것이다.

요염한 눈을 가진 사람의 특징

1. 도화기가 넘치는 요염한 눈을 갖고 있다.
2. 음란한 성정이다.
3. 스타성이 있다.
4. 환락을 추구한다.

12

눈동자의 아래나 위쪽 중 한 곳이 드러난 사람은 나폴레옹처럼 고집이 세다

눈에서 흰자위 부분이 3곳에서 나타나는 눈을 삼백안(三白眼)이라고 부르는데, 마치 흰자위가 눈의 반을 넘는 것처럼 보인다. 눈의 흰자위가 많이 드러나는 방향에 따라 각기 상백안과 하백안으로 나뉘며, 상백안은 눈동자가 아래를 보고 있는 것처럼 눈의 위쪽에 흰자위가 드러나는 것이고, 하백안은 눈동자가 위쪽으로 치우쳐 흰자위가 아래쪽에 많이 드러나는 것을 말한다. 보통 사람의 경우에는 눈동자가 눈의 중앙에 위치하기 마련이지만, 삼백안은 검은자위가 흰자위 부분을 모두 가리지 못하는 것이다. 즉 눈동자가 위로 지나치게 붙거나 아래쪽으로 지나치게 붙어서 아래쪽이나 위쪽으로 흰자위가 지나치게 많이 드러나는 것을 말한다.

눈의 상부에 흰자위가 많이 드러나는 상백안을 가진 사람은 기가 약하면서도 음탕하다. 예로부터 눈에 하얀 창이 사방으로 보이는 여성은 다른 남성과 간통할 상이라고 했으며, 상백안의 소유자는 사람을 업신여기거나 반항적인 기질을 드러낸다. 사람을 업신여기다가도 자신보다 강하거나 재물이 많은 사람을 만나면 일시에 부드러워진다.

상백안을 지닌 사람은 자신의 감정을 숨기고 거의 드러내지 않는 경우가 많다. 따라서 책사나 책략가에 어울리는 상으로, 상백안 중에는 자신의 머리를 이용하여 일세를 풍미하는 경우가 있다.

상백안은 집념이 대단히 강하고 웬만해서는 자신의 주장을 굽히지 않는다. 한때 세상을 주름잡았던 나폴레옹이 상백안의 소유자였다고 하는데, 상백안의 소유자는 파괴적인 성격을 지니고 있으며 이해타산적인 면이 있다.

사람이 산다는 것은 사람과 소통하는 것이다. 상대가 이해 타산적이고 음험하다 하여 소통을 하지 않으면 미래를 예측하기 어렵고 목적을 이룰 수 없다. 따라서 가능한 한 그에게 약점을 잡히지 않고 대화를 이끌어야 한다.

"제가 말씀드렸던 보험 내용은 잘 살펴보셨습니까?"
"아, 네. 그럼요. 그런데 제가 보험을 계약하고 나서 1년간만 잘 유지하면 MRI를 포함해서 종합 건강검진 풀 서비스로 해주시는 거 맞죠?"
"당연하지요."

이처럼 즉흥적으로 대답해서는 안 된다. 상백안의 소유자는 잔꾀에 능하기 때문에 생각을 거듭해서 이야기한 것으로, 즉흥적으로 응대하다가는 그가 만든 올가미에 걸려든다.

그렇다고 해서 "그건 안 됩니다."라고 잘라 말하지 마라. 그의 주장이나 의견을 아예 듣지 않고 일방적으로 잘라 말하면 그는 마음속에 증오의 마음을 품을 것이다. 이는 말에 대한 문제가 아니라 감정의 문제가 된다. 상백안의 소유자는 지략이 뛰어나지만 뒤끝이 있다.

상백안의 소유자와 대화를 할 때는 가능한 한 그의 이야기를 들어준다는 기분으로 시작해야 한다. 그는 가능한 한 당신을 설득하려고 할 것이고, 자신의 행위에 만족감을 느낄 것이다.

하백안은 상백안과는 반대의 눈으로, 하백안을 지닌 사람은 눈동자가 위를 향하고 있는 듯하여 지나치게 차가운 느낌을 주고 표면적으로는 야망을 지닌 것처럼 보인다. 그러나 파괴적인 성향이 강하고 지나치게 이해 타산적이라 좋은 친구를 사귀기 어렵다. 또한 대단히 강한 집념 때문에 주변 사람들과의 마찰이 적지 않다.

하백안을 가진 사람들은 무슨 일을 하더라도 끝까지 파고드는 사람들로, 주위의 시선 따위에는 아랑곳하지 않는 그들에게 질시의 눈총을 보내는 사람도 있을 것이다. 따라서 성공도 많지만 실패도 많다. 그들은 사회적인 현상이나 법질서 등에도 불만이 많으며, 제도권 안에 속한 사람들을 질시하고 미워하는 경향이 있으며, 반항아적인 기질을 가지고 있다.

하백안의 소유자는 목표를 정하면 어떤 경우라도 성취해내며, 어떤 일이 발생하면 전력을 다해 일을 해결하고자 한다. 만약 그가 냉혹한 표정까지 갖추고 있다면 사회 적응력이 떨어지고 성질이 비뚤어진 경우가 많으며, 타인이 베푸는 선의를 좋게 받아들이지 않는 성격으로 인해 범죄인이 되거나 사회의 낙오자가 될 가능성이 있다. 범법자 중에 이런 눈을 가진 사람이 많다.

그는 말하는 것을 좋아하는데, 그것은 동의를 구하기 위해서다. 동의보다 한 단계 높은 반응이 공감으로, 그에게 공감은 동의이자 동지라는 느낌을 줄 것이다.

"정말입니까?"
"어떻게 해서 그런 일이 생기는 걸까요?"
"저라도 그만 두지 않았을 것 같네요."

위의 예처럼 그의 말을 이끌어내는 기술이 필요한데, 하백안을 지닌 사람은 자신이 말을 하는 중에도 상대방이 자신의 말에 귀를 기울이는지 유심히 살핀다. 그의 말을 재촉하는 스킬이 필요하며, 그가 말을 많이 하도록 동기를 부여하는 것이 그를 움직이는 지름길이다.

그와의 대화에 있어서는 끈기를 가져야 한다. 그는 오래도록 말을 할 것이고, 동의를 구할 것이다. 눈에 보이지 않는 그물 같은 대화의 기술, 동의와 공감을 통해 그를 이해하고 있음을 보여주는 것이 그를 당신의 친구로 만드는 비결이다.

하백안의 소유자는 나름 기품이 있으며, 자신을 소중히 여기고 오기가 있다.

삼백안을 가진 사람의 특징

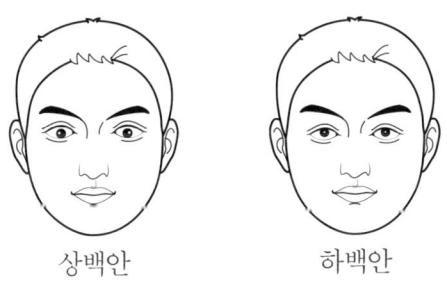

상백안　　　　하백안

1. 흰눈자위가 3방향에서 보이는 삼백안을 가지고 있다.
2. 기가 약하고 음탕하다.
3. 집념이 강하고 주장을 굽히지 않는다.
4. 친구로 사귀기 어렵다.
5. 파괴적인 성격이며 이해타산적이다.

13

눈동자의 상하좌우가 모두 드러난 사람은 용감무쌍하다

사백안은 검은자위가 눈 중앙에 있고, 흰자위가 사방으로 모두 드러나 보이는 눈이다.

사백안은 사방삼백안이라고도 부르는 매우 드문 눈으로, 이러한 눈을 가진 사람은 심정적으로 부도덕하며, 일반인의 생각과는 다른 생각을 하는 경우가 많다.

"제 얘기 좀 들어보시겠어요? 나 참 아니꼬와서. 어제 거래처에 가서 담당자와 한판 뜨고 왔더니, 부장이 저더러 회사 그만 두고 싶냐며 온갖 욕설을 퍼부어 대더군요. 이래서 어디 회사 다니겠습니까?"

"그런 일이 있으셨군요. 혹시 젊었을 때 군인이나 경찰 쪽은 생각 안 해 보셨습니까? 그쪽이 훨씬 더 잘 어울리시는데요."

그들은 성격이 포악하므로 전장에서는 강인한 군인이 될 수 있지만, 이 포악함이 평상시에는 도움이 되지 않는다. 그는 평화로운 시대에는 어디에서도 환영받지 못한다.

이들은 어떤 일이 눈앞에 닥치면 심사숙고하는 것이 아니라, 본능적으로 움직인다. 이성적으로 일처리를 하기보다는 감정에 치우쳐 일처리를 하다 보니 비윤리적인 일이라 해도 주저하지 않으며, 윤리의식이 부족하고 정조관념도 약하다.

만약 그가 무엇인가를 요구하기 위해 날짜를 잡으려 한다면 그의 마음을 헤아려 조심스럽게 거절하는 것이 좋으며, 가능한 한 직접적으로 말하는 것이 좋다.

"아, 큰일이네요. 어쩌죠? 그날은 제가 지방에 갈 일이 있습니다."
"하하하. 정말 감사하지만 제가 그 일에 자신이 없습니다. 밀려 있는 일이 많기도 하고요. 다음에 여건이 된다면 꼭 참여하겠습니다."

거절을 할 때에는 심각성을 덜어내지. 심각한 표정을 지어버리면 상황이 심각해지기 때문에 웃는 모습으로 거절하는 것이 좋다. 또한 바로 그 자리에서 거절하는 것은 사백안을 지닌 사람에게는 도전이 될 수 있으므로, 시간을 벌며 피해나갈 방법을 찾는 것이 좋다. 그리고 할 수 있다는 인상보다는 본인의 능력이 부족해서 자신이 없다는 인상을 주는 것이 필요하다.

이들은 변명을 싫어하는데, 눈에 드러나 보이는 변명은 자신을 기만하는 것으로 인식할 수 있기 때문에 쓸데없이 변명을 늘어놓거나 속보이는 행동과 말투는 삼가는 것이 좋다.

"제가 그 일의 특징을 알지 못합니다."
"죄송합니다. 제가 능력이 안 되는 것 같습니다."
"그 방법은 제가 모릅니다. 다른 방법이 있다면 도와드리겠습니다."

변명의 구실은 가지각색이지만, 어떻게 거절하는가보다는 어떤 이유로 거절하는가가 더 중요하다. 거절하는 이유가 확실하고, 그가 원하는 답을 얻지 못할 것이라는 인식을 심어주는 것이 필요하다.

거절 장소 또한 중요한데, 만약 사람이 많은 곳에서 거절한다면 그는 분노를 느낄 것이다. 사람이 적은 곳, 이왕이면 사람이 없는 곳에서 정중하게 거절하는 것이 그를 자극하지 않는 방법이다.

사백안의 소유자는 자신의 평판에 신경을 많이 쓰는 편이다. 아울러 자신의 치부가 드러나는 것을 매우 싫어하며, 거절당한 사실이 밝혀지는 것 또한 무척 싫어한다. 그렇기 때문에 이들이 여성에게 사랑을 고백했다가 만인 앞에서 거절당한 보복으로 자신이 사랑하는 여성을 살해하는 일이 벌어지기도 하는 것이다.

때로는 부탁을 들어주어야만 할 경우도 생겨난다. 이때는 명확하게 조건을 제시해야 하며, 서로의 조건이 맞지 않아 같이 일을 하지 못하거나 계약이 깨어진 것임을 그가 인식하도록 해야 한다. 그 후에는 서신이나 메일, 그리고 전화기의 메모 기능을 이용해서 거절한 이유를 다시 설명해주거나 미안하다고 덧붙이는 것이 그의 분노를 잠재우는 길이다.

사백안을 가진 사람의 특징

1. 흰자위가 눈동자의 전후좌우로 드러나 있다.
2. 비도덕적이고 악한 성정을 지니고 있다.
3. 변명을 싫어한다.
4. 자신의 평판에 과도하게 신경을 쓴다.

Chapter 6
상대의 귀를 뚫어라!

관상학에서는 귀를 채청관(採聽官)이라고 부른다. 채청관은 주택의 울타리나 성곽과도 같은 역할을 한다는 것으로, 울타리는 밀려오는 소리를 가려서 통과하게 하고, 지나치게 큰 소리는 적당한 소리로 줄여준다.

사람의 귀를 통해서는 장기 중의 하나인 신장의 상태를 알 수 있는데, 이는 귀가 신장과 연결되어 있기 때문이다. 귀에 상처가 있거나 흠이 있으면 신장에 무리가 있거나 병이 있는 것이다. 신장이 강하면 말이 잘 들리고 신장이 약하면 귀가 잘 들리지 않는다. 따라서 귀가 약하면 신장을 치료해야 한다.

귀가 두텁고 단단하면서 눈높이 이상으로 길고 크면 장수하지만, 귀가 얇고 약하며 지나치게 희고 적으면서 눈 아래에 붙어 있으면 명이 짧거나 요절할 수 있다. 그러나 귀가 지나치게 큰 것도 좋지만은 않은데, 지금부터 귀에 대해 자세히 알아보자.

귀가 높이 달려 있는 사람은 부귀공명을 누리지만 말년이 고독하다

흔히 귓불이 크면 재산이 많은 것으로 생각하기 쉽지만, 귀는 인생 전반을 보는 것이 아니라 초년의 운을 보여주는 곳이다. 즉 왼쪽 귀를 보고 1세에서 7세까지의 운을 보고, 오른쪽 귀를 보고 8세부터 14세까지의 운을 파악한다. 물론 여성은 반대로 파악한다.

많은 사람들이 귓불이 좋으면 재산가라고 생각하는 경향이 있지만, 귓불이 크다고 반드시 운이 좋고 재물이 많은 것은 아니다. 단, 유년기에 좋은 부모를 만나 편하게 살았을 가능성은 있다.

눈썹 끝에서 한 치 정도 높은 곳에 붙어있는 매우 고상한 귀의 모양을 보고 금이(金耳)라고 하는데, 흔하지 않은 모양이기에 우선은 고상하다고 볼 수 있다. 그러나 금이는 귓바퀴의 가장 높은 부분이 매우 작다. 이 부분을 천륜(天輪)이라고 하며, 천륜은 각이 없는 둥근 형태를 지니고 있다.

금이는 안색보다 조금 흰빛을 띠며 귓불이 두껍고 크게 늘어져 있다. 이러한 귀는 흔치 않으며, 금이는 최상부의 높이를 잘 살펴야 하는데, 이것은 귓불이 늘어진 귀는 흔하지만 상부가 높이 매달려 있는 경우는 흔치 않기 때문이다.

금이라고 불리는 이러한 귀를 가진 사람은 부귀공명을 누리지만, 말년이 고독할 수 있다.

"성공한 사람은 고향으로 돌아가지 않는다고 합니다."
"왜 그렇죠?"
"부귀공명에 말년의 즐거움은 들어있지 않기 때문이죠."
"아, 그렇군요."

대화를 하는데 있어서 상대가 어리석은 질문을 했다고 해서 짜증을 내거나 어이없다는 표정을 지어서는 안 된다. 대화에 있어서는 우문현답(愚問賢答)이 필요하며, 상대가 바보 같은 질문을 하더라도 현명한 대답을 해야 한다. 상대가 어리석은 질문을 했다고 해서 같이 어리석은 대답을 하면 자신의 어리석음을 드러내는 것밖에 되지 않는다.

탈무드에는 군에서 금지된 포커놀이를 하다가 적발되어 군법회의에 회부된 세 명의 병사 이야기가 나오는데, 각기 종교가 다른 세 명의 병사가 판사 앞에서 변명을 늘어놓고 있었다.

그 중 카톨릭 병사가 먼저 "판사님, 성모 마리아에 맹세코 저는 포커를 하지 않았습니다."라고 하자, 프로테스탄트교 병사가 덧붙여 "저 역시 마틴 루터에 맹세코 포커 놀이는 하지 않았습니다."라고 했다. 그러자 유태인 병사가 천연덕스럽게 판사에게 다음과 같이 말했다고 한다.

"판사님, 혼자서 하는 포커도 있습니까?"

대화를 하다보면 상대의 기분을 맞추거나 상대의 주장에 무조건 동조해서 대답을 해야 하는 건 아닌가 고민스러울 때가 있다. 그러나 자신의 소신을 버리고 그의 주장에 이유 없이 동조한다면 상대는 기뻐하기보다 믿음을 버릴 것이다. 당신은 그가 만족스러워 하는 것을 보고 상대를 설득했다고 생각하겠지만, 그는 속으로 당신을 일관성 없는 사람이라고 생각할 가능성이 아주 높다.

금이를 가진 그는 머리가 좋은 사람이다. 어쩌면 살아가면서 세상의 이치를 깨달았는지도 모를 일이다. 그에게는 말동무가 필요한데, 어떤 방식으로든 그와 친해져서 말동무를 해준다면 황혼기에 그의 좋은 친구가 될 수 있을 것이다.

금이(金耳)를 가진 사람의 특징

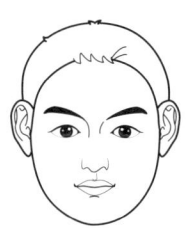

1. 눈썹 끝을 기준으로 3cm 정도 위에 붙어 있다.
2. 귓불이 두껍고 크게 늘어져 있다.
3. 부귀공명을 누린다.
4. 말년이 고독하다.

위쪽이 넓은 귀를 가진 사람에게는 먼저 의견을 펼칠 시간을 줘라!

귀를 구분할 때 기본형은 오행인 '목화토금수'로 따지는데, 목이(木耳)는 목형(木形)이라는 의미를 지닌다. 목이는 귀의 외측 부분이 뒤쪽으로 뒤집어져 폭이 좁고 긴 모양을 이루고 있으며, 귀의 위쪽이 넓고 아래쪽은 좁다.

일반적인 형태의 귀에서 위쪽이 넓은 귀를 가진 사람은 큰 이상을 지니고 있으며, 약속을 잘 지키고 인정이 많다. 목이를 가진 사람 중에는 성실한 직장인이 많은데, 귀가 뒤쪽으로 뒤집힌 형상의 목형은 약간 다른 모습을 보인다. 귀가 뒤집힌 사람들은 머리가 좋으며, 대부분 인간관계도 좋고 타인에게 친절하다. 그러나 좀 더 파고들면 그 친절 속에는 계산이 들어 있기 때문에 인간적인 면은 조금 부족하다.

"선생님의 의견을 듣고 싶습니다. 저는 간혹 어떤 결정을 내릴 때 자신이 없는데, 선생님의 말씀을 따라하면 실패하지 않을 것 같습니다."

"우리는 선배님의 말씀에 따라 움직일 준비가 되어 있습니다."

그에게는 의견을 펼칠 시간이 필요하다. 친절을 내세우고 있지만 계산적인 생각을 가지고 있기 때문에 말을 할 기회를 준다면 그가 어떤 생각을 하고 있는지 명백하게 판단할 수 있다.

목이를 지닌 사람들 대부분은 곤궁하게 살아간다. 아울러 얼굴 형태마저 지나치게 좋지 않으면 자식운도 따르지 않는다. 운이 나쁘면 자식을 볼 수 없고, 운이 좋아 자식을 보더라도 자식으로부터 효도를 기대하기 어렵다.

목이를 가진 사람과의 대화에 있어서 질문은 무척 중요하다. 상대는 당신이 어떤 질문을 하는가를 유심히 살피는데, 당신이 유식한 질문을 하면 당신을 유식한 사람이라고 판단할 것이며, 당신이 어리석은 질문을 하면 어리석은 사람으로 판단할 것이다.

목이(木耳)를 가진 사람의 특징

1. 귀의 위쪽이 넓고 아래쪽은 좁다.
2. 계산적인 생각을 가지고 있다.
3. 재산을 많이 모으지 못한다.

3

두껍고 둥근 귀를 가진 그는
다른 사람의 일을 잘 기억한다

수이는 귀가 두껍고 둥글다. 귀가 눈썹보다 올라가 있으며, 귓불이 두꺼워 마치 밀가루로 반죽을 하여 매달아 놓은 듯하다. 수이는 귓불이 두꺼워 구슬을 매달아 놓은 것만 같다고 표현하는 귀로, 귀의 최상부인 천륜이 두꺼운 경우가 많다.

수이는 흔히 절에 조성되어 있는 불상, 즉 부처님의 귀를 생각해 볼 수 있는데, 위쪽이 넓은 형태인 경우가 많다. 위쪽이 넓은 귀를 가진 사람은 고귀한 이상을 지니고 있으며, 큰 이상을 품고 있는 경우가 많다.

수이를 지닌 사람은 약속을 잘 지키고 인정이 있으며, 성실하고 차분하다. 만약 귀의 폭이 넓다면 상식적이고 타인의 기분을 잘 헤아린다. 어느 경우에도 협조적이며 타인에게 관대하다. 또한 기억력도 뛰어나서 다른 사람의 일을 잘 기억하는 특징을 가지고 있다.

"날씨가 쌀쌀한데, 효연이는 잘 있어요?"
"아니, 이사님께서 저희 효연이를 어떻게 아세요?"
"얼마 전에 오과장이 얘기 끝에 딸 효연이가 감기에 걸려서 오과장도 옮았다고 했잖아요."

"이사님은 정말 대단하십니다. 어떻게 한 달 전에 잠깐 언급한 이름을 기억할 수 있죠?"

"나는 귀가 두꺼워서 한 번 들으면 잘 안 빠져 나가요. 하하."

수이를 가진 사람과는 약간 호들갑스러운 대화도 좋다. 보통 누군가와 대화를 하기 위해 마주앉으면 무슨 말을 먼저 꺼내야 할지 고민부터 하게 되는데, 중요한 회의석상이 아니라면 어떤 자리에서도 대화는 가벼운 주제로부터 시작해야 한다. 그러자면 TV방송이나 인터넷 검색 등을 통해 본인이 소화할 수 있는 화젯거리들을 몇 가지 정리해 놓는 것이 좋다.

수이는 검은 편에 속하지만, 혈액순환이 좋으면 붉은 색을 띤다. 정상적으로 귀가 얼굴 위쪽에 붙어 있으면 부귀가 따르며 관직운이 좋은데, 특히 외교관이나 해외 업무에 종사하면 이름을 얻는다.

수이(水耳)를 가진 사람의 특징

1. 두껍고 둥근 귀를 가지고 있다.
2. 성실하고 차분하다.
3. 기억력이 뛰어나다.
4. 직장운이 좋다.

4

뒤집힌 귀를 가진 사람은 머리가 좋다

화이(火耳)는 귀가 눈썹보다 높은 곳에 붙어 있고 윤곽이 뚜렷하여 강하고 크게 느껴진다. 그러나 귀의 테두리가 뒤쪽으로 젖혀져 있는 형상이라 뒤집힌 귀의 특징을 지닌다. 따라서 아무리 귓불이 늘어져 있고 살집이 좋아도 좋은 귀라고 보기 어렵다.

일반적으로 뒤로 뒤집힌 귀를 지닌 사람은 머리가 좋다. 또한 '사람이 좋다'는 말을 들으며 인간관계가 좋은 편이지만, 지극히 계산적으로 이루어지는 관계이기 때문에 시간이 흐르다 보면 관계에 금이 가는 일이 생긴다. 아울러 인간관계에서도 이익을 얻으려는 속성이 강하기 때문에 좋은 인상을 주다가도 순식간에 속셈이 드러나 배척을 당하거나 이익을 얻지 못하는 경우가 있다.

만약 화이를 가진 직원이 야근을 하고 있다면 다음과 같이 말해보라.

"최 대리, 일이 많은가? 매일 이렇게 늦게까지 일하면 몸이 상할 텐데 큰일이군. 자넨 우리 회사의 보밴데 몸을 좀 아껴야지. 오늘은 그만하고 퇴근하게. 휴~ 그런데 요즘 입사하는 직원들은 자네와 많이 다르더군. 자네처럼 일에서 만족을 찾지 못하고, 빨리 주말만 돌아오기를 기다리면서 대충 일하다 들어가니 말이야."

이와 같은 말을 들으면 그는 만족스러워 할 것이다. 화이를 지닌 사람은 인정받기를 원하는 속성이 매우 강하다. 모든 사람이 생존 욕구를 가지고 있고, 인정받고 출세하기를 원하지만, 화이를 가진 사람은 그 욕구가 더욱 강하게 드러난다. 그는 모든 사람들로부터 인정받는 것을 큰 기쁨으로 여긴다.

만약 당신의 부인이 화이를 가지고 있다면 다음과 같이 말하라.

"여보! 정말 고생이 많죠? 오늘은 일찍 퇴근해서 밀린 일을 도와줄게요. 그리고 이번 주말에는 우리 가족이 함께 나가서 영화를 보고 외식을 합시다."

화이를 지닌 여성은 부부간에도 적절한 보상이 이루어져야 불만을 표출하지 않는다. 일반적으로 어느 가정이나 비슷하겠지만, 화이를 가진 여성은 어머니의 역할과 부인의 역할에서도 대가를 바라는 경향이 있으므로 남편의 역할이 그만큼 중요하다.

관상에서 가장 중요한 것은 얼굴형과 코의 형태로, 귀는 그다지 큰 역할을 하는 것은 아니다. 눈이 좋고 코가 좋은 사람은 성공운이 다르다. 귀가 잘난 부자는 없어도 코가 잘난 부자는 있다고 할 만큼 남성에게 있어서는 귀가 그다지 중요하지 않지만, 여성은 귀의 형태가 중요하다. 귀가 뒤로 뒤집힌 여성은 남편과 해로하기 어렵다.

화이를 지닌 사람은 목적을 위해서라면 거짓말을 하기도 하는데, 그 거짓말이 결정적으로 문제를 일으키지는 않기 때문에 화이를 가진 사람이 빤한 거짓말을 한다면 그것을 수용해야 한다. 화이의 소유자는 자신의 두뇌를 믿는 경향이 있으므로, 애써 반박하거나 뒤를 캐려 하면 사이가 나빠질 것이고 적대 감정이 생길 수 있다. 그러니 차라리 수용하라. 모든 일은 순리대로 풀리게 되어 있다. 의심은 그와의 관계에 있어 전혀 도움이 되지 않는다.

귀가 뒤로 젖혀진 사람들은 사람을 대할 때도 이익을 전제로 해서 사귀기 때문에 좀 더 날카롭게 상대를 살피고 길게 보는 안목이 필요하다.

화이의 특징은 전체적으로 날카로운 인상을 준다는 것이다. 화이를 가진 사람의 얼굴을 보았을 때, 두 눈 사이와 아래 눈꺼풀에 화기를 지니고 있으면 말년복이 없다고 한다. 즉 말년에 자식이 없거나 일찍 죽어 효도를 받지 못하며, 자식이 있어도 멀리 떠나거나 돌봐주지 않으므로 외롭고 고독하다. 하지만 수명은 길다.

화이(火耳)를 가진 사람의 특징

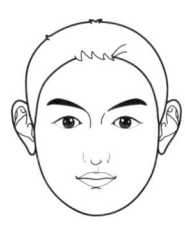

1. 뒤집힌 귀를 가지고 있다.
2. 날카로운 인상을 준다.
3. 계산적이며, 이익을 얻으려는 속성이 강하다.
4. 말년운이 약하다.

딱딱하고 두터운 귀를 가진 사람은 큰일에 관심을 보인다

땅은 비가 오면 물렁해지지만 물이 스며든 후 일정한 시간이 지나면 다시 딱딱해진다. 진흙을 떠올려보면 그 차이를 분명히 알 수 있는데, 진흙은 비가 오거나 물을 부어 반죽하면 질척해지고 부드럽지만, 그것을 말리면 지나칠 정도로 딱딱해진다.

토이는 마른 진흙과 같아서 지나치게 딱딱하고 두텁고 크다. 언뜻 보아서는 둥근 수이의 특징을 지니는 듯 보이지만 수이보다 더욱 딱딱하고 크며 두텁다.

토이는 근본적으로 큰 귀로, 큰 귀는 생명력과 힘을 나타낸다. 토이를 가진 사람은 작고 세세한 일, 깊이 파고들어야 하는 일, 사람을 다독거리고 다른 사람의 마음을 두드리는 일, 푼돈을 세는 일, 참견해야 하는 일에는 그다지 관심도 없고 무심하다. 그러나 귀가 세로로 길면 이공계 쪽이 학문적으로나 직업적으로 좋으며, 수리학에도 일가견이 있다.

토이는 땅의 성분을 드러내는데, 땅의 색은 황토색으로 노란색, 미색, 황금색 계열의 색이다. 비교적 노란색을 지니고 있고, 피가 원활이 순환되어 건강하면 붉은 색을 머금는데, 토이는 윤기가 있어야 좋으며, 형태까지 좋으면 부귀가 오래도록 지속된다. 땅은 생산과 재물을 뜻하며, 사람은 재물의 운을 무시할 수 없다. 토이를 가진 사람은 귀의 색과 형태가 좋으면 그 색이 변하지 않는 한 나이를 먹어도 건강하고, 지위와 급여도 높아지며, 말년도 행복하다.

"김 이사님! 이번 골프 모임은 어떤 식으로 진행할까요?"
"그냥 김 팀장이 다 알아서 처리해요."

토이를 가진 사람과는 세밀한 문제보다 전체적인 문제를 논의하는 것이 좋다. 그의 무책임해 보이는 이 대답은 그가 지닌 특성일 뿐이지 그가 실제로 무책임하거나 일정을 무시하는 것은 아니다. 하지만 어떤 일이 발생했을 때 그에게 큰일이라는 인식을 심어주면 이야기는 달라질 것이다.

"이번 인사 건에 대해 직원들이 많은 불만을 가지고 있습니다."
"이번 인사를 두고 간부들 간에 이견이 많은 모양입니다."

위와 같은 형식으로 접근하면 토이를 가진 사람의 행동을 이끌어낼 수 있다. 그는 대범한 사람이지만 때로는 주도면밀해지는 경우가 있다. 대범함 속의 세밀함은 그가 어떤 일을 매우 중대한 사안이라고 판단하는 데서 비롯되기 때문에 그러한 인식을 심어주면 된다. 그렇다고 과장해서 말하라는 것이 아니라, 그가 중요하게 생각하는 것이 무엇인지 알고 접근해야 한다는 것이다.

토이를 가진 사람이 가장 중요하게 생각하는 것은 지위와 명예이다. 대부분의 사람들이 지위와 명성에 연연하지만 토이를 지닌 사람은 그것이 더욱 강하다. 따라서 그의 명성이나 명예에 큰 영향을 미치는 요소나 상황을 위주로 설명하면 그는 움직이지 않을 수 없다.

"이번 행사에 회장님이 참가하신다고 합니다."
"이번 선거에 김 아무개가 출마하는데 당선 확률이 무척 높습니다. 사장님께 무척 관심이 많으신 분입니다."
"이번 모임에 필동 김 사장님이 온다고 합니다. 김 사장님은 저희 회사 제품을 가장 많이 취급하고 있는 매장의 점주입니다."

그를 움직이는 말을 할 수 있다면 그의 마음속에 당신의 존재를 각인시킬 수 있다. 그는 어려울 때 당신을 생각할 것이고, 언제든지 조언을 구할 것이다. 그와의 대화는 그가 무엇을 필요로 하는지 찾아내는 것에서부터 시작된다는 것을 명심하라.

토이(火耳)를 가진 사람의 특징

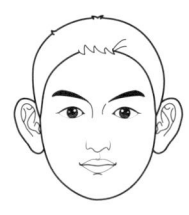

1. 딱딱하고 두터운 큰 귀를 가지고 있다.
2. 세심함이 부족하다.
3. 지위와 명예를 중히 여긴다.

6

부처님 귀를 가진 사람은 명성을 떨치게 된다

수견이(垂肩耳)는 길게 드리워진 귀라는 의미를 가지고 있다. 귀 뒤쪽이 풍부하고, 귓바퀴 아래 부분인 이수(耳垂), 즉 귓불이 어깨까지 길게 늘어져 있는 것으로, 절에 있는 부처님 귀를 떠올리면 된다.

귀의 상부는 눈썹보다 높은 곳에 붙어 있고, 피부 전반에 윤기가 있어야 좋다. 아무리 좋은 형상을 지니고 있다 해도 피부가 윤기가 없으면 좋지 않으며, 찰색(察色)이 좋지 않으면 혈액 순환이 잘 되지 않고, 건강에 적신호가 켜진 것이다. 따라서 어떤 귀라도 모양을 떠나 찰색(察色)이 좋아야 한다.

수견이(垂肩耳)는 좀처럼 볼 수 없는 매우 귀한 귀의 형태로, 두 귀가 어깨까지 내려온 사람은 대귀하고 귀가 얼굴보다 희면 천하에 이름을 날릴 것이라고 했다.

"요즘 온도차가 심한데 건강에 문제는 없으십니까?"
"특별히 아픈 곳은 없고 늘 그저 그렇습니다."
"최근 배뇨에 불편을 느끼시거나 소변을 자주 보지 않나요?"

"제 건강에 무슨 문제가 있어 보입니까?"
"제가 얼마 전에 한의사들이 주최하는 세미나에 참석한 적이 있습니다. 그 때 우연히 들었는데, 평소와 달리 귀의 색이 탁하거나 엷어졌다면 신장과 방광을 검사해 보는 것이 좋다고 하더군요. 물론 생식기와도 연관이 있고, 나이가 들면 전립선도 살펴보는 것이 좋다고 합니다."
"아, 그런가요. 그래서 그런지 요즘 소변이 자주 마렵더군요."
"빠른 시일 안에 비뇨기과에 가서 진찰을 받아 보시는 것이 좋을 듯합니다."

귀의 색이 탁하다고 해서 반드시 신장에 문제가 있는 것은 아니지만, 신장에 무리가 왔을 가능성은 매우 높다. 어떤 형태의 귀든 찰색이 좋지 않다면 신장 관련 질환을 의심해 보아야 한다.

수견이(垂肩耳)를 가진 사람의 특징

1. 귓불이 길게 드리워진 귀를 가지고 있다.
2. 많은 사람들로부터 존경을 받는다.
3. 부귀영화가 뒤따른다.

7

화살의 날개와 같은 귀를 가진
사람에게 친구를 만들어 주어라!

화살은 멀리 날아가야 좋다. 화살을 멀리 날리는 방법에는 여러 가지가 있겠지만, 가장 중요한 요소 중 하나는 화살 뒤쪽에 꿩의 털을 어떤 방식으로 붙이는가이다. 이 털은 삼각형 비슷한 모양으로 잘라 내거나 불로 지져서 그 모양을 만들어 내는 것으로 상부는 조금 넓고 아래쪽으로 갈수록 가늘어진다.

전우이는 이 화살 후면의 날개달린 부분과 같은 모양을 지닌 귀로, 쪽박귀라고 부르는 형태와 유사하지만, 귀의 아랫부분이 지나칠 정도로 빈약하다.

귓바퀴는 눈썹보다 한 치 정도 높게 붙어 있고 귓불이 전혀 없기 때문에 예로부터 복이 없고 재산이 없는 귀로 알려져 있지만, 사실은 어린 시절에 집안이 가난했을 가능성이 높다.

"저희 어렸을 때는 무척이나 가난했었지요."
"많은 사람들이 어려웠던 시절에 대한 말들을 하지만, 저희 어릴
  때는 정말 먹을 것이 부족했습니다."

"저는 늘 도시락이 없었지요."
"아들놈이 반찬 투정을 하면 굶기를 밥 먹듯이 했던 제 어린 시절에 대한 얘기를 해주는데요. 도무지 이해를 못하더군요. 시대가 너무나 빠르게 변화해서 정말 격세지감이 느껴집니다."
"지금도 밥을 굶는 아이들이 적지 않다고 합니다."

상대가 당신과 비슷한 연배이고 전우이를 가졌다면 과거의 이야기로 공감대를 형성해서 그의 말을 이끌어내라. 그는 하고 싶은 말이 많을 것이다.

관상학에서 귓불은 초년의 경제 상황으로 보는 경우가 많다. 보통 14세 정도까지 살피는데 사용되지만, 귓불이 전혀 없는 사람은 근본적으로 경제적인 면에서 풍족치 못하다.

귓불이 없는 사람은 또한 경제관념이 약하기 때문에 돈에 신경 쓰지 않는다. 있으면 쓰고 없으면 참는 성격인데, 문제는 주변 사람들이다.

귓불이 없는 전우이의 소유자는 비교적 머리가 좋고 의지력이 강하며, 초년에 돈을 잘 벌기 때문에 언제나 돈을 벌 수 있다고 생각한다. 아울러 성격이 비교적 냉정한 편이기 때문에 냉철함을 잘 유지하지만, 성격이 차갑기 때문에 많은 사람과 깊은 관계를 맺기는 조금 어렵다. 그러나 충분히 생각한 후에 말하는 습관을 들이면 친구가 생길 것이다.

전우이의 소유자는 비교적 머리가 좋다. 따라서 은근히 잘난 척하기도 하고 냉정함을 유지하기도 하는데, 초년에는 경사가 많겠지만 말년으로 갈수록 가난해지고 친구가 줄어든다. 한마디로 말년으로 갈수록 운이 기울고 사람이 멀어지며 우울해지는 것이다.

"이것 봐, 친구야! 뭐니 뭐니 해도 묵은 된장이 최고라고 하잖아. 우리가 어렸을 때는 비록 친하지 않았지만 그래도 고향 친구가 최고 아니겠어?"

"옛 친구를 찾아 여행을 떠나 보는 것도 좋지 않을까? 이번 동창회 모임에서 외국 여행을 간다고 하는데 자네도 참가해보지 그래. 난 참가할 생각이네."

그를 위해 도움이 되는 말을 해주는 것이 그를 내편으로 만드는 길이다. 머리가 좋은 편이므로 어려서는 도도하지만 나이를 먹으면 점차 어깨가 축 처지는 친구 중에 전우이가 대단히 많다.

전우이는 늘 냉정한 편이지만 말년으로 갈수록 운이 나빠지기 때문인지 남의 말에 넘어가서 손해를 보기도 한다. 퇴직 후 일시에 퇴직금을 날리기도 하고 무리한 투자를 하기도 한다. 아울러 감수성이 풍부하고 호화로운 생활을 즐기기 때문에 말년이 불우하다.

전우이(箭羽耳)를 가진 사람의 특징

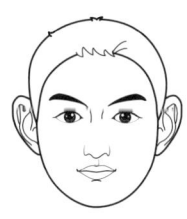

1. 귓불이 없다.
2. 친구가 많지 않다.
3. 경제관념이 약하다.

쥐의 귀를 가진 사람은
남의 말을 듣지 않는다

서이(鼠耳)는 쥐의 귀를 말한다. 일반적으로 사람의 귀는 상부가 둥글고 큰데, 생쥐의 귀는 상부가 무척 뾰족하다.

귀의 윤곽을 달리 이륜(耳輪)이라 부르는데, 이 이륜이 둥글둥글하고 풍부해야 좋은 귀지만, 이와는 반대로 서이는 귓바퀴의 상부가 매우 날카로우며, 귀가 뾰족한 것에서 그치지 않고 매우 얇다. 귀는 두꺼울수록 좋은데 얇으니 좋지 못하고, 귀가 얇으면 재산이 없을 뿐만 아니라 남의 이야기를 잘 듣지 않는다.

정면에서 보았을 때 귀의 윤곽보다 내이가 튀어나온 이들은 자기주장이 강하다. 다른 사람의 말을 듣지 않으려고 하고 회의석상에서도 자신의 주장만을 되풀이하여 주변의 빈축을 사거나 사람들이 인상을 찌푸리게 한다. 다른 사람의 이야기에는 신경을 쓰지 않기 때문에 조금 전 다른 사람이 한 이야기를 자신이 처음 하는 것처럼 꾸미거나 이미 끝난 이야기를 새로운 것인 양 하는 경우도 생긴다.

이런 사람을 만났을 때는 침착하게 응대하고 대응하는 것이 좋다. 큰 소리로 반박하거나 우격다짐을 할 것이 아니라 일단은 그의 말을 수용하는 태도로 접근해야 한다.

"저 또한 대표님의 말씀을 충분히 이해합니다. 우선은 제가 대표님의 상황을 충분히 고려했다는 것을 먼저 알려드립니다. 하지만 대표님 말씀대로 시뮬레이션해 보았더니 다음과 같은 문제점들이 발생했습니다. 따라서 저희는 애초에 대표님께 말씀드렸던 대로 진행하는 것이 최선이라고 생각합니다."

그의 말을 수용함으로서 그에게 반박의 기회를 주지 않는 것이 바람직하다. 그것은 그의 말을 거부하거나 반박하면 또 다른 반박을 불러오기 때문이다. 만약 그가 수용하지 않고 다시 억지 주장을 펼친다면 반대 화법을 구사해야 한다.

"대표님의 말씀에도 일리가 있습니다. 하지만 그럴 경우 저희 쪽에 일정 부분 손해가 발생하게 됩니다. 사실상 저희는 그런 손해를 입으면서까지 새로운 프로젝트를 밀어붙이기가 어렵습니다. 양해를 부탁드립니다."

그와의 대화에서 흥분하면 지는 것이다. 서이의 소유자는 머리가 좋고 대부분 냉정을 유지할 줄 아는 사람들이다. 냉정을 유지해야지만 그를 설득할 수 있는 길이 보인다.

"이번 프로젝트는 서둘러 진행하는 것보다 돌다리도 두들겨 보는 심정으로 모든 사안을 재검토해 보아야 합니다."

대화를 하는데 있어서 흥분보다 좋지 않은 것은 없다. 논쟁을 하면 감정적으로 적대감이 생기고, 아전인수(我田引水)격이 되어 본인의 주장만 펼치게 된다. 따라서 누군가와 대화를 하다가 감정이 격해져서 주체하기 힘들다면 잠시 양해를 구하고 화장실이라도 다녀오는 것이 좋다. 서로에게 약간의 시간만 주어져도 감정을 추스르는데 도움이 된다.

"저는 이번 일이 잘 될 것이라고 확신합니다."

그와의 대화에 있어서 마지막으로는 신념을 심어주어야 한다. 말하는 사람이 신념이 없으면 듣는 사람은 자연히 다른 생각을 하게 된다. 따라서 서이를 지닌 그에게는 당신이 확신에 차 있다는 것을 보여주어야 한다.

서이는 주로 차남이나 차녀 이하에 생기는 경우가 많다. 특히 외동아들이나 외동딸, 혹은 부모에게 어리광을 부리며 어린 시절을 보낸 사람들에게 많으며, 장남이나 큰 규모의 그룹을 이끄는 사람들에게서는 찾아보기 힘들다. 이것은 결국 서이를 가진 사람은 리더가 되기 어렵다는 말이 된다.

서이(鼠耳)를 가진 사람의 특징

1. 귀가 뾰족하고 얇다.
2. 뒤집어진 형태의 귀를 가지고 있다.
3. 남의 말을 잘 듣지 않는다.

Chapter 7
광대뼈를 보고 사회성을 논하라!

관상학에서는 광대뼈를 관골(官骨)이라고 부른다. 관골은 얼굴을 분별하는 오악(伍嶽, 양볼·코끝·이마·턱) 중에서 동악(東嶽)과 서악(西嶽)에 해당하며, 중악(中嶽)인 코를 중앙에 두고 좌우에서 보필한다. 코가 아무리 잘나도 관골이 좌우에서 바람을 막아주지 않으면 소용이 없는데, 광대뼈는 관세와 성품, 사회성을 나타내는 중요한 지표가 된다.

광대뼈는 높게 돌출된 형태를 지니고 있어야 좋으며, 살집이 좋아야 한다. 높이 돌출되어 있더라도 뼈만 튀어나온 형태는 천하다. 낮고 빈약하면 기세가 약한 것이며, 운기가 작용하지 않아 출세가 막히고 이루고자 하는 것을 이룰 수 없다.

옆으로 길게 돌출된 광대뼈를 가진 사람은 비서직에 적합하다

광대뼈는 언뜻 보면 모두 비슷해 보이지만 그 모양은 각양각색이다. 높고 낮음이 다르고, 길고 짧음이 다르다. 방향도 다르고 크기 또한 다르다. 때문에 광대뼈의 여러 요소들을 파악하면 사람의 성격을 어느 정도 알 수 있다.

광대뼈가 옆으로 길게 돌출되었다고 하면 이해하기 어렵겠지만, 옆으로 돌출되었다는 것은 뼈의 형태가 코 쪽과 귀 쪽을 향해 가로로 튀어나온 형상을 말한다. 즉 수직으로 솟아오른 것이 아니라 수평으로 약간 길게 솟아오른 것이다.

광대뼈는 정면으로 돌출되고 살집이 있어야 좋은데, 광대뼈가 옆으로 돌출된 사람은 자신을 전면에 내세우거나 문제가 생겼을 때 자신을 변호하는데 매우 서툴다. 그러나 참을성이 뛰어나며, 남을 지지하고 타인을 돕는 일에 능숙하기 때문에 타고난 비서이자 조력자의 운을 가지고 있다.

"난 자네가 없었다면 당장 어느 길로 가야 할지 알 수 없었을 거야. 아마도 내 주름살이 두 배는 더 늘어났겠지."

"덕분에 큰일을 잘 치렀네. 자네가 아니었다면 무척 고생할 뻔했어."

"고맙습니다. 주변에서 많이 보아온 터라 어렵지 않을 거라고 생각했었는데, 막상 제 일이 되고 보니 허둥지둥 정신이 없었는데, 선배님께서 여러 가지로 도움을 주셔서 잘 마무리할 수 있었습니다. 정말 고맙습니다."

그는 자신이 도움을 준 이들로부터 칭찬을 받으면 무척 행복해한다. 옆으로 돌출된 광대뼈를 가진 사람은 늘 열심히 일을 해도 잘했다는 소리를 듣지 못하는 경우가 많은데, 그가 잘한 일을 칭찬하거나 성과를 축하해주면 도움이 필요할 때 주저하지 않고 도와줄 것이다.

광대뼈는 없는 것보다 있는 것이 좋지만, 그것이 너무 길거나 가로 또는 세로로 심하게 돌출되는 것은 좋지 않다. 또한 광대뼈가 튀어나오면 살집이 있어야 좋으며, 특히 가로로 돌출된 광대뼈를 지닌 남성은 이성에 대한 호기심이 무척 강하기 때문에 절제가 요구된다.

광대뼈가 가로로 돌출된 사람의 유형에는 두 가지 타입이 있으며, 가로로 돌출된 상황에서 위로 돌출된 듯 보이면 학자니 예술가 타입이고, 아래로 돌출된 듯 보이면 음험한 모사꾼 타입이다. 예로부터 높이 솟은 관골은 권세가 있다고 하였으며, 광대뼈가 지나치게 옆으로 돌출되면 성격이 흉폭하고 과격한 성품을 드러내는데 주저함이 없다. 여성이 이처럼 옆으로 돌출되는 광대뼈를 가지고 있으면 배우자와 이별할 가능성이 높으므로 남편이 오해할 만한 이성 문제가 발생하지 않도록 매사에 신경을 써야 한다.

얼굴은 그 사람의 성격을 나타내는 표본으로, 광대뼈의 모양은 그의 사회적 지위와 품성을 대변해 주는 척도가 된다. 광대뼈의 높낮이는 그가 추구하는 사회의 지위와 같으며, 광대뼈의 생김새는 타인이 그를 생각하는 척도이다. 광대뼈가 올바로 솟고 우아하면 그는 사회적으로 인정을 받게 되지만, 광대뼈가 기울거나 날카로우면 지위가 기울고 사회적으로 인정받기 어렵다.

옆으로 길게 돌출된 광대뼈를 가진 사람의 특징

1. 칭찬을 좋아한다.
2. 타고난 조력자다.
3. 이성에 대한 호기심이 강하다.

앞으로 돌출된 광대뼈를 가진
그의 불같은 성정을 잠재워라!

광대뼈가 앞으로 돌출된 사람은 매사에 적극적이고 심신이 건강하다는 장점을 가지고 있지만, 급한 성격 때문에 실수를 많이 하고 경솔함을 잘 드러낸다. 성격이 급한 것은 무척 고치기 힘든 결함으로, 서둘러 판단하는 경솔함과 주체할 수 없는 참견 본능으로 인해 어이없는 싸움에 휘말리는 일이 자주 발생한다.

"그럼요. 맞습니다. 저 또한 그런 일을 겪으면 가만히 있을 수가 없을 겁니다. 선생님께서 조금만 너그럽게 이해해 주신다면 제가 선생님께 절대로 손해가 가지 않도록 최선을 다하겠습니다."
"당신의 말을 십분 이해합니다. 누구라도 그와 같은 말을 들으면 기분이 무척 나쁠 것입니다. 저도 당해 봤기 때문에 충분히 이해합니다."

그는 불같이 화를 내지만 시간이 조금만 지나면 곧 평정을 되찾는다. 그가 화를 낸다고 해서 같이 고함을 지르거나 주먹을 들어 위협을 가하는 행동을 해서는 안 된다. 단호한 표정을 짓는 것만으로도 충분하다.

상대가 화를 낼 때는 말로 설득하려고 하기보다는 그가 편한 마음을 가질 수 있도록 안정된 분위기를 연출하는 것이 중요하다. 상대의 감정이 격앙되어 있을 때에는 어떤 논리적 이유를 들어 설득을 하려고 해도 쉽게 풀리지 않는다.

"알아. 알아. 누가 네 맘을 모르겠어."

그를 안정시킬 수 있다면 당신은 그의 친구가 될 수 있다. 광대뼈가 앞으로 튀어나온 사람들은 대부분 아집이 강하다 보니 타인과의 문제에 있어 적절한 대응을 하지 못한다. 이들은 자신의 주장을 펼쳐야 직성이 풀리는 타입으로 고집이 세고 완고하며 지기 싫어한다. 그러다 보니 보통 말다툼이 시작되면 끝장을 보려고 한다.

또한 광대뼈가 앞으로 튀어나온 사람은 투쟁을 통해 목적을 이루려는 성향이 강하기 때문에 항상 다툼의 원인이 되며, 사람을 사귀는데 있어서도 많은 장애를 안고 있다.

앞으로 돌출된 광대뼈를 가진 사람의 특징

1. 무척 건강하다.
2. 화를 잘 낸다.
3. 고집이 세고 투쟁적이다.

3

살집이 좋은 광대뼈를 가진 사람은 재물운이 있다

광대뼈가 솟아오를 때 뼈가 드러나듯 날카롭거나 격한 것은 빈한한 것을 의미한다. 광대뼈가 날카롭다는 것은 살집이 없다는 것으로, 광대뼈가 솟아오를 때는 살집이 있어야 좋다. 코가 우람하게 부풀어 오르고, 좌우의 광대뼈가 균형을 맞춰 솟아오른 사람은 재물운이 있다.

예로부터 우람한 코와 살집이 있는 광대뼈를 가지고 있는 사람은 굶을 일이 없으며, 유산 상속을 받는다고 했다. 주변 사람들은 그가 가지고 있는 재물을 이용하여 자신의 이익을 얻으려고 그에게 여러 가지 제안을 할 것이다. 따라서 그에게는 다음과 같이 말하는 것이 좋다.

"선생님은 새로운 투자를 하는 것보다는 안전하게 자금을 예치하는 쪽이 좋겠습니다. 스포츠에서도 진정한 승자는 공격보다 수비를 잘한다고 하지 않습니까."

"예로부터 일으켜 세우는 것보다 지키는 것이 어렵다고 합니다. 건국과 수성 중 수성이 더 어렵다는 말은 바로 선생님의 경우에 해당한다고 생각됩니다."

얼굴은 풍후한 것이 좋다. 우선 코가 우뚝 솟아올라야 하고 이마와 턱도 솟아올라야 한다. 주저앉은 것은 좋지 않으며, 광대뼈까지 솟아올라야 좋다. 코를 중악(中嶽)이라 하고 이마와 턱, 좌우의 광대뼈를 모두 합쳐 얼굴의 오악(伍嶽)이라고 하는데, 이 모든 것이 풍후하게 솟아올라야 한다. 오악이 모두 솟아올라 풍후하면 말년까지 재물의 운이 사라지지 않는다.

그러나 지나치게 부풀어 오르고, 살이 지나치게 붙어 있으며, 살에 탄력이 없는 얼굴은 재운과 그다지 관련이 없다. 찰색이라 하여 피부색이 좋지 않고 살이 지나치게 붙어 늘어진 사람도 재운과는 거리가 멀다.

살집이 좋은 광대뼈를 가진 사람의 특징

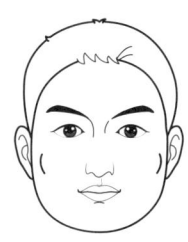

1. 재물운이 좋다.
2. 유산 상속의 기회가 있다.
3. 먹을 복이 있다.

살집이 없는 광대뼈를 가진
그에게 공감이 가는 말을 하라!

광대뼈는 발달되어 있어야 좋다. 광대뼈가 솟지 않은 얼굴은 빈약해 보이며, 얼굴이 빈약하면 명예는 물론이고 재물운도 따르지 않는다.

광대뼈는 발달되어 솟아올랐지만 살집이 없거나 지나치게 얇아 가죽만 씌어놓은 듯하고, 뼈만 드러나는 사람은 적극적이기는 하지만 세련됨이 부족하다.

그를 무리 속으로 끌어들여 내 편으로 만들고자 한다면 그와의 대화에서 YES를 이끌어내는 기술을 발휘하라.

"우선 제가 자세히 설명해 드리겠습니다. 밖에서 보면 이 컴퓨터는 다른 컴퓨터와 크게 다르지 않습니다. 버전이 모두 비슷비슷하기 때문입니다. 그러나 조금 더 세밀하게 살펴보면 이 컴퓨터는 대단히 빨라서 게임이나 업무 처리 속도가 뛰어나다는 것을 알 수 있습니다."

그는 다른 사람과의 관계가 좋은 편이 아니어서 누군가가 조곤조곤 이야기를 해주면 가격이 조금 비싸더라도 구매 의사를 보일 것이다.

개인적인 대화에 있어서도 마찬가지다.

"모두가 사회생활을 하며 스트레스에 시달리지요. 사람들은 제가 늘 웃으면서 일하기 때문에 스트레스가 없을 것이라고 생각하지만 사실 계속 웃으며 일하는 것도 스트레스일 때가 많아요."

그는 당신의 말을 듣고 싶어 한다. 공감이 가는 당신의 말만으로도 좋은 관계를 맺을 수 있다.

이들은 협조적이지 못하고 융통성도 없으므로 사회적인 일에 적합치 못하며 자신이 우선이라는 생각과 자신의 생각이 제일이라는 유아독존적인 사고를 하는 경향이 강하다. 자신의 생각이 우선이고, 자신의 판단이 옳다는 사고가 그를 스스로 고립 속에 빠뜨리는 원인이 된다.

뺨이 솟아오르는 것에서 그치지 않고 한층 발달하여 세로로 돌출되어 있고 살집이 없는 사람은 항상 마음이 안정되지 않아 행동이 불안해 보이고 불안정하다. 또한 타인과 말싸움이 끊이지 않으니 친구가 적거나 없다. 친구가 있어도 비하를 당하거나 잘 끼워주지 않는다.

때문에 이들은 자신의 일을 가지기 힘들며, 자신의 일을 가져도 타인과의 불화로 운영에 어려움이 따른다. 그러나 열심히 일하는 타입이기 때문에 소기의 성과는 있지만, 큰 성공은 어렵다.

살집이 없는 광대뼈를 가진 사람의 특징

1. 세련되지 못하다.
2. 사회성이 부족하다.
3. 친구가 적다.

살집이 없는 광대뼈를 가진 그에게 공감이 가는 말을 하라!

턱이 발달한 광대뼈를 가진
그의 활동력을 칭찬하라!

광대뼈는 명예를 상징하기도 하지만 강한 성격을 드러내기도 한다. 일반적으로 광대뼈가 드러나지 않으면 얼굴이 주저앉은 듯한 느낌이 있는데, 이러한 얼굴은 명예와 운이 닿지 않는다. 광대뼈가 돌출되어야 명예가 있다는 말은 관운이 좋다는 말로, 광대뼈가 주저앉아 있으면 관운이 별로 좋지 않다.

턱뼈는 강한 활동력을 나타내며, 턱뼈가 강하면 말년운이 좋다고 한다. 여성의 경우 광대뼈가 튀어나오면 성격이 강하다고 보는데, 광대뼈가 튀어 나오고 턱뼈까지 강하면 지극히 남성적인 성향으로 파악한다.

그녀에게 "옷이 잘 어울립니다."나 "당신은 무척 아름답습니다."와 같은 표현을 쓴다면 놀리는 것이 되기 때문에 주의해야 한다.

"사장님은 정말 활력이 넘치십니다. 일처리를 그토록 시원시원하게 하시니 직원들이 사장님을 본받아서 저렇게 열심히 일하나 봅니다."

"대표님은 능력자이신 거 같아요 카리스마가 장난이 아니신데요."

때로는 선을 넘지 않는 호칭이 그녀를 유쾌하게 만들 것이다. 그녀에게 남성은 도전의 대상, 정복의 대상이 아니라, 경쟁 상대이자 협력하는 관계이다. 당신은 그녀의 협력자가 될 수 있다.

광대뼈가 심하게 돌출되고 턱뼈까지 강한 여성은 의지가 강하고 활동적이다. 남편을 극한다고도 말하는데 이는 남편의 앞에 서서 활동하기 때문으로, 남편을 누르고 가장 역할을 하게 된다. 실제로 광대뼈가 솟고 턱뼈까지 강한 여성은 남편 대신 가장 역할을 하며 가정을 책임지는 경우가 많다.

턱이 발달한 광대뼈를 가진 사람의 특징

1. 말년운이 좋다.
2. 활동적이다.
3. 생활력이 강하다.

Chapter 8

코를 보면
그의 중년운과
대인관계를 알 수 있다

관상은 얼굴의 일부분만 가지고 판단하기는 어렵다. 어느 한 부분만으로 관상을 살펴려 한다면 정확도는 매우 떨어지게 되며, 관상은 얼굴 전체와 다양한 부위를 살펴 적용하는 것이다. 특히 오관(伍官)이라 불리는 눈, 코, 입, 귀, 눈썹이 서로 조화가 잘 되어야지만 비로소 최고의 관상을 가진 것으로 본다.

코는 얼굴의 중앙에 위치하고 있다. 코는 중년운을 나타내며 본인 자신으로 판단한다. 얼굴의 중심이고 얼굴 생김에서 가장 중요하게 눈에 뜨인다는 점에서 아름다움이 돋보여야 하는 부위이다. 코를 보고 40세에서 50세 사이의 운을 알 수 있다. 풍후하고 윤택하면 40세 이후에 운이 좋지만, 휘거나, 구부러져 있거나, 상처가 있거나, 점이 있거나, 모양이 불규칙하거나, 코가 들려 있으면 40대를 보장받기 어렵다.

1

호랑이의 코를 가진 사람은 정력적이다

호비(虎鼻)라고 불리는 호랑이 코는 코끝이 둥글고 큰 편이다. 정면에서 보아 어떤 경우에도 콧구멍이 보이지 않는데, 특이한 것은 콧방울이 크기 때문인지 양 옆의 콧방울 또한 정확하게 보이지 않는다.

호랑이의 코를 가진 사람은 강한 정신력의 소유자로, 콧날이 구부러지거나 비뚤어지지 않고 곧게 뻗어있기 때문에 예로부터 이를 두고 태산준령 같다고 했다. 이 경우에도 산근이 넓은 경우는 극히 드물고, 산근이 낮거나 좁으면 좋지 않다. 산근은 미간사이, 코가 시작되는 부분이다.

호랑이의 코는 우선 크다. 큰 코를 가진 사람은 정력적이며, 활발하게 움직이는 성향을 갖기 때문에 교제 범위가 넓다. 사교성이 뛰어난 사람이나 국제적인 로비스트들은 대체로 코가 크며, 지나치게 자신의 주장을 관철시키려는 경향이 있다. 그러나 반드시 기회를 잡는 능력이 뛰어나며, 코가 크다고 해도 균형이 맞으면 행동에 조심성이 있어 저돌적으로 밀어붙이는 것을 능사로 하지 않는다.

그와 친해지고자 한다면 그의 주장에 맞서 싸우기보다는 수긍해주고 잘못된 점을 잡아주는 노력이 필요하다. 만약 그의 말이 틀렸거나 당신의 생각과 다르다면 대응하기보다는 우선 그를 인정해야 한다.

"맞아요. 일리가 있는 말씀입니다. 저 또한 과장님과 같은 생각을 했었습니다. 그런데 여러 가지 상황을 고려해 보니 저희 쪽에 이익이 발생되는 일이 아니었습니다. 그대로 추진할 수도 있겠지만, 좀 더 검토해서 이익을 낼 수 있는 방향으로 추진하는 것이 좋겠습니다."

그는 다시 생각할 것이다. 같은 결과를 내놓을 수도 있지만 한층 성숙해지고 달라진 결정을 내릴 가능성이 높다. 아울러 그는 마음속에 당신은 마음이 넓은 사람이며, 여유 있고 침착한 사람이라는 생각을 가질 것이다.

호랑이 코를 가진 사람의 특징

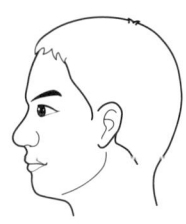

1. 코가 크며, 코끝 또한 둥글고 크다.
2. 정력적이다.
3. 활발하며 교세 범위가 넓다.

2

사자의 코를 가진 사람은
화려한 옷을 입어야 한다

　사자의 코와 호랑이의 코가 다른 점은 코의 높이다. 호랑이의 코는 크고 사자의 코는 높다. 코의 관상에서 코끝을 말하는 준두(準頭)는 항시 높이 솟아올라야 길하다.

　사자의 코를 닮아 사자비(獅子鼻)라 불리는 이 코는 준두가 부풀어 올라 있지만, 이 준두와 연결되는 산근(山根)과 연상(年上), 콧대를 말하는 수상(壽上)이 낮고 평탄한 것이 특징이다. 산근은 코가 시작되는 지점으로 관상학에서는 40대의 운으로 파악한다. 준두라고 불리는 코끝을 50의 나이로 보기 때문에 코는 10년의 운을 관장하며, 가장 움직임이 활발하여야 할 40대를 보여주는 척도로 여긴다.

　사자의 코는 준두가 부풀어 있지만 다른 곳은 조금 약한 편으로, 콧구멍을 의미하는 정위(廷尉)와 난대(蘭台)는 적당하게 부풀어 올라 있다. 지나치게 부풀어 정위와 난대가 뻥 뚫린 듯하면 재물이 빠르게 빠져나간다.

　사자코를 가진 사람은 옷차림을 사자처럼 화려하게 하는 것이 좋다. 사자의 코에 사자와 같은 옷차림을 할 수 있다면 부귀영화를 누린다는 것이 정설로, 그를 따르지 못하면 재운이 들락날락하므로 부침이 심하고 마음에 상처를 입고 불안감이 가중될 것이다.

"부장님은 옷을 멋지고 화려하게 입을수록 품위가 드러나는 것 같습니다."

"선생님! 옷을 그렇게 화려하게 입으시니까 귀부인 같으세요. 위엄도 있어 보이시고요."

"사자의 코가 높은 것은 위엄을 드러내기 위해서라고 합니다. 화려한 털도 마찬가지죠. 선생님은 사자처럼 코끝이 우뚝 솟으셨으니 화려한 옷을 입으면 위세가 무척 당당할 것입니다."

물론 반드시 비싼 옷을 입어야 화려한 것은 아니며, 관상학에서 화려하다고 하는 것은 옷의 색과 부푼 정도이다. 작은 체구를 크게 보이게 하거나 빈약한 몸을 커버하는 옷차림도 옷을 화려하게 입는 것으로 보면 된다.

사자코를 가진 사람의 특징

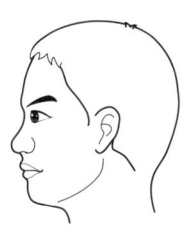

1. 코끝이 높다.
2. 콧대는 낮고 평탄하다.
3. 화려한 옷을 입으면 운이 좋아진다.

쓸개 모양의 코를 가진 그는 자존감이 높다

코를 이야기할 때 늘 하는 말은 사람의 코는 마치 짐승의 담낭처럼 생겨 천정에 매달려 있는 모양의 코가 가장 좋다는 것으로, 이러한 코를 관상학에서는 현담비(縣膽鼻)라고 부른다.

현담비의 전형은 준두가 쑥 솟아오르고 산근이 끊어진 곳이 없어야 하며, 산근이 낮지 않아야 한다. 근본적으로 코가 높다는 것은 자신감이 넘치는 것과 같다. 우리가 흔히 자존심이 센 사람을 보면 "콧대가 높다."라고 하듯 콧대를 세우는 것은 자신감을 갖는 것과 같다. 따라서 콧대가 높은 사람은 매사에 자신감이 넘치지만, 간혹 자존심 때문에 다툼을 벌이기도 한다.

"동철씨! 저번 기획 회의 때 마케팅 팀의 정훈씨 제안이 받아들여졌잖아. 그때 기분 나쁘지 않았어?"
"내가 왜?"
"아니 그냥, 난 동철씨 기획안이 더 좋다고 생각했거든."
"글쎄, 윗분들은 정훈이의 기획안이 더 실효성이 있다고 생각했나 보지. 난 괜찮아."
"그래도 동철씨가 준비를 철저히 했는데 무척 아쉬웠겠어."

"아, 괜찮다니까 그러네. 왜 자꾸 지나간 일을 들추는 거야?"
"아니 왜 화를 내고 그래. 난 그냥 조금 안 돼 보여서 한 말인데."
"안 돼 보이긴 뭐가 안 돼 보인다는 거야? 누구 약 올리는 것도 아니고. 됐어."

어쭙잖은 위로는 그의 비위를 상하게 할 뿐으로, 그는 옳고 그름의 문제가 아니라 자신이 한 일에 대단한 자신감을 가지고 있다. 때로는 다듬어지지 않은 이론과 완벽하지 않은 정보를 가지고 자기주장을 관철시키려 하는 경우도 많다.

현담비의 소유자와 다투는 것은 그다지 현명하지 않다. 그는 한 번의 다툼에서 지거나 고개를 숙였다고 해서 자신의 주장을 굽히는 사람이 아니다. 그는 또 다른 논쟁으로 당신을 끌어들일 것이다.

현담비 또한 근본적으로 코가 높기 때문에 높은 코의 속성을 배제할 수 없다. 산근이 낮지 않고 준두가 높으며 대쪽 같은 태산준령이 이어졌다면 부귀영화를 누릴 것이다. 준두가 크고 코가 크면 부귀영화와 발복이 빨리 오고, 40대에 들어서자마자 부귀를 누리기 시작한다.

하지만 현담비라 할지라두 콧구멍을 가리키는 난대와 정위가 확실하게 드러나지 않고, 그 크기조차 작은 사람은 중년에 이르러서야 겨우 부귀의 운이 시작될 수 있다. 따라서 그 발복의 시간이 짧다.

쓸개 모양의 코를 가진 사람의 특징

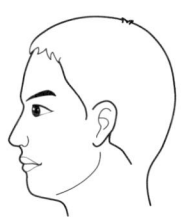

1. 짐승의 담낭이 천정에 매달려 있는 모양의 코를 가지고 있다.
2. 자신감이 넘친다.
3. 부귀영화를 누린다.

물소가 엎드린 모양의 코를
가진 사람을 멘토로 삼아라!

물소가 엎드린 형태라고 해서 복서비(伏犀鼻)라고 일컫는 이 모양의 코는 참으로 특이하다.

쉽게 상상이 되지는 않겠지만, 복서비는 대쪽 같은 코를 가리킨다. 복서비는 콧대가 시작되는 산근에서부터 양 눈썹사이인 인당을 거쳐 콧마루가 일직선으로 나타나 있다. 굴곡이 없는 고속도로처럼 일직선으로 뻗어 있어 마치 대나무를 쪼개어 엎어놓은 듯한 모습이다. 일반적인 콧마루는 때로 불규칙하거나 약간의 굴곡이 있으며, 전체적으로 조금 휜 듯한 형태를 띠거나 뻗어 올라가다가 휘어지는 수도 있는데, 복서비는 멈춤 없이 쭉 뻗어나간다.

간혹 코를 성형해서 복서비의 형태로 만드는 경우도 있기 때문에 복서비 형태의 코를 보면 성형 의혹을 가질 수도 있지만, 복서비는 둥근 대나무를 반으로 쪼갠 것처럼 적당히 살이 있어야 좋으며, 성형으로 지나치게 마른 느낌을 주면 빈약해 보이고 성질이 있어 보인다.

복서비는 동양인에게서는 흔히 볼 수 없는 코의 형태로 높은 코에 해당한다. 높은 코를 가진 사람은 일반적으로 자신감이 넘치며, 아울러 자존심도 높다. 때문에 자존심에 상처를 입으면 저돌적으로 변하기도 하는데, 간혹 싸움을 해서 상처를 입기도 하지만 항시 안정감이 있다.

복서비를 갖고 태어난 사람은 천성적으로 총명하기 때문에 그것을 바탕으로 한 사회적 지위 또한 높으며, 코는 바로 그 사람 자신을 나타내는 것이므로 코가 오뚝하면 사회적 지위를 추구하는 욕망 또한 높다고 볼 수 있다.

"선생님께서 일을 추진하신다면 저희가 힘을 합쳐서 돕겠습니다."
"우리 동기들은 선배님을 멘토로 생각하고 있습니다. 저희들은 선배님을 본받기 위해 노력하고 있습니다."

그를 내 친구로, 혹은 나의 지원군으로 만드는 것은 그다지 어렵지 않다. 그를 칭송하는 것이 아니라 그의 여러 장점들이 당신 삶의 모토임을 보여주는 것이 가장 확실한 대화법이 되며, 그것이 그의 자존감을 충족시켜 줄 것이다.

그를 믿는 것이 나에게도 도움이 된다는 것을 명심하라. 그를 믿고 따라간다면 좋은 결과를 얻게 될 것이라는 확신을 갖자.

물소가 엎드린 모양의 코를 가진 사람의 특징

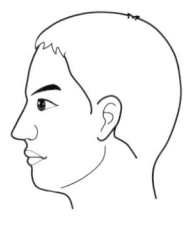

1. 콧등이 일직선으로 높게 뻗어 있다.
2. 자존심이 세다.
3. 사회적 지위를 추구한다.

매의 부리 모양 코를 가진 사람은 꾀가 많다

매의 부리처럼 생겼다고 해서 예로부터 응취비(鷹嘴鼻)라고 불린 이 코는 비교적 큰 코에 속하며, 코끝인 준두가 쓸개가 걸려 있듯 뭉툭한 것이 아니라 마치 매의 부리처럼 뾰족하다. 응취비는 달리 매부리코라고도 하는데, 콧마루의 어느 부위가 휘거나 잘린 듯한 것이 아니라, 마치 삼각형 코처럼 끝이 날카로운 것이다.

응취비는 코의 시작인 산근에서부터 코의 마지막에 이르는 준두까지 곱게 올라가는 특징이 있으며, 코끝인 준두 부분이 뭉툭하고 튼실한 것이 아니라 화살표처럼 뾰족하다. 또한 양 콧방울인 정위와 난대가 모두 작게 줄어들어 보인다.

정력적이고 활동성이 강한 것이 특징인 이 유형은 교제 범위가 대단히 넓어 사교적이라는 소리를 듣는 경우가 많지만, 자기주장이 지나치게 강하고 물러섬이 없어 대립하는 경우가 많다. 그러나 어떤 방식으로든지 기회를 잡는다.

또한 콧대가 높고 살이 찐 듯이 풍부한 사람은 장수한다. 항시 자신감이 넘치는데 이는 자신을 과신하기 때문이기도 하다. 간혹 본인의 의사에 반하거나 자신의 욕심이 받아들여지지 않을 경우에는 싸움도 서슴지 않아 간혹 마음에 상처를 입기도 한다.

응취비를 지닌 사람은 머리가 좋은 편이다. 따라서 좋은 학교에 갈 가능성이 높고 좋은 학문을 배울 가능성도 있다. 그러나 사람에 대한 정이 부족하고 지나치게 이기적이어서 자신의 학문이나 지혜를 자신만의 이익을 얻기 위해 사용하는 경우가 많다. 때문에 시간이 지나면 주변 사람들과 마찰이 생기고 점차 신용을 잃어간다. 그럼에도 불구하고 자신의 지혜를 바탕으로 한 사교를 통해 필요한 것을 얻는다.

응취비의 소유자는 꾀가 많아 어릴 적에는 꾀돌이라는 소리를 자주 들었겠지만, 나이를 먹으면서 주변 사람들로부터 점차 배척을 받는 일이 있으며, 자신이 낸 꾀가 자신을 옥죄는 올가미가 되기도 한다. 이 유형은 금전에 대한 욕구는 지나칠 정도로 강하지만, 사람에 대해서는 인색하다.

사람은 살아가며 일정 부분 돕거나 서로 배척하게 되는데, 서로 사귀며 원수가 될 것인지, 동지가 될 것인지는 스스로가 선택할 문제이다.

"넌 도대체 왜 그래?"
"네가 하는 일이 항상 그렇지 뭐."
"속 보이는 짓 좀 하지 맙시다."
"당신 속을 내가 모를 줄 압니까?"

당신은 응취비를 가진 사람에게 더러 위와 같이 말하고 싶을 것이다. 하지만 대인관계에 있어서 친구가 되느냐, 적이 되느냐는 매우 중요한 문제로, 상대방이 어떻게 말하는가도 중요하지만 본인이 어떻게 말하는가도 중요하다. 머릿속에서 생각한 그대로 입으로 내뱉는다면 당신의 주위에는 적으로 가득찰 것이다. 입이란 머릿속의 생각을 정리해서 뱉어내는 기관이 되어야 하며, 어떤 상황이든 머릿속에 떠오르는 생각들을 정리하고 순화해서 말을 해야 한다. 거칠고 정련되지 않는 말을 뱉지 않도록 마음을 다스리고 숙련하는 것이야말로 좋은 인간관계를 만드는 비결이다.

매의 부리 모양 코를 가진 사람의 특징

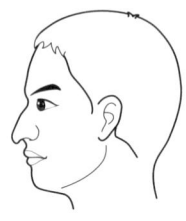

1. 코끝이 화살표처럼 뾰족하다.
2. 꾀가 많다.
3. 금전에 대한 욕구가 강하고 이기적이다.

6

개의 코를 가진 사람은 낭비벽이 심하다

개의 코는 근본적으로 낮으며, 아무리 잘생긴 견공이라 해도 콧대가 낮고 콧구멍이 보인다. 이렇게 생긴 코를 두고 예전부터 개의 코에 비유하여 구비(狗鼻)라고 했다.

일반적으로 콧구멍이 보이는 사람은 콧구멍도 크다. 콧구멍이 큰 사람은 리더 기질이 있으며, 매사에 의욕이 넘치는 긍정적인 사고의 소유자다. 하지만 끈기가 부족하고 낭비벽이 심한 편이다.

구비를 가진 사람은 종종 친한 사람들로부터 돈을 빌리는데, 빌려갈 때는 철석같이 약속을 하지만 낭비벽이 발동되어 약속을 지키기 어려워지는 경우가 많으므로 구비를 가진 사람에게 돈을 빌려줄 때는 떼일 각오를 해야 하며, 같은 일이 반복되지 않도록 쐐기를 박아야 한다.

"네가 간곡히 부탁을 하니까 들어주기는 하겠지만 이 달 말까지는 반드시 갚아야 돼. 나도 형편이 어렵거든. 그리고 네가 말한 금액 전부를 빌려줄 수는 없어. 나도 많이 쪼들려. 절반만 빌려 줄게."

이렇게 말한다면 당신에게 돈이 많지 않다는 것과 기간에 대한 부담이 있어 갚을 확률이 높아지며, 설령 돈을 갚지 않는다고 해도 당신에게 다시 돈을 빌리는 상황이 발생하지 않기 때문에 큰 손실을 막을 수 있다.

이처럼 개의 코와 유사한 형태의 코를 가진 사람은 남에게 손을 벌려야 할 정도로 낭비벽이 심한데, 콧구멍이 보이는 코는 어떤 경우를 막론하고 지출이 많다.

구비를 지닌 사람은 대부분 의리가 있다. 그러나 그 의리를 일시에 깨 버리기도 하는데 이는 물욕 때문으로, 구비를 지닌 사람은 남의 물건을 탐내거나 남의 재물에 욕심을 부리는 단점을 가지고 있어 문제가 되기도 한다.

구비를 가진 사람 중에 간혹 콧잔등이 검고 뼈가 죽은 사람이 있는데, 이와 같은 코를 가진 사람 중에 천한 사람이 많다.

개의 코를 가진 사람의 특징

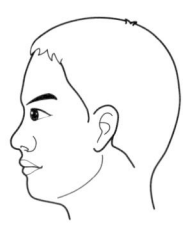

1. 콧대가 낮고 콧구멍이 보이는 코를 가지고 있다.
2. 매사에 의욕이 넘치는 긍정적인 사고의 소유자다.
3. 낭비벽이 심하다.

물고기의 등 모양 코를 가진 사람은 일에 능숙하지 못하다

물고기의 등처럼 생긴 코를 부어비(鮒魚鼻)라고 하며, 부어비는 마치 붕어의 등처럼 콧마루가 높이 돌출되어 있다.

부어비의 가장 두드러지는 특징은 코가 시작되는 산근이 지나치게 가늘고 좁다는 것으로, 그 형태가 마치 붕어의 허리에서 꼬리로 이어지는 모양과 같다. 부어비는 이처럼 산근 부위가 지나치게 낮거나 가늘고 좁으며, 힘차게 솟아야 하는 산두가 늘어진 듯한 형태를 지니고 있기 때문에 어쩐지 나른해 보인다.

부어비를 가진 사람은 온화한 성품을 지녔지만, 끈기가 부족하고 일을 해나가는데 있어서 추진력이 약하다. 또한 일을 전체적으로 이해하지 못하고, 일을 추진함에 있어 맥을 잡는데 익숙하지 못하다. 흔히 일머리를 잡지 못한다는 말을 듣는 사람들이 있는데, 부어비를 가진 사람들이 그에 많이 해당된다.

"이 문제 씨는 정신을 도대체 어디에 두고 일하나?"
"박 선생은 제 얘기가 제대로 이해가 안 됩니까?"

"제발 정신 좀 차리세요."
"넌 일을 할 거야, 말거야?"

간혹 기업이나 학교 동아리에서 새로 온 신입이 일을 잘하지 못하거나 일머리를 모르면 선배들이 이처럼 말을 하는 것을 종종 볼 수 있는데 그렇게 말하는 선배들은 처음부터 일을 잘 했을까?

처음부터 모든 일을 척척 해내는 사람은 없다. 다만 센스가 있느냐 없느냐에 따라 일을 빨리 배우기도 하고 늦게 배우기도 하는 것이다. 반성해볼 일이지만, 붕어 코를 가진 사람은 유독 일머리에 약하다. 기업이나 대학 동아리에서 정신없이 헤매는 친구들을 보면 부어비 코를 가진 경우가 많으며, 이들은 일정 기간 외롭거나 적대적인 시선에 시달리기도 한다.

따라서 붕어 코를 가진 그가 조금 답답하고 짜증이 나더라도 꾹 참고 다음과 같이 말해보라.

"너무 걱정하지 마십시오. 이 업무를 완전히 익히는데는 시간이 좀 걸립니다. 저도 처음에는 많이 헤매고 혼났습니다. 하지만 보십시오. 지금은 능숙하게 일하고 있지 않습니까. 힘내세요. 곧 괜찮아질 겁니다."

따뜻한 말 한 마디가 그에게는 큰 힘이 되므로, 그를 격려하고 위로하라. 그는 언제나 당신을 지원군으로 여기고 든든해 할 것이다.

부어비를 같이 가진 사람이라면 눈을 같이 살펴보는 것이 좋은데, 부어비를 가진 사람의 눈 흰자위가 마치 백짓장처럼 희다면 일생동안 의식주를 마련함에 걱정이 없을 것이다.

물고기의 등 모양 코를 가진 사람의 특징

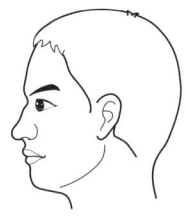

1. 코의 시작 부위가 지나치게 가늘고 좁다.
2. 온화한 성품을 지니고 있다.
3. 추진력이 약하다.

8

대나무 통 코를 가진 사람은
중년 이후에 부와 명예를 얻는다

대나무 통을 닮았다고 해서 절통비(截筒鼻)라고 부르는 이 코는 콧마루가 둥글고 긴 대나무 통을 두 동강으로 나누어 덮은 것 같은 형태를 하고 있다. 이렇게 대나무를 엎어놓은 듯 대쪽 같은 코를 가지면 일생 동안 부귀공명이 따른다고 한다.

절통비의 특징 중 하나는 코끝인 준두가 명확하고 콧대가 곧게 뻗어 있지만 코가 시작되는 산근이 조금 빈약하다는 것이다. 산근이 빈약하면 40대 초반에 고전한다.

필자가 알고 있는 어떤 사람을 한번 예로 들어보자.

그는 오랜 기간 활발한 사회활동을 해서 누구나 인정할 만한 사회적 지위를 갖고 있었다. 그는 젊은 나이에 대학과 기업체의 직원을 상대로 강의와 강연을 했으며, 소설가로도 어느 정도 성공을 했다.

그러던 그가 어느 날 갑자기 피를 토하고 쓰러졌는데, 검사 결과 위암 말기라는 판정을 받았다. 국내에 있는 유명 병원의 의사들로부터 수술 불가라는 말을 들은 그는 절망했고 세상을 포기하기에 이르렀다. 그때 그의 나이 41살이었고, 그는 산근이 지나치게 약한 코를 가지고 있었다.

의사들은 그에게 3개월을 버티지 못할 것이라고 했지만, 그는 3개월이 지나도록 살아 있었다. 그렇지만 그는 여전히 피를 토하고 있었고, 희망이라고는 찾아볼 수 없었다.

그때 그를 살리겠다고 나선 사람이 있었는데, 그는 부산에서 의료 활동을 하고 있던 한의사였다.

"어차피 죽을 것이라면 치료나 받고 죽어봅시다."

한의사는 평소 사용하지 않던 처방을 모두 동원하여 치료를 시작했고, 그는 고향인 강원도에서 가져온 나무뿌리와 풀뿌리로 즙을 내어 마시며 생식을 했다.

모든 상황이 부정적이었지만 손을 내밀어준 한의사의 도움으로 9년이 지나도록 그는 살아있었고, 10년이 지났을 때 별다른 이상이 없음을 확인했다. 의사들은 고개를 갸웃거렸지만 치유의 수수께끼를 풀지는 못했다.

그런 그가 남들과 달랐던 것은 그의 코가 유난히도 우람하다는 것이다. 많은 사람들은 그의 코를 보고 "코가 정말 잘 생겼군요.", "멋진 코예요." 라며 감탄했는데, 그런 그의 코가 바로 절통비다.

절통비를 가진 사람은 의욕적이어서 정열적으로 일하며 활발함이 몸에 배어 있다. 교제 범위가 넓어 사교적이라는 말을 듣는 그는 매사에 물러섬이 없지만, 자기주장이 지나치게 강한 것이 흠이다. 그러나 기회가 오면 반드시 움켜쥐는 스타일로 항상 기회를 엿본다.

절통비는 또한 콧대가 높고 준두가 잘 생겨서 자신감이 넘쳐난다. 간혹 자신의 주장 때문에 다투거나 싸워서 마음에 상처를 입기도 하지만 잘 극복해낸다.

절통비의 양쪽 콧방울은 적당하게 부풀어 있으며 모자람이 없다. 풍부하게 부풀어 오른 두 개의 콧방울은 부가 축적됨을 말해주며, 크지도 작지도 않은 콧구멍은 잘 드러나지 않는다.

절통비의 주인은 젊어서는 고생을 하고 힘이 부치지만 중년이 되면 자연스럽게 부와 명예를 축적한다. 따라서 이러한 코를 가진 사람은 말년이 좋다고 말할 수 있다.

대나무 통 코를 가진 사람의 특징

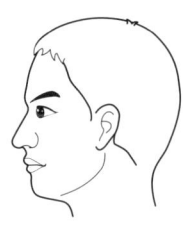

1. 코의 시작부분인 산근이 빈약하다.
2. 자신감이 넘치고 활발함이 몸에 배어 있다.
3. 중년이 되면 부와 명예가 뒤따른다.

9

굴곡이 많은 코를 가진 사람은 독불장군이다

사람의 코와 관련해서 콧등이 휘어진 코가 인생에 어떤 영향을 미치는지에 대해 말들이 많은데, 콧등이 휘어진 코는 척추와 관계가 있다. 코는 명예를 의미하기도 하지만 척추와 가장 밀접한 관계에 있다.

콧등이 휘어져 있으면 척추가 휘었을 가능성이 있으며, 콧등에 상처가 나면 척추에 무리가 와서 수술을 하거나 디스크 또는 척추측만증 등과 같은 증상이 나타날 수 있다.

"요즈음은 성형으로 코를 세우는 것이 일반화됐어요."
"제가 들은 얘기로는 코가 휘어지면 척추에 문제가 생길 수 있다고 합니다. 교정해주는 것이 좋지 않을까요?"

주변의 누군가가 코에 대한 고민을 털어 놓는다면 성형을 권하는 것도 나쁘지 않다.

척추가 휘어지듯 콧마루가 휘어진 것은 몸이 지나치게 약하다는 것이며, 건강한 체질이라 하더라도 콧등이 휘는 징조가 있다면 그때부터는 척추에 신경을 써야 한다. 그것은 권투 선수가 게임 중에 상대 선수에게 정통으로 코를 맞아 휘거나 부러지면 그때부터 허리가 약해지고 척추 쪽에 병이 오는 것과 같다.

콧등이 휘어진 코를 가진 사람은 나름대로 개성이 강한데, 그것은 개성이라기보다는 고집과 아집으로 볼 수 있다. 그들은 개성이 지나치게 강해서 주변 사람들과 친해지기 어려운 특성을 보이는데, 그로 인해 주변에서 똥고집이 세다는 말을 듣게 된다.

"누구나 자신만의 생각이 있기 마련인데, 그것을 주장한다고 해서 제 삼자가 이러쿵저러쿵 할 일은 아닙니다. 사람 사는 세상에서 자기주장을 펼치지 못한다면 그게 어디 죽은 사람이지 산 사람이겠습니까? 그 때문에 저는 상대가 있다면 그가 어떤 주장을 펼치는지 제대로 듣는 귀가 더 중요하다는 생각을 합니다. 예전에 저는 남의 말이 귀에 잘 안 들어와서 낭패를 본 일이 많습니다. 제 호전적인 성격 때문이죠. 우선은 제가 할 말을 다 해야 속이 시원했으니까요. 그런데 살면서 보니까 어느 순간부터 편안하게 상대의 말을 듣는 것이 더 즐겁더라고요. 상대의 말을 먼저 듣고 제가 할 말을 하면 실수가 줄고 할 말이 정리가 되어서 좋더군요."

아무리 자기주장이 강하고 독불장군적인 사고를 가진 사람이라 하더라도 이처럼 말하는 사람 앞에서는 자기주장만 하기 힘들 것이다.

코를 정면에서 보아 굴곡이 많으면 많을수록 나쁘다. 세 번의 굴곡이 보이면 이는 반음살(反吟殺)이라고 해서 자녀운이 나쁘다고 본다. 선수들이 경기 중에 코를 다쳐 이런 반음살 코로 변한다면 자녀의 운이 나빠지기 때문에 재빨리 수술로 원상회복을 시키는 것이 필요하다.

또한 코를 측면에서 보았을 때 세 번 정도의 굴곡이 있는 것을 복음살

(伏吟殺)이라고 부르며, 복음살이 있으면 남녀의 운이 나쁜 것이니 부부의 운을 기대하기 어렵다. 코는 정면에서 보았을 때 굴곡이 있더라도 측면에서 보았을 때는 굴곡이 보이지 않는 경우가 있으며, 측면에서 보았을 때는 굴곡이 보이지만 정면에서 보았을 때는 굴곡이 보이지 않는 경우도 있으므로 정면과 측면을 잘 살펴야 한다.

굴곡이 많은 코를 지닌 사람은 늘 고독하고 사람과 어울려도 깊게 사귀기가 어렵다. 더구나 자기중심적인 사고를 지니고 있어 타인과 말이 잘 통하지 않고 자기주장만을 일삼으므로 사람들이 그를 피하기도 한다. 따라서 외로움을 많이 느끼고 혼자서 할 수 있는 소일거리를 찾게 된다. 이 유형은 간혹 술을 마시면 평소에 하지 않던 행동을 하거나 술주정을 하고 싸움을 벌이기도 하며, 공격적인 성향을 보이기도 한다.

코의 유형별 특성에서 코가 매의 부리처럼 보이는 사람은 상대의 등골을 빼어 먹는다고 하며, 콧등이 불거진 사람은 객사할 운이 있다고 한다. 또한 콧등이 구불구불한 사람은 부모의 성이 아니라 다른 사람의 성을 따를 팔자이며, 얼굴의 다른 곳은 낮은데 코만 높으면 고독하고 가난하다.

굴곡이 많은 코를 가진 사람의 특징

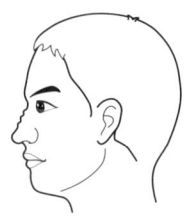

1. 자기주장이 강하다.
2. 늘 고독하고 사람을 사귀기 어렵다.
3. 술을 마시면 공격적인 성향을 보인다.

10
노루의 코를 가진 사람은 의리가 없다

예로부터 사람의 코를 주변의 사물이나 동물의 코에 빗대어 표현했는데, 장비(獐鼻)라고 부르는 노루의 코를 가진 사람은 근본적으로 코가 작다. 작은 코를 지닌 사람은 머리가 좋은 경우가 많으며, 미적 감각 또한 뛰어나다. 하지만 지출을 많이 하기 때문에 가정주부라면 특히 돈을 아끼고 저축하는 습관을 들여야 한다.

장비를 지닌 사람들 가운데 돈을 물 쓰듯이 하는 사람이 많다. 돈이 있으면 있는 대로 쓰고 나서 모자라면 빚을 내서라도 쓰는 유형들로, 이들은 때로 일확천금을 노려 다단계와 같은 사업에 빠지기도 한다.

장비를 가진 사람은 코는 작지만 준두가 날카로워 성격이 날카로우며, 콧구멍도 분명하게 보인다. 콧구멍이 보이면 재물이 줄줄 새어나가게 된다는 것은 앞서 설명한 바가 있다.

코에 검은 점이 많은 사람은 모든 일에 막힘이 많으며, 콧등에 가로로 금이 많으면 교통사고로 몸을 다칠 가능성이 높다. 또한 콧등에 세로로 금이 많은 사람은 다른 사람의 자식을 양자로 삼는 일이 생기기도 한다.

장비를 지닌 사람은 의리가 없다. 누군가에게 잘해준다면 그것은 목적이 있거나 인기를 얻기 위해서이다. 이 유형은 질투심이 강하고, 남의 재산을 탐내기도 하며, 배신을 밥 먹듯이 한다. 따라서 장비를 가진 사람과는 합작이나 동업을 해서는 절대로 안 된다. 또한 이들에게 돈을 꾸어주면 받기 힘들고 때에 따라 보복을 당할 수도 있기 때문에 다음과 같이 에둘러서 말해야 한다.

"저도 돈 벌어서 늘그막에 편히 두 발 뻗고 자고 싶습니다. 그렇지만 세상이 만만치 않네요. 왜 이렇게 돈복이 없는지 돈이 모이지가 않습니다. 제가 다른 것은 다 도와 드릴 수 있지만 가진 것이 없으니 어찌합니까?"

장비의 소유자와는 거래를 하지 않는 것이 좋다. 그러나 무턱대고 도와주지 않거나 배척을 한다면 언젠가는 반드시 이유를 들어 시비를 걸 것이고, 심한 경우에는 송사를 일으킬 수도 있다. 따라서 인간관계는 유지하되 금전적 거래는 가능한 한 삼가는 것이 좋다.

노루의 코를 가진 사람의 특징

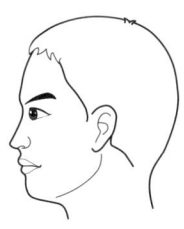

1. 근본적으로 작은 코에 콧구멍이 보인다.
2. 돈이 모이지 않는다.
3. 의리가 없다.

11

유인원의 코를 가진 사람은 미래에 대한 대책이 필요하다

성비(猩鼻)라고 일컫는 유인원의 코는 우선 콧대가 높다. 유인원의 코를 지닌 사람은 대부분 머리카락과 수염이 잘 정리되어 있지 않고 얼굴이 크다는 특징을 보이며, 입술까지 앞으로 튀어나와 있어 영락없는 유인원의 모습으로 보이는 경우가 많다.

유인원 또는 성성이라 불리는 짐승의 코를 가진 사람은 몸이 크고 튼튼하다. 그들은 관대한 성격과 덕이 있는 성품을 지니고 있으며, 생긴 모습과는 달리 대체적으로 고귀한 편에 속한다. 영리하고 호쾌한 성격을 지닌 성비의 소유자는 다만 미래가 불투명한데, 이러한 코를 가진 사람과는 미래를 약속하기가 어렵다.

높은 코의 특성상 이들은 매사에 자신감이 넘치며, 자신감을 가지고 자신의 주장을 펼치기 때문에 더러는 타인과 다투는 경향이 있다. 때문에 겉으로는 드러내지 않지만 마음에 상처를 입는 경우가 많다. 이들은 타고난 의리가 있으며, 재산이 많은 부모에게서 태어나는 경우가 많아 재물을 소비하는데 두려움이 없고 나름 부귀하지만, 풍류를 한껏 즐기기 때문에 재물의 소모가 많다.

"부장님은 호탕하고 다 좋으신데 건강은 돌보시지 않는 것 같아 걱정이 됩니다."

"왜요? 어디가 안 좋아 보이나요?"

"딱히 그런 건 아니지만, 부장님 얼굴을 뵈니 미래에 대한 대비책이 필요하다는 생각이 듭니다. 지금은 백세시대이니 만약을 위해 건강보험이나 실비보험 같은 미래 대책을 세우시는 것이 어떨까요? 요즘은 누구나 다 그런 보험을 들고 있지만 부장님은 조금 큰 걸로 들어두면 좋을 듯합니다."

그에게는 미래에 대한 조언이 필요하다. 처음에는 그 말의 의미를 깨달을 수 없겠지만 시간이 지나면 당신의 말을 이해하게 되는데, 나이 50을 넘어가게 되면 그에게서 하나 둘 문제가 발생하기 때문이다. 때문에 그의 주변을 정리해주고 재산을 관리하는 일에 신경을 써주면 그의 좋은 친구가 될 수 있다.

유인원의 코를 가진 사람의 특징

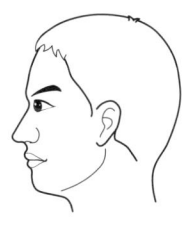

1. 콧대가 높고 얼굴이 크다.
2. 관대한 성격으로 덕이 있다.
3. 미래가 불확실하다.

12

콧구멍이 보이는 코를 가진 사람은 낙천적이다

일반적으로 콧구멍이 훤히 들여다보이는 코를 노조비(露竈鼻)라고 한다. 노조비(露竈鼻)는 부엌이 노출되었다는 뜻을 가지고 있으며, 부엌이 지붕이 없어 이슬을 맞고 바람을 맞으니 빈한하다는 의미를 지닌다.

노조비는 근본적으로 코가 낮다. 코의 능선, 즉 콧마루가 짧기 때문에 자연히 코가 낮을 수밖에 없는데, 근본적으로 코가 낮은 사람은 주변 사람들에게 인기가 많지만 성격은 지극히 가볍다. 이 유형은 일을 대충대충 하는 경향이 있으며, 보이는 그대로, 좋은 게 좋다는 식으로 세상사를 쉽게 생각한다. 경쟁심도 없고 실력을 향상시켜야 한다는 의지도 약하며 지나치게 낙관적이어서 흘러가는 그대로 산다.

"이 과장님! 어제 계약한 거래처 무슨 문제가 있는 거 같지 않나요? 전 아무래도 찜찜합니다."
"에이, 뭐 걱정할 거 있습니까? 다 잘 될 거예요."
"아무래도 첨부 서류가 진짜인지 확인을 해봐야 할 거 같습니다. 예전에도 비슷한 일이 있었거든요. 그때 회사에 엄청난 손실이 발

생해서 계약을 담당한 직원이 사표를 썼습니다. 다시 한 번 검토해
보시죠."
"설마 저한테 그런 일이 생기려고요."
"설마가 사람 잡는다고 하잖아요. 이 과장님은 긍정적인 마인드를
가지고 계셔서 좋긴 하지만, 믿는 도끼에 발등 찍히는 일이 없도록
매사에 조심하셔야 할 거 같아요."

콧구멍이 보이는 코를 가진 사람은 재물이 샌다. 벌지 못해서가 아니라 씀씀이가 계획적이지 못하기 때문이다. 그에게는 경제관념을 아무리 심어줘도 소용이 없으며 그는 한 귀로 흘려버리고 다시 소비에 매진한다.

"영자 씨! 요즘 현명한 엄마들은 유모차를 대여해서 쓴다고 하더라
고. 고작해야 1년밖에 쓰지 않는 큰 유모차에 100만 원을 쓴다면
엄청난 과소비라고 하면서 말이야."

그에게는 늘 공통의 관심사를 가지고 이야기해야 한다. 씀씀이가 큰 그는 자신에게도 큰돈을 쓰고 싶어 한다. 그래서 결국 비싼 외국산 유모차를 사야 직성이 풀리고, 100만 원짜리 고급 패딩을 입히고 싶어 하기 때문에 그를 설득하려면 사실적인 증거를 제시해야 한다.

바람직한 대화를 하려면 친한 사이일수록 말을 가려서 써야 하며, 상대를 배려하고 있다는 느낌을 주어야 한다. 또한 기본적인 예의를 지켜야 지만 관계가 돈독해진다.

말을 할 때 "그건 말이지……."와 같은 식으로 머뭇거리는 말투는 좋지 않다. 의도적으로 상대의 시선과 귀를 집중시키기 위해 말을 줄이거나 천천히 하는 것은 좋지만, 말을 시작하기 전에 말하고자 하는 주제가 정

리되어 있어야 한다.

아버지가 가방에 들어가신 건지, 아버지가 방에 들어가신 건지 정확하게 이해할 수 있도록 음절의 구분을 명확히 해야 하며, 같은 박자를 유지해야 한다.

"저는 이쪽으로 오면서 힘차게 박수를 쳤습니다. 오늘 아침에 인터넷을 보니 박수를 치면 심장이 빨리 뛰어서 좋다고 하더군요. 그런데 더 좋은 일이 있던데요?"
"그게 뭔데요?"
"심장이 뛴다는 것을 느끼기도 전에 날아가던 파리가 잡혔어요."

이처럼 썰렁한 유머도 긴장을 푸는 데는 도움이 된다. 여러 매체나 방송을 통해 접한 유머들을 정리해 두었다가 상황에 따라 하나씩 써 먹으면 상대와 좀 더 부드럽게 대화를 할 수 있다.

말을 잘하는 방법은 아주 많지만, 상황에 맞추어서 말하는 것에는 기술이 필요한데, 나름대로 대화의 법칙을 정리한 후에 말하는 습관을 들이면 오래지 않아 익숙해질 것이다. 질 좋은 대화를 나누려면 반복 학습과 고도의 훈련이 필요하다.

콧구멍이 보이는 코를 가진 사람은 늘 빈한하다. 아무리 노력해도 재물이 쌓이지 않는데, 이런 사람에게는 말을 할 때도 빈부의 격차나 잘 된 사람의 이야기보다는 저축을 해서 부자가 된 사람이나 열심히 사는 사람의 이야기를 해야 한다.

이들은 장사를 잘하는 요령은 있지만 돈을 모으는 요령은 없으며, 장사를 하면 가게에 늘 사람이 붐비지만 직원들 봉급을 주어야 할 때는 허덕

거리며 주위에 돈을 빌리러 다니기도 한다.

　노조비는 대부분 코가 낮지만 간혹 코가 높은 사람도 있다. 코가 높고 콧구멍이 크며 코의 길이가 길면 열심히 일하지만 오히려 몸이 피폐해져서 결국에는 몸이 아프게 된다. 또한 빈곤을 면치 못하니 만사가 귀찮고 힘든 생활을 벗어나기가 어렵다.

콧구멍이 보이는 코를 가진 사람의 특징

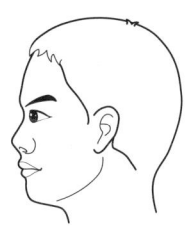

1. 코가 낮다.
2. 가볍고 낙천적이다.
3. 빈한하다.

Chapter 9

인중을 보고 그의 수명과 자손을 확인하라!

인중(人中)은 코끝인 준두와 윗입술 사이에 있는 도랑처럼 움푹 패어 있는 곳을 말한다. 인중은 사람마다 그 길이가 다르고 깊이 또한 각기 다르다. 관상학에서는 인중을 수기(水氣)의 통로로 본다. 즉, 수기는 귀에서 나와 눈을 통하고, 코에 한번 모였다가 콧구멍을 따라 인중에 모였다가 흐르므로 인중을 달리 수로(水路)라 부르는 것이다.
　인중은 좁거나 짧으면 흉하고 넓어야 한다. 인중은 그 사람의 수명과 자손의 유무를 보여주는 척도가 된다. 인중은 달리 비구(鼻溝)라고도 부르는데, 비구는 코의 도랑, 즉 코에서 이어지는 도랑이라는 의미로, 이 또한 물이 흐르는 통로를 뜻한다.
　인중은 그 길이가 길어야 수명이 길고, 그 폭이 넓어야 자녀의 수가 많아진다. 따라서 인중은 길고 넓으며 곧게 뻗어야 좋다.

1

긴 인중을 가진 사람은 장수한다

인중은 코와 입술 사이에 있는 것으로 관상학에서는 예로부터 인중은 60세부터 점차 흐려지고 얇아지기 시작해서 차츰 사라진다고 보았다. 오래전에는 장수의 기준을 환갑으로 보아 60세를 넘어서면 무조건 장수로 보았으므로, 인중의 끝은 60살에 해당된다.

근본적으로 인중이 길면 수명이 길며, 인중의 골이 길고 곧으면 아들을 많이 두고, 지나치게 얇고 평평하면 자녀를 두기 어렵다고 보았다. 인중이 얇고 짧은 사람은 단명하니 우선은 인중이 길고 볼 일이다.

"선생님 얼굴을 뵈니 건강과 수명은 타고나신 듯합니다. 더불어 자녀운도 좋아서 노후가 정말 편안하시겠습니다."

"자녀를 두었으면 그래도 효도를 받아봐야 하지 않겠습니까? 아무리 혼자 사는 세상이라고는 하지만 자식과 손자를 통해 얻는 기쁨을 누려보지 않고서야 제대로 살았다고 할 수가 없지요. 성공한 자식과 손자의 재롱은 나이 든 사람의 가장 큰 행복 아니겠습니까?"

그에게는 자녀와 관련된 얘기나 나이 들어서 할 수 있는 스포츠 또는 여가 활용법에 대한 정보를 주는 것이 좋다. 백세시대를 맞아 건강하게 노년을 보낼 수 있는 여러 가지 방법들을 알려준다면 그는 당신을 좋은 대화상대로 여길 것이다.

인중이 길고 골까지 깊으면 금상첨화라고 할 수 있는데, 설사 인중이 길다고 하더라도 어느 부분이 구부러져 있거나 상처가 있으면 좋지 않다.

인중이 길고 좁으며 가장자리의 선이 분명하면 수명이 길며, 남성의 경우에는 인중의 선이 확실하면 발기력이 좋다. 남성의 정력 또한 인중의 뚜렷함으로 알 수 있으며, 남성의 경우 인중이 길면 대체적으로 성기도 길다. 반대로 여성이 인중이 길고 가장자리가 분명하면 자궁이 깊고 좁지만, 간혹 생리통으로 고생할 수 있으며, 여성의 인중이 길고 깊으면 명기로 보기도 하지만, 자식을 많이 낳을 수 있는 자궁으로 파악하기도 한다.

대나무를 쪼개 놓은 듯 인중이 선명한 사람은 느긋하고 참을성이 있어 일을 추진하는데 있어서 실패가 적고 주변에서 칭송하는 소리가 멈추지 않으므로 그 명성이 오래간다.

긴 인중을 가진 사람의 특징

1. 수명이 길다.
2. 자식복이 있다.
3. 참을성이 있다.

2

짧은 인중을 가진 사람은 겁이 많다

인중의 길이는 얼굴 전체와 비교해서 파악해야 하는데, 단순히 길이로 판단하는 것이 아니라 얼굴 전체의 길이나 윤곽과 비교하여 상대적인 길이를 파악하는 것이 중요하다.

인중이 짧은 사람은 근본적으로 수명이 짧다. 인중이 짧으면 지나치게 겁이 많고 자신감이 부족하다. 인중이 짧은데다 턱까지 짧으면 십중팔구 단명하며 자식운 또한 좋지 않다.

인중은 늘 균형이 맞추어져 있는 것은 아니며, 경우에 따라서는 인중의 양 옆을 그리는 선의 길이가 다를 때도 있다. 인중선의 양쪽 길이가 다르면 수명을 재촉하니 늘 병치레를 하게 되고 언제 운명을 다할지 알 수 없다. 인중이 넓으면 자식이 많지만, 짧은 인중이 지나치게 넓거나 지나치게 좁으면 자식이 없다.

인중이 깊지 못하고 지나치게 얇고 짧은 사람은 자신의 명을 재촉하므로 수명을 보장받기 어려운데, 얼굴의 다른 부위가 아무리 좋고 인품이 있어 보여도 수명이 짧은 것을 막을 수는 없다.

"세상이 정말 많이 변했습니다. 이제 자식 바라보고 사는 시대는 다 지났고, 즐길 수 있을 때 한껏 즐겨야 합니다. 여행도 건강할 때 다녀야지 건강을 잃으면 아무 것도 할 수 없어요. 일에만 매진하지 마시고 틈틈이 여가시간을 충분히 가지세요. 인생 뭐 특별할 거 있나요? 매 순간, 매일 매일 행복하면 그만이죠."

이와 같은 말을 인중이 짧은 그에게 해보자. 외롭고 지친 그에게 희망적인 메시지는 주지 못하더라도 어느 정도 위로가 될 것이다.

여성의 인중은 자궁과 관련이 있으며, 여성의 인중이 짧거나 얕고, 선이 지나치게 희미하면 자궁이 매우 약하거나 불임 가능성이 높다. 인중의 길이가 지나치게 짧고 그 깊이 또한 낮은 여성은 자궁 발육이 제대로 이루어지지 않았을 가능성이 높으며, 자궁이 작고 내막의 두께 또한 얇다. 자궁 경관이 짧기 때문에 임신이 힘들고, 임신을 하더라도 정상적인 출산이 어려우며, 월경 주기가 불안정해서 임신 가능성이 떨어지고 그 양도 매우 적을 가능성이 높다.

"요즘 세상은 과거와 많이 다르지 않습니까? 일부러 자식을 낳지 않기도 하고 자기 일에 만족을 느끼며 사는 시대지요. 또 자아실현이 반드시 자식을 통해 이루어지는 것도 아니고요."

그러나 자식을 갖지 못하는 사람은 그것이 더욱 간절한 법으로, 그가 원하지 않는다면 자녀와 관련된 대화는 피하는 것이 좋다.

짧은 인중을 지닌 남성은 고환에 선천적인 문제가 있을 가능성이 높은데, 생식 능력이 떨어져 자식을 낳을 수 없는 경우가 생기기도 한다. 또한 음경이 작으니 여성이 불만을 가질 수 있으며, 옛날에는 여성이 야반도주를 한다고도 했다.

짧은 인중을 가진 남성은 일을 진행함에 있어 지나치게 서두르는 경향이 있다. 준비를 하지 않고 서두르니 아랫사람들이 힘들고 주변이 힘들다. 또한 포용력이 부족하고 마음에 여유가 없어 인내심도 적다. 때문에 자연히 아랫사람의 존경을 기대하기 어렵게 되며, 부하에게 배신을 당하는 일이 발생하기도 한다.

짧은 인중을 가진 사람의 특징

1. 수명이 짧다.
2. 자식복이 없다.
3. 포용력과 인내심이 부족하다.

3
넓은 인중을 가진 그는 자손이 많다

일반적으로 인중이 넓으면 자손이 많다는 것을 알 수 있다. 그렇지만 인중이 넓다고 해서 모두 좋은 것은 아니다. 막연히 깊고 넓은 것이 아니라 길어야 하는 것이 그 첫째이고, 곧게 뻗어야 하는 것이 둘째이며, 깊은 것은 셋째로, 그 후에 인중이 넓은 것을 논해야 한다.

여성은 인중에 난 가로의 선을 보고 난관을 파악하고, 남성은 정관을 파악한다. 여성의 인중이 긴 것은 난관이 늘어진 것으로, 현대적으로 해석하면 난자의 에너지, 혹은 난자가 생산되는 난포의 호르몬이 늘어난 것이다. 또한 인중이 넓으면 황체 호르몬이 증대된 것으로 본다.

여성은 인중에 난 선이 확실하면 자식운이 좋은데, 인중이 넓고 선이 확실하다면 자식운에 있어서 최상이다.

"요즈음은 자식 키우기가 어렵다고들 합니다."
"그렇지요."
"그래도 자식이 잘하고 이름을 얻거나 효도하면 키운 맛이 나지 않겠습니까? 아무리 세상이 복잡하고 변화무쌍해도 피를 나눈 부모와 자식 간의 정은 변하지 않지요."

"그런가요?"

"어느 책에서 보니 자식의 복은 본인이 행한 복이라고 합니다. 자식이 효도하고 잘되는 것은 부모가 노력하고 선하게 살았기 때문이라고 하더군요."

"그런 말이 있나요?"

"물론입니다. 여사님을 보니 어쩐지 그 정성이 하늘에 닿은 것이 아닐까 하는 생각이 듭니다. 자식복도 낳았다고 저절로 얻어지는 것이 아니거든요."

　그녀에게는 만찬을 대접한 것 이상으로 좋은 말이다. 행복을 느끼게 하는 말이니 말한 사람을 나쁘게 볼 리 없다.

　인중이 넓다고 해서 반드시 자손이 많은 것은 아니며, 일정한 넓이를 지니고 있을 때 가장 이상적이다. 인중의 깊이도 파악해야 하는데, 깊이가 얕고 넓기만 하면 끈기를 기대하기 어려우며, 어떤 일을 하더라도 이룸이 적고 매사에 용두사미가 되기 쉽다. 또한 정신이 박약해서 좌절할 수 있으며, 어려운 일이 생기면 자꾸만 회피하려고 한다.

　인중의 변화도 눈여겨보아야 하는데, 인중의 상부와 하부는 좁은데 중간이 넓은 경우는 다이아몬드형 인중으로, 흔하지 않은 인중이지만 이러한 인중을 가진 사람은 자신이 낳은 자식을 키우기 힘든 상황에 놓이기도 한다. 특히 여성이 이러한 다이아몬드형 인중을 갖고 있다면 자식을 낳고 야반도주할 가능성도 있다.

　지나치게 폭이 넓은 인중을 가진 사람은 낭비벽이 심해 가난을 극복하기 어려우며, 명도 그다지 길지 않다. 따라서 인중이 넓다는 것은 얼굴의 길이와 넓이에 비례하여 적당한 넓이를 말하는 것이지 지나치게 광대하다는 느낌이 들면 기가 새어 나간다고 생각하면 된다.

인중이 지나치게 넓은 사람은 자식을 낳는 것은 잘하지만, 인중이 지나치게 넓으면 음란함이 그치지 않고 수명도 길지 못하다.

넓은 인중이 왼쪽으로 치우치면 남자 아이를 많이 낳고, 오른쪽으로 치우치면 여자아이를 많이 낳으며, 여성의 인중이 지나치게 넓으면 자궁근종이나 자궁내막염이 있을 가능성이 매우 높다. 또한 인중의 폭이 지나치게 넓으면 섹스를 좋아하기 때문에 수명이 줄어든다고 한다.

넓은 인중을 가진 사람의 특징

1. 자손이 많다.
2. 끈기가 부족하다.
3. 낭비벽이 있다.

좁은 인중을 가진 그에게
용기를 주어라!

인중이 좁은 사람은 끈기가 있다. 참을성도 있어서 어떤 일이든지 참고 견디는 장점이 있지만, 우유부단함으로 인해 효율적인 성과를 거두지는 못한다.

"나하고 함께 계속해 보자고."
"난 왜 이상하게 결과가 좋지 않을까? 늘 도중에 포기한다니까?"
"그건 자네가 너무 이상적이기 때문이야. 자네는 남들이 생각하지 못하는 것을 생각하는 비상한 사람이지."
"그럼 뭘 하나. 결과가 없는 걸."
"자네의 생각을 내가 지지하잖아. 어때, 자네의 생각을 내가 결과로 만들어내는 거 말이야. 자네의 생각대로 내가 일을 한번 추진해 보겠네. 그 생각이 현실이 되도록 말이야. 자네도 생각에만 그치는 것보다는 현실에서 뭔가를 이루어내는 것이 좋지 않겠어?"

충고가 아닌 설득이다. 그가 원하는 것은 결과를 만들어내는 것이다. 그는 늘 중도에서 일을 그만두거나 생각만 있고 실천이 부족했기 때문에 일에 자신이 없다. 그런 그에게 힘을 주자.

인중이 가늘고 길면 수명은 길지만 정신이 맑지 못하며 생활도 깨끗지 못하다. 근본적으로 인중이 얇고 가늘면 자식을 갖기 어려우며, 남성의 경우에는 그래도 기대해볼 수 있지만, 여성은 인중이 가늘고 길면 아이를 낳기 어려우며, 아이를 임신해서 낳는다고 해도 산고의 고통이 크다. 또한 낳은 아이를 잘 키울지도 미지수다.

따라서 좁은 인중을 가진 사람을 만난다면 그의 신경질적이고 급한 성격을 이해하고 어려운 문제들을 해결하기 위해 함께 애를 써야 한다.

좁은 인중을 가진 사람의 특징

1. 끈기와 참을성이 있다.
2. 우유부단하다.
3. 자녀를 갖기 어렵다.

휘어진 인중을 가진
사람은 신의가 없다

일반적으로 인중은 좁거나 넓을 수 있고 길거나 짧을 수도 있지만 대부분 일직선에 놓여 있다. 하지만 간혹 인중이 옆으로 휘어진 사람을 볼 수 있는데, 인중이 휘어져 있으면 대부분 신의가 없다.

예로부터 여성의 인중이 왼쪽으로 휘어지면 아들을 많이 낳고 오른쪽으로 휘어지면 딸을 많이 낳는다고 해서 혼사(婚事)에 적용했다고 하는데, 휘어진 인중은 근본적으로 길게 일직선으로 뻗은 인중보다 좋지 않다.

휘어졌다는 것은 비뚤어졌다는 것으로, 인중이 휘어져 있으면 중풍이나 구완와사와 같은 병력이 있었을 가능성이 높다. 여성의 인중은 자궁의 형태를 나타내는 것으로, 휜 인중을 가진 여성은 자궁체가 한쪽으로 기울어졌을 수 있으며, 그 경우 자궁은 인중의 경사진 방향과 반대 방향으로 기울게 된다. 또한 인중이 휘어진 여성은 자궁후굴로 인해 불임이 될 수도 있다.

인중이 좌우로 기울어지면 자식에게 의지하기 어려우므로 효도를 기대하지 않는 것이 좋다.

"사는 게 왜 이렇게 재미가 없는지 모르겠군."
"왜 그러십니까?"
"요즘은 자식이라고 해서 다 같은 자식이 아니야. 찾아오지도 않고, 전화를 해도 반갑게 받지를 않아."

그는 지나가는 말로 당신에게 하소연을 할 수도 있다. 당신이라면 이럴 때 어떤 말을 해주겠는가.

"세상이 많이 변했습니다. 지금은 효도의 시대가 아니라 사회복지에 의존하는 시대입니다. 일자리도 부족하고 청년 실업이 늘어가는 판이니 젊은 사람들이 자기 밥벌이도 하기 힘든 지경이 되어 버렸죠. 손이나 안 벌리면 다행입니다. 그러니 노후를 잘 대비하세요. 이제는 우리나라도 노인들을 위한 복지시설을 늘려야 합니다."

위의 예처럼 부모를 멀리하는 자녀를 둔 사람들은 당신의 말에 공감할 것이다. 사회는 점점 변화되고 있고, 사람은 어쨌든 자신이 속한 시대 상황에 발맞추어 살기 마련이므로, 인중이 휘어진 사람들에게 자녀와 관계된 복잡한 일을 잘 정리해 준다면 그와 좋은 관계를 유지할 수 있다.

휘어진 인중을 가진 사람의 특징

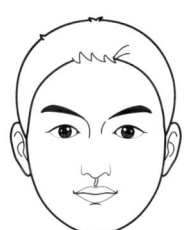

1. 신의가 없다.
2. 자식복이 없다.
3. 중풍이나 구완와사와 같은 병력이 있었을 가능성이 높다.

6

아래쪽이 넓은 인중을 가진 사람은 자녀가 많다

인중은 변화 없이 곧고 일직선으로 뻗어야 귀한 상으로, 깊이가 있고 어느 정도 넓어야 좋지만, 관상학에서는 지나치게 넓으면 정조관념이 약하다고 본다.

사람들의 인중을 자세히 살펴보면 간혹 위는 좁고 아래가 넓은 경우를 볼 수 있는데, 이러한 인중을 가진 사람은 자손이 대단히 많다. 특히 여성의 관상에서 인중의 아래쪽이 넓으면 자식을 많이 낳을 상으로 본다.

"집안에 자손이 많으니 얼마나 좋으십니까?"

"요즘처럼 자녀를 많이 낳지 않으면 활동 인구가 줄어들어서 국가적으로 큰 문제가 발생된다고 하더군요. 아주 큰 기대를 할 수는 없겠지만, 정부에서 앞으로는 자녀가 많은 세대에 혜택을 주는 정책을 펼친다고 합니다. 어쩌면 자녀를 많이 둔 부모들에게 훈장을 줄지도 모르지요."

"자녀가 많으면 그 중에 반드시 효도하는 자식이 있기 마련입니다."

인중의 상부가 좁고 하부로 내려갈수록 넓어지는 이 인중은 언뜻 보면 여덟팔자 형태를 띠고 있는데, 이러한 인중을 가진 사람들은 대부분 건강하다. 하지만 이러한 인중을 가진 여성들 중에서도 간혹 자궁후굴로 인해 생리통을 호소하는 경우가 있으며, 비만 여성의 경우에는 요통과 함께 임신 장애가 나타나기도 한다.

아래쪽이 넓은 인중을 가진 사람의 특징

1. 건강하다.
2. 자손이 많다.
3. 여성의 경우 자궁후굴인 경우가 있다.

아래쪽이 좁은 인중을 가진
여성은 생리통이 심하다

남성의 인중은 주로 수명을 나타내지만, 여성의 인중은 자궁과 이어지는 난관에 해당되는 것으로, 아이를 낳을 능력을 보여준다. 여성의 인중을 자식으로 보는 이유도 바로 여기에 있으며, 관상학에서는 여성의 인중이 어떤 형태냐에 따라 자식운을 논하기도 한다.

따라서 아래로 갈수록 넓어지는 인중을 가진 여성이 자녀를 많이 낳는다면, 아래쪽으로 갈수록 좁아지는 인중을 가진 여성은 자식을 낳기 어렵거나, 자식이 적거나, 자식의 운이 약한 경우가 많다.

"자식이 많으면 뭐해요. 하나라도 똑바로 키우는 게 중요하죠. 요즘은 외동이 많잖아요. 가지 많은 나무에 바람 잘 날 없다고 먹고 살기도 바쁜데 어디 아이들 뒷바라지 제대로 할 수 있겠어요? 자녀에게 들어가는 비용이 엄청나서 다들 노후 준비는 꿈도 꿀 수 없는 지경이잖아요."

"자식의 복은 하늘에 매어 있다지 않습니까?"

"세상의 모든 것을 다 마음대로 주무를 수는 있어도 자식은 어떻게 할 수 없다고 하지 않습니까. 세상 살아가는 것이 힘들고 어렵다 보니 자식들이라고 해서 늘 부모에게 신경 쓸 수가 있겠어요?"

아래쪽이 좁은 인중을 가진 그에게는 위의 예문처럼 에둘러 말하는 것이 좋다.

단, 아래쪽으로 좁아지는 인중을 살필 때는 깊이를 같이 보아야 하는데, 인중이 깊고 길이 또한 길다면 자식운은 좋지 않지만, 부귀를 누리고 장수한다. 옛날에는 자식이 없거나 자식이 뛰어나지 못하면 장수해도 부귀하다고 하지 않았지만 지금은 달리 파악할 수도 있다.

위가 넓고 아래가 좁은 인중을 가진 여성은 자궁전경이나 자궁전굴인 경우가 많다. 이 경우 임신이 어렵고 혹 임신이 되더라도 출산의 고통을 겪는다. 또한 항상 생리통에 시달릴 수 있다.

아래쪽이 좁은 인중을 가진 사람의 특징

1. 자식운이 없다.
2. 생리통에 시달린다.
3. 여성은 임신이 잘 되지 않는다.

흠이 있는 인중을 가진 그에게 안전사고에 대비하라고 조언하라!

인중에 점이 있거나 흠이 있는 경우에는 특히 안전사고에 대비해야 하는데, 관상학에서는 인중의 중앙에 점이 있거나 주름이 가로로 새겨져 있는 사람은 배를 타거나 강을 건널 때 조심하라고 한다. 또한 인중의 한가운데 검은 점이 있으면 결혼은 쉽지만, 자식을 키우기 어렵다고 보며, 인중의 흠은 수명과 병, 그리고 자손에 문제가 있는 것으로 본다.

인중에 가로로 새겨진 금이 있거나 나이가 들면서 인중을 가로지르는 금이 생겨나면 노년에 자식과의 인연이 약해지거나 자식의 효도를 기대하기 어렵게 된다.

또한 인중에 세로 주름이 있거나 나이가 들어갈수록 세로로 홈이 파인다면 질병에 걸린 자식으로 인해 마음고생이 심하게 된다.

여성의 경우 인중을 횡단하는 가로 주름은 난관 속의 혈액 흐름이 나빠져서 겉으로 드러나는 현상일 수 있으며, 경우에 따라서는 나이가 들면서 폐경기에 이르러 인중을 가로지르는 선이 생겨나기도 한다.

"이제 독신자 전성시대야! 결혼하지 않고 사는 것도 나름 괜찮아 보여."
"요즘은 결혼하더라도 아이를 낳지 않는 부부가 많다고 합니다. 한 번뿐인 인생 자식 걱정만 하다가 갈 것이 아니라, 자기 자신을 위해 즐기며 살다가 가겠다는 거죠. 인생을 어떤 각도에서 보느냐에 따라 달라지겠지만, 사람의 한 평생이 길지는 않으니까요."

지나가듯 하는 말이 때론 상대에게 위안이 될 수도 있다. 그가 독신주의자거나 자녀를 두는 것에 부정적인 시각을 가지고 있다면 지나가는 말로 그의 생각을 지지하면 관계에 도움이 된다.

인중의 점도 몸의 이상을 알리는 척도가 되는데, 인중에 붉은 점에 생겨나거나 마치 부풀어 오르듯 붉은 기운이 생겨나면 자궁에 이상이 온 것으로 판단하면 된다.

인중의 길이를 자신의 가운데 손가락으로 재었을 때 손가락의 가운데 마디보다 길면 자궁하수인 경우가 많고, 인중의 깊이가 지나치게 깊어 홈이 파인 것처럼 보이면 자궁후굴인 경우가 많다. 반대로 지나치게 얕고 희미하면 자궁전굴로 임신이 잘 되지 않는다.

흠이 있는 인중을 가진 사람의 특징

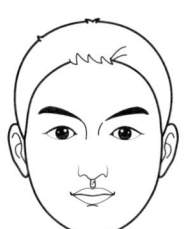

1. 자식과의 인연이 약하다.
2. 어려운 일을 많이 겪는다.
3. 마음고생을 많이 한다.

Chapter 10
상대의 입술을 보고 덕을 살펴라!

입술은 그 사람의 덕을 살피는 곳이다. 입술을 통해 그 사람의 감정과 의지를 헤아릴 수 있으며, 입은 관상을 파악하는 기준에서 얼굴의 하부에 속하므로 그 사람의 말년운을 살필 수 있는 척도가 된다.

입의 형태는 단정해야 하며 가늘고 얇은 것보다는 두꺼운 것이 좋다. 입술이 끝나는 지점인 구각이 날카로우면 명예와 부귀를 누리며, 구각이 활처럼 휘어져 있는 사람은 관직에 있어야 명성을 얻고 출세를 해서 이름을 날릴 수 있다. 날카로운 입술은 냉정함과 이기적인 성향을 드러내고 두터운 입술은 감정이 순후하고 재산이 있음을 나타낸다.

입을 다물었을 때는 입술의 양쪽 끝이 올라가는 듯한 모양, 즉 배의 모양처럼 양 옆이 하늘 방향으로 올라가야 좋으며, 연잎이 아래로 처지듯 배가 뒤집어진 모양이면 복주형(復舟形)이라고 해서 좋지 않다. 입술은 붉어야 좋으며, 오므렸을 때는 작고, 벌리면 큰 입이 좋다.

1

활을 강하게 당긴 모양의 입술을
가진 사람은 총명하고 재주가 많다

사자구(四字口)는 한자의 사(四)자 모양이라고 해서 사자구라고 부른다. 사자구는 입술의 형태 중에서 가장 좋은 것으로, 흔히 부귀상이니, 부귀지격이니 하는 이름으로 부르며, 부와 명예가 함께 따르는 입으로 본다. 예로부터 입이 모가 나는 듯 보이고 넓으면 만수를 누리고 부를 축적한다고 했다. 또한 입이 모진 활의 모양이라면 관록을 누린다고 했는데, 활이 모지다는 것은 활을 강하게 당긴 모습을 말한다. 입 모양이 틀어지지 않고 바른 사람 중에서 부자가 난다는 옛말에는 그만한 이유가 있다.

"사람을 좋아하는데 딱히 이유가 있나요?"
"누구나 그럴 겁니다. 마음이 가면 저절로 몸도 간다고 하지 않습니까? 꼭 남녀의 사랑에만 그런 법칙이 적용되는 것은 아니죠."

그는 단순한 것을 좋아한다. 자질구레한 이야기는 이미 숱하게 들었으므로 말을 많이 하지 않고 담백한 말을 건네면 좋은 관계를 맺을 수 있다.

입술은 우선 입의 윤곽이 명확하고 분명해야 한다. 위아래 입술이 지나치게 두껍거나 가늘지 않고, 상하가 크고 작음이 없이 형태를 잘 갖추어야 하며, 입 꼬리로 불리는 구각이 약간 들린 듯 하늘로 향해 있어야 좋다.

사자구를 가진 사람은 대부분 총명하며 다방면에서 재주가 뛰어나다. 특히 학문에서 두각을 드러내는 경우가 많은데 지능이 높아 머리가 좋을 뿐만 아니라, 판단력이 뛰어나고 처세를 잘한다. 또한 이러한 입을 가진 사람은 반드시 부귀를 누리고 이름을 얻는다.

사자구를 가진 사람의 특징

1. 입술이 강하게 당긴 활 모양을 하고 있다.
2. 명예가 뒤따른다.
3. 판단력이 뛰어나고 처세를 잘한다.

초승달 모양의 입술을 가진
그는 학문에 관심이 많다

앙월구(仰月口)는 이름 그대로 달이 하늘을 우러러보는 형태로, 초승달 모양을 한 입술 구각이 위를 향해 있다.

앙월구를 가진 사람은 학문 연구에 탁월한 재능을 보이며 학문 분야에서 연구 성과를 낸다. 연구 성과를 통해 이름과 재물을 얻는 그는 풍부하고 풍족한 생활을 영위함에 부족함이 없으며, 관직으로 진출해도 이름을 얻어 높은 직위에 오른다.

"전 뭔가에 몰두하고 있는 학자들이 늘 부러웠습니다. 자신만이 할 수 있는 일에 빠져서 연구를 거듭하는 그들의 모습을 보면 왠지 제대로 살고 있는 사람이라는 느낌을 받게 되죠."
"저는 늘 공부를 하고 싶었습니다. 세속적인 학문일 수도 있지만 무언가 깊이 파고들 수 있는 공부를 하고 싶었는데요. 석사와 박사라는 학위가 목적이 아니라, 전통 학문과 같은 나름의 철학이 있는 공부 말입니다."

앙월구의 소유자는 학문에 대한 조예가 깊기 때문에 재물을 가진 사람보다는 학문을 사랑하는 사람을 더욱 좋아하는 경향이 있다. 그에게 학문에 관심이 있다는 것을 내비치는 것만으로도 좋은 대화를 이어갈 수 있다.

앙월구를 가진 사람의 특징

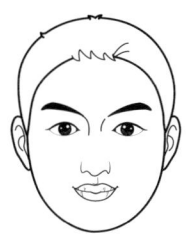

1. 양쪽 끝이 올라간 초승달 모양을 입술을 가지고 있다.
2. 학구열이 강하다.
3. 풍족한 생활을 누린다.

상현달 형태의 입술을 가진 사람은 사회 기여도가 높다

활이 휜 모양이라고 해서 만궁구(彎弓口)라고 부르는 이 입술은 화살이 발사되기 직전의 활 모양과 같은 상현달 형태를 띠고 있다. 만궁구는 눈으로 보기에는 윗입술보다 아랫입술이 조금 두꺼운 것처럼 보이지만, 거의 동일한 두께를 가지고 있다. 위아래 입술이 모두 두껍고 붉고 선명하다면 이름을 얻을 수 있고, 재산도 있으니 부귀를 누린다고 할 수 있을 것이다.

만궁구를 가진 사람은 정신력이 뛰어나고 기가 깨끗하기 때문에 타인에게 해를 끼치는 일이 거의 없다. 또한 정신이 맑기 때문에 사회 공헌에 적합한 인물이라고 볼 수 있는데, 이들 스스로가 사회에 공헌하는 것을 좋아한다. 또한 만궁구를 지닌 사람은 사회생활을 해 나가는데 있어서 특별히 자신의 이익을 밝히지 않는다는 장점을 가지고 있다.

"날이 갈수록 사회복지에 대한 관심이 점점 높아지고 있습니다."
"이제 우리나라도 선진국의 대열에 들어서는 것 같습니다. 경제적으로는 이미 오래전에 선진국 대열에 들어섰다고 할 수 있지만, 사실 사회복지 면에서 보면 선진국들의 복지와는 거리가 있었죠."
"최근 대학에서는 사회복지학과가 인기라고 합니다. 무엇보다 사람이 먼저이니 사람을 아끼는 마음으로 학문을 배우고, 그와 관련된 일에 종사할 수 있다면 행복하지 않을까 하는 생각이 듭니다. 우리나라도 국민 모두가 행복한 선진국형 복지 국가가 되려면 사회복지 분야에 대한 연구가 전문적으로 이루어져야 합니다."

만궁구의 소유자는 사회적 배려에 관심이 많으며, 사회복지는 그의 관심사에 속한다. 물론 그가 반드시 사회복지 분야에 투신하거나 시간을 할애한다는 의미는 아니다. 그러나 그가 관심을 가지고 있는 것만은 분명하다.

만궁구의 소유자는 초년운보다 중년운이 좋다. 나이가 들어감에 따라 재물이 들어와 풍족하게 되며 결국 부귀를 누리게 된다.

만궁구를 가진 사람의 특징

1. 상현달 형태의 입술을 가지고 있다.
2. 정신이 맑고 사회적 공헌도가 높다.
3. 중년운이 좋아 부귀를 누린다.

휘파람을 부는 듯한 입술을 가진
사람은 의식주 해결이 어렵다

취화구(吹火口)는 무언가를 불어내듯 오므려진 형태의 입술이다. 일부로 오므린 것이 아니라 가만히 있어도 그런 모양새로, 마치 피리나 휘파람을 불듯 입술이 앞으로 튀어나오고 약간 열려 있다. 이렇게 생긴 입이 날카로우면 먹고 사는 문제로 걱정이 많으며, 평생 의식주 문제로 전전긍긍하게 된다.

"언제 밥 한 번 먹죠."

이런 식의 인사말은 그에게 달갑지 않다. 대화를 하면 그 속에 알맹이가 있어야 하는데, 이처럼 지극히 상투적인 말로 인사를 건네면 그는 무척 실망할 것이다.

"제가 이번 주에 식사 대접을 한번 하고 싶습니다. 오늘 아예 날짜를 정하는 것이 어떨까요?"

그는 이처럼 정확하고 일관성 있는 대화를 좋아한다. 그에게 먼 미래는 중요하지 않으며, 당장 눈앞의 일이 중요하다. 사람은 미래를 보며 살아가야 한다고 하지만, 취화구의 소유자에게는 눈앞의 하루하루가 벅차다.

말 속에 불씨가 있다 하여 취화구(吹火口)라고 불리는 입술을 가진 사람 중에는 말이 빠른 사람이 많다. 말이 빠르면 발음이 정확하지 못하고 논리적이지 못하므로 말을 많이 할수록 실수가 많아진다.

입은 평소 굳게 다물어져 있어야 길하므로, 취화구를 가진 사람은 평소에 말을 아껴야지만 주변에서 인정을 해준다. '말이 많으면 쓸 말이 적다'는 격언은 바로 이 취화구의 주인에게 해당하는 것이다. 이들은 몸속의 좋은 기를 입을 통해 소진해 버리니 빨리 궁핍해지고, 병이 많아져 장수하기 어려우며, 일의 마무리에 힘이 든다. 결국 취화구를 가진 사람은 떠벌이기는 좋아해도 실속이 없다.

입을 다물고 말을 아껴야 운이 상승하며, 마무리를 잘하는 사람 곁에 좋은 사람들이 다가온다. 따라서 되도록 입을 다무는 습관을 들이자.

취화구를 가진 사람의 특징

1. 휘파람을 불듯 오므려진 입술을 가지고 있다.
2. 말에 실속이 없으며, 끈기가 부족하다.
3. 의식주 문제로 고생을 많이 한다.

앵두처럼 붉은 입술을 가진 사람은 말을 잘하고 총명하다

입술은 어떤 경우에도 붉어야 좋으며, 지나치게 희어도 병이고, 지나치게 붉어도 병이 된다. 이른바 앵두 같은 입술이라고 해서 앵도구(櫻桃口)인 이 입술은 두껍고 연지를 바른 듯 붉어야 건강하고 아름답다.

'입술은 석류알처럼 붉고 치아는 박속처럼 희다'는 문학적 표현을 빌리지 않더라도, 하얗게 줄지어 빈틈이 보이지 않는 치아와 붉은 입술을 가진 사람의 얼굴은 벌어진 연꽃처럼 온화해 보인다. 이는 붉은 입술 때문에 두드러지는 현상으로, 앵도구의 소유자는 총명해서 관직에 오르면 이름을 얻고 부귀를 누릴 수 있다.

앵도구를 지닌 사람 중에는 입술이 얇은 사람도 제법 많은데, 입술이 얇은 사람은 냉정함을 지니고 있으며, 말이 많고 요령도 뛰어나다. 그들은 마음만 먹는다면 싸움도 붙일 수 있을 정도로 명석한 두뇌를 지녔으며, 말이 빠르고 요령이 있어 판매업이나 자동차 세일즈 등에서 두각을 나타낸다. 사주가 좋고 학업을 쌓았다면 교수나 아나운서라는 직업도 어울리며, 산업체 강사로도 적격이다.

"형님, 좀 도와주십시오."

"왜, 무슨 일이 있나?"

"가게 업종을 바꾸는 문제로 어머니를 설득해야 하는데 영 자신이 없습니다."

"지금은 자네가 운영하는 가게인데 그게 무슨 문제가 되나?"

"지금은 어머니가 가게 일을 보시지 않지만, 형님도 아시다시피 저희 어머니가 한평생을 바친 가게가 아닙니까. 워낙 고집이 대단하셔서 아마도 저를 안 보려고 하실 겁니다. 하지만 방법이 없어요. 지금은 젊은 사람들이 주로 드나들기 때문에 지금의 메뉴로는 승부를 볼 수가 없어요. 그러니 형님이 어머니께 자세히 말씀 좀 해 주십시오."

"자네 어머니를 뵌 지도 오래되었군."

"형님께서 저 대신 어머니를 좀 설득해 주십시오. 아마도 어머니는 형님 말이라면 들으실 겁니다. 부탁드리겠습니다."

겉으로는 부탁을 하는 형태가 되겠지만 앵도구를 지닌 사람은 자신을 믿는 사람에게 최선을 다하는 성품을 지니고 있다. 그이 앞에서 잘난 체를 하거나 아는 척을 하기보다는 솔직하게 도와달라고 하는 것이 관계 개선에 큰 도움이 된다.

입술이 붉은 사람은 남녀를 막론하고 부귀가 따르며 애정도 풍부하다. 자녀와의 인연도 좋으니 말년도 행복하다. 아울러 입술이 붉으면 귀한 자식을 둔다고 하였으니 자녀 중 누군가는 관직에 오를 것이다.

앵두처럼 붉은 입술은 건강의 상징으로, 건강해야 수명이 길며 여성은 자식을 보는데 두려움이 없다. 그러나 입술이 붉다 못해 지나칠 정도로

검붉은 사람은 일에 막힘이 많으니 성공을 하기 어렵고 구설도 따른다. 예로부터 입술이 붉은 사람은 평생 굶지 않는다고 한 말은 앵도구를 두고 한 말이다.

앵도구를 가진 사람의 특징

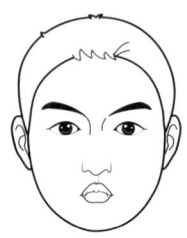

1. 앵두처럼 붉은 입술을 가지고 있다.
2. 총명하고 말을 잘한다.
3. 정이 많다.

두꺼운 입술을 가진 사람은
위장이 튼튼하고 행동력이 뛰어나다

우구(牛口)란 소의 입술처럼 상하의 입술이 모두 두껍고 풍만할 뿐만 아니라 매우 큰 입이 특징이다.

근본적으로 입이 크면 신체가 튼튼하고 안정감이 있어 보인다. 입이 크다는 것은 식성이 좋다는 것으로, 이들은 위장이 튼튼하다. 또한 우구를 가진 사람은 행동력이 뛰어나 경영활동에 능하고 홍보 마케팅과 같은 움직이는 일을 하면 적성에 맞을 가능성이 높다.

그는 행복한 사람이다. 그는 항상 웃는 낯으로 사람을 대하므로, 그를 대할 때는 웃는 얼굴이어야 한다. 웃는 얼굴은 모든 것을 가능하게 하는 마술 도구와 같으며, 성공한 사람들 대부분은 웃는 얼굴을 하고 있다.

우구의 소유자들 대부분은 웃음을 보여주는데 익숙한 사람들로, 그들의 웃음 속에는 많은 의미가 담겨 있다.

'당신을 만나서 무척 기쁩니다.', '나는 늘 행복하게 살아가고 있답니다.', '함께 잘 일해 봅시다.' 등.

그가 웃는다면 당신도 웃어야 한다.

'저 또한 당신을 만나게 되어 영광입니다.', '저는 당신에게 호감을 가지고 있습니다.', '좋은 관계를 맺고 싶습니다.'라는 마음을 갖고 그와 마주하면 진심은 통하기 마련이다.

반드시 말을 해야만 감정이 전달되는 것은 아니며, 때로는 웃음만으로도 그를 감동시킬 수 있다.

우구를 가진 사람은 일생동안 의식주에 부족함이 없으며, 집안에 먹을 것이 가득하여 번창하니 걱정 없이 항시 웃을 수 있다. 하지만 입술이 심하게 두터운 남성은 야심이 많고 만족을 모르니 자중하는 마음이 필요하다.

우구를 가진 사람은 겉으로 보기에는 어리석어 보이지만 총명함이 있으며, 마음이 깊고 지혜가 샘처럼 솟아난다. 몸도 항상 건강하니 백세에 이르도록 생을 즐기며 행복할 수 있다.

우구를 가진 사람의 특징

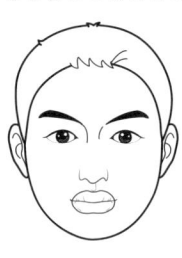

1. 두터운 입술을 가지고 있다.
2. 항상 웃는 얼굴을 하고 있다.
3. 의식주가 풍족하다.

7

메기의 입을 가진 사람은
의리가 있고 정에 약하다

흔히 메기입이라고 불리는 점어구(鮎魚口)를 가진 사람은 입이 매우 크다. 민물에 사는 메기의 입을 잘 살펴보면 양쪽 끝 부분이 내려가 있는데, 점어구를 가진 사람들 또한 큰 입의 좌우 끝인 구각이 아래로 내려가 있다.

  단순히 입이 크고 입 끝이 아래로 처진 형태인 것을 떠나 입은 다물었을 때의 모습이 중요한데, 점어구는 입을 다물었을 때 무척 날카로워 보이는 입술이다. 그것은 입술이 얇은 탓으로, 점어구는 입 끝이 둥글지 않고 째진 듯이 날카롭다.

  점어구를 가진 사람은 총명함이 떨어지며, 인내심 또한 부족해서 사는 것이 힘들다. 사회에서 성공하기 위해서는 끈기를 지녀야 하는데, 이것이 부족하니 매사에 한탄할 일이 많다.

  "요즈음은 취직하기가 정말 힘이 듭니다."
  "그러게 말일세. 과거에는 열심히만 하면 먹고 사는 데는 지장이 없었는데 지금은 열심히 한다고 해서 반드시 일자리가 주어지지는 않더군."

"그렇다고 주저앉아 있을 수만은 없는데, 정말 용기가 나지 않습니다."

"비슷한 조건이라면 결국 끈기 있는 사람이 일자리를 찾는 법이지. 모든 일이 그렇지 않은가? 능력자라 하더라도 끈기가 없으면 버티기 어렵다네. 끈기를 가진다면 분명히 좋은 일자리를 얻을 걸세."

점어구를 가진 그에게는 끈기의 중요성을 강조하는 대화가 필요하다. 상황이 아무리 어렵고 나쁘다고 하더라도 끈기를 가지고 매달리는 사람에게는 반드시 기회가 있기 마련이다.

이들은 근본적으로 성실하고 정직하다는 성격적 특징을 지니고 있다. 예로부터 입술은 두터워야 좋고, 입이 크고 풍후한 사람은 천석의 부를 누린다고 했으며, 입을 다물 수 있다면 부를 취할 것이라고 했다.

점어구를 가진 사람은 의리가 있고 정에 약하다는 특징을 보이는데, 이런 사람들이 공무원 계통으로 진출하면 의리 때문에 부정을 저지르는 일이 발생한다. 따라서 공무원보다는 건설업 계통에 종사하는 것이 좋으며, 총명함이 떨어진다는 단점을 노력으로 극복한다면 교육계도 좋다.

점어구를 가진 사람의 특징

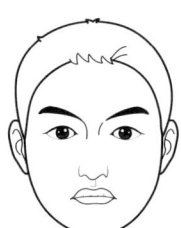

1. 입이 크고 그 끝이 내려가 있다.
2. 총명하지 못하고, 인내심이 부족하다.
3. 의리가 있고 정에 약하다.

붕어의 입을 가진 사람은 말과 행동이 다를 수 있다

사람의 입을 판단할 때는 대부분 어떠한 물체와 비교하는 일이 많은데, 특히 생물이나 동물, 혹은 어류의 입에 비유하는 경우가 많다. 점어구가 메기의 입이라면 부어구(鮒魚口)는 붕어의 입이다.

붕어의 입을 자세히 살펴보면 입이 매우 작다는 것을 알 수 있는데, 입이 작다는 것은 의지가 약하다는 것을 의미한다. 입이 작고 짧은 사람은 기난하며, 입은 작은데 입술만 큰 사람은 가난할 뿐만 아니라 요사스럽다.

요사스럽다는 것은 부어구를 가진 사람의 말과 행동이 다를 수 있다는 것을 표현한 것으로, 경우에 따라서는 그와 진솔한 대화를 나누기 싫을 수도 있다. 그러나 입을 닫고 살 수는 없으며, 그가 당신에게 반드시 필요한 존재일 수도 있다. 때문에 대화하기 싫은 상대라 하더라도 항상 부드럽게 대해야 한다.

상대의 취미는 그때그때 다를 수 있으며, 그가 원하는 말 또한 상황에 달라질 수 있다. 그의 취미나 하고자 하는 일을 알 수 있으면 좋겠지만 그것을 모를 때는 웃는 낯으로 대화를 이끌어야 한다.

"요즈음 저는 스포츠에 깊이 빠져 있는데요. 축구에 가장 관심이 많습니다. 그런데 한국의 FIFA 랭킹이 60위권 아래라는 것은 도무지 이해가 되지 않습니다. 여러 가지 조건을 따져서 순위를 매긴다고 하는데, 우리가 아무리 못해도 그렇지 60위권 밖이라는 것은 말이 안 되지 않습니까?"

어떤 주제라도 상관없다. 그가 축구에 관심이 있다면 반응을 보일 것이다. 중요한 것은 그가 싫어할 만한 것들을 이야기 주제로 삼지 않는 것으로, 대화를 시작할 때 반드시 피해야 할 주제는 종교와 지역 문제이다.

입이 작으면 눈물이 많으며, 행동력이 떨어지는 특징이 있다. 따라서 한 가지 일을 파고들거나 세밀하게 파악하는 전문적인 일에 종사한다면 만족감을 느낄 수 있으며, 이들은 주의력이 뛰어나기 때문에 각종 조사나 리서치 분석 등과 같은 일에 탁월한 능력을 보일 가능성이 매우 높다. 만약 붕어의 입을 가진 학생이 문과 계통이 아닌 이과 계통이라면 설계나 개발과 관련된 학과가 맞을 것이다.

부어구의 특징은 입이 작은 것에서 그치지 않고 입술 가장자리인 구각이 내려간 형태라는 것이다. 구각은 되도록이면 올라간 형태가 좋은데 붕어의 입을 살펴보면 구각이 내려가 있다. 그다지 심하게 내려가 보이지 않는 것은 입이 작기 때문으로, 급격하게 내려갈 공간이 없기 때문이다.

부어구를 지닌 사람은 지극히 수동적이다. 일을 하는데 있어 능동적으로 대처해서 일을 해결해야 함에도 앞으로 나서기보다는 몸을 사리기 때문에 일의 진척을 기대하기 어렵다. 따라서 진취적으로 일을 해결하거나 주도적인 입장에 서지 못하고 주변 환경에 지배당하는 경우가 많다. 그러나 몸은 바빠서 늘 분주히 움직이고 여기저기 쫓아다니지만 이익이 없고 얻는 것도 없다. 이들의 문제는 늘 실패를 거듭하기 때문에 만사가 귀찮고 세상이 싫어진다는 것으로, 매달린다고 일이 성사되는 것은 아니지만 늘 실패를 동반하니 의기가 상실되고 괴로운 인생이 되기가 쉽다.

부어구를 가진 사람의 특징

1. 입이 작다.
2. 의지가 약하다.
3. 눈물이 많고 행동력이 떨어진다.

윗입술이 두꺼운 사람은 엄격하다

이 세상에 살고 있는 많은 사람만큼이나 입술 또한 그 모양이 다양하다. 두꺼운 입술, 가는 입술, 얇은 입술, 짧은 입술 등 입술 생김이 같은 사람은 거의 없다.

상순구(上脣口)는 윗입술이 아랫입술보다 두껍게 발달한 형태를 지칭하는 것으로, 마치 윗입술이 아랫입술을 덮고 있는 것처럼 보인다. 두 개의 입술 중 윗입술은 조상의 덕이나 부모의 덕을 의미하므로, 윗입술이 두꺼운 사람은 부모의 도움을 많이 받고 있는 것으로 판단할 수 있다. 따라서 초년에는 유복하고 넘치는 사랑을 받았겠지만, 부모가 돌아가시거나 청년기에 들어서면서부터는 많은 어려움을 겪을 수 있다.

"그건 아니죠."
"그럴 리가 없잖아요."
"어림도 없는 말씀 하지 마십시오."
"지금 그 말은 뭘 모르는 사람이나 하는 말이야."
"자네는 아는 것이 너무 없군."

"당신과는 대화가 안 되는군요."

위와 같은 말을 들으면 누구나 화가 나겠지만, 상순구를 가진 사람은 그 정도가 더욱 심하다. 윗입술이 발달한 사람은 성격적으로 엄격함을 가지고 있는데, 자기 자신에게 엄격할 뿐만 아니라, 타인에게도 엄격한 잣대를 들이대므로 어려움을 겪는다. 이들은 또한 섬세한 성격을 지니고 있어 부도덕한 행위나 사고방식을 경멸하므로 사회 적응이 쉽지 않고 주변 사람들과 트러블을 일으키기 쉽다.

윗입술이 두꺼운 사람은 말에 있어서도 엄격함을 추구하는데, 그에게 부정적인 말을 해서 얻어지는 것은 아무것도 없다. 상순구의 소유자 중에는 나름 자존심이 있다고 생각하는 사람이 많은데, 그들의 자존심을 건드려서는 안 된다.

상순구를 지닌 여성은 모성본능이 강하므로 자식을 버리거나 방치하지는 않지만, 자식을 잘 기른다는 보장은 없다.

상순구를 가진 사람의 특징

1. 윗입술이 아랫입술보다 두껍다.
2. 부모의 도움을 받는다.
3. 섬세한 성격으로 엄격함을 가지고 있다.

10

아랫입술이 두꺼운 사람은 경솔함이 있다

상순구가 윗입술이 발달한 것을 말한다면 아랫입술이 발달한 것을 하순구(下脣口)라고 한다. 하순구는 아랫입술이 윗입술과 비교하여 두텁게 발달해 있는 것으로, 아랫입술이 돼지의 입처럼 약간 돌출되어 보이기도 한다.

이들은 자존심과 자기주장이 강해 타협을 잘하지 못하며, 처음에는 두각을 나타내지만 시간이 지나면 점차 존재 가치를 잃어버리거나 의도한 바를 이루지 못하는 경우가 많다. 처음에는 인기가 있고 머리가 좋아 무엇이든 이룰 수 있을 것처럼 보이지만, 시간이 지나면서 점차 실망감을 준다.

하순구의 소유자는 자신의 생각을 굽히지 않아 추종자들을 떠나보내거나 설 자리를 잃게 되는 경우가 많다. 이들은 또한 반항적이고 이기적인 면이 강해 자신의 목적만을 생각하는 말과 행동으로 윗사람이나 상사들로부터 좋은 평판을 얻지 못하며, 사회를 부정하는 시각을 지닌 경우도 많다.

"자, 힘을 냅시다. 오늘 오후에는 왠지 기분 좋은 일이 생길 거 같지 않아요?"

그에게는 긍정의 마음을 심어주는 것이 필요하다. 긍정적인 말과 생각은 삶을 부드럽게 하고 마음을 풀어주는 윤활유와 같다. 그의 마음이 굳어 있고 이기적인 생각으로 가득 차 있다 해도 마음을 편하게 해주는 당신의 말을 들으면 마음이 따스해지는 기분을 느낄 것이다.

하순구의 주인은 자신의 주장을 굽히지 않으므로 여러 사람과의 생활에서 충돌이 일어나 종종 전직을 하게 되는 경우가 있다. 그는 미식가의 특성을 드러내기도 하는데, 머리가 좋은 편이고 리더십을 가지고 있기도 하지만 시간이 흐를수록 퇴색된다는 단점이 있다.

하순구의 소유자는 대단히 간사한 심정의 소유자로 경솔한 말을 잘한다. 아랫입술이 튀어나온 사람은 능청스러운 성격에 수다스러운데, 연애에는 소극적이지만 지나치게 색을 밝히는 성향이 강해서 문란하고 관능적인 섹스를 즐기기도 한다.

하순구를 가진 사람의 특징

1. 아랫입술이 윗입술보다 두껍다.
2. 반항적이고 이기적이다.
3. 색을 밝히는 경향이 있다

Chapter 11

턱의 모양을 보고 권위와 리더십을 평가하라!

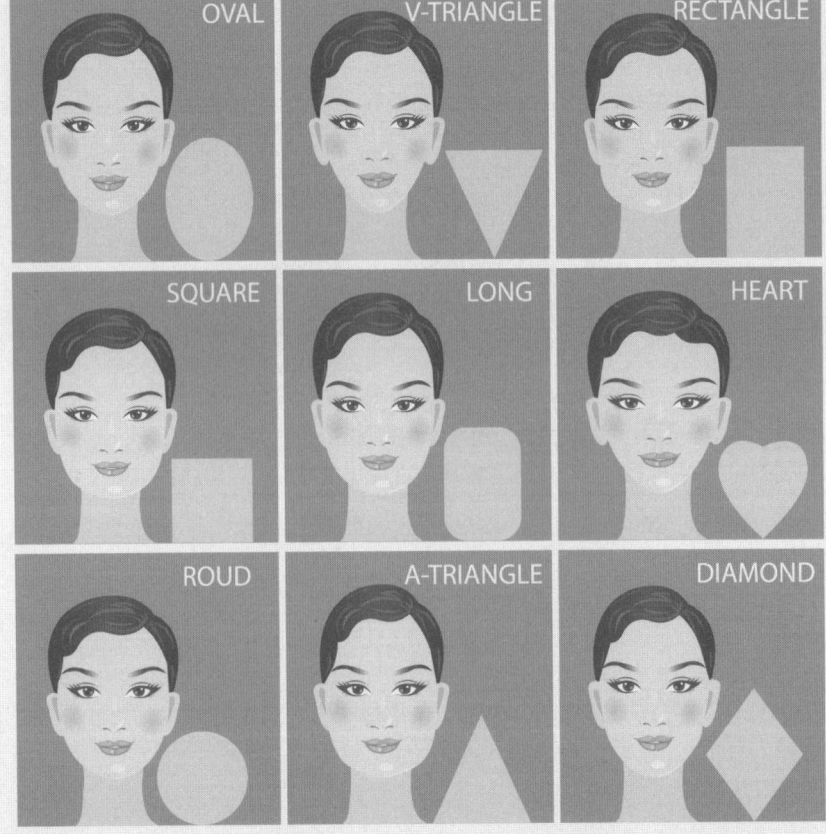

턱은 얼굴의 가장 하부에 매달린 기관이다. 관상학에서 노복궁(奴僕宮)이라고 하는 턱은 부하와 자녀의 운을 말해준다. 즉 턱이 어떤 모양으로 생겼는가에 따라 부하들이 명령을 잘 따를지 거역할지, 또 말년에 자손이 효도할지를 알 수 있다. 현대적인 해석을 덧붙이자면 턱은 권위를 나타내며 턱을 통해 그 사람의 리더십을 파악할 수 있다.

턱을 통해서 재산의 정도를 파악하는 것도 가능한데, 턱은 기질과 자질을 나타내기도 한다. 턱이 날카로운 사람은 말년에 실패를 할 가능성이 높고, 고귀한 인재가 될 수 없다는 것이 예로부터 전해져온다.

주의할 점은 턱을 성형하여 예쁘게 하는 것은 좋으나 뾰족하게 하는 것은 말년의 운을 깎는다는 것이다.

주걱턱을 가진 사람은
자기애가 강하다

흔히 턱이 앞으로 나와 있으면 마치 밥을 푸는 주걱처럼 보인다고 해서 주걱턱이라고 하는데, 주걱턱의 소유자는 대담한 성격을 지니고 있으며 저돌적이다. 아울러 자기 자신에 대한 애정이 지나치게 강해서 다른 사람을 무시하거나 깔아뭉개는 성향을 보이기도 한다.

주걱턱은 권력에 강하다. 기회주의자적인 측면이 있으며 권력을 차지하고자 하는 욕구가 매우 강하다. 권력을 손에 넣으면 자신의 영역을 지키기 위해 수단과 방법을 가리지 않으며, 영역 확대를 위해 지나칠 정도로 타인을 억압하기 때문에 적이 생길 가능성이 높아진다. 따라서 권력을 잃으면 결과는 비참해진다.

주걱턱은 밑 부분이 앞으로 튀어나온 형상이다. 턱은 노복궁이니 신하의 복은 있다고 하겠지만 넓지 않기 때문에 아랫사람의 충성을 기대하기는 어려우며, 자식의 도움 또한 받기 어렵다. 특히 재산을 쌓으려는 욕심 때문에 미움을 사게 되는 이들은 말년에 돈은 있더라도 창피를 당하는 일이 생기고 결국 적으로 둘러싸이게 된다.

주걱턱의 소유자와는 친해지기가 어렵다. 턱의 크기를 떠나 흉터나 사마귀가 턱에 있으면 성질이 괴팍한데, 주걱턱인 사람이 넘어져 턱 아래 승장 부위에 상처가 생겨도 성질이 괴팍해진다.

주걱턱의 특징은 턱이 뾰족한 것이다. 일반적으로 주걱턱은 말년까지 재산을 가지고 있으며 재운이 있다는 것이 관상학적인 판단이지만, 주걱턱은 하부가 뾰족하기 때문에 송곳턱에 해당되어 말년에 자식운과 부하의 운이 좋지 않다. 이 운은 뾰족한 턱과 그 순환을 같이 하며, 턱의 색이 변하는 것을 보고 병을 알 수 있다.

주걱턱의 소유자는 강한 성격과 안하무인적인 태도를 지니고 있으며, 자신의 말에 반대하거나 토를 달면 짜증을 낸다. 때문에 그와 친해지고자 한다면 말을 많이 하기보다는 가능한 한 그의 말을 많이 들어주는 것이 좋다.

"과장님! 어제 회사에서 납품 문제로 담당자들끼리 옥신각신한 일에 대해 혹시 알고 계십니까? 거래처에서 저희가 보낸 상품이 주문장에 없다고 확인도 하지 않고 다시 돌려보냈습니다. 항상 결제 문제로 속을 썩이는 거래처인데 그쪽 관리자를 한번 만나봐야 하는지, 아니면 거래를 끊고 다른 거래처를 물색해 보는 게 나을지 정말 판단이 안 섭니다. 과장님이라면 어떻게 하시겠습니까?"

그가 이와 같이 묻는다면 즉답을 하기보다는 잠시 뜸을 들이는 것이 낫다. 잠시 생각하는 사이 본인 스스로 결정을 내리기도 하기 때문이다.

주걱턱을 가진 사람과 대화를 할 때, 경청이 중요하다고 해서 막연히 귀를 열고만 있어서는 안 되며, 그가 어떤 주제를 가지고 말하는지 반드시 인식하면서 들어야 한다. 그는 예리한 눈을 가지고 있기 때문에 건성으로 듣다가는 그에게 신뢰를 주지 못한다. 그는 자기주장이 강하고 주제가 없는 말은 하지 않으므로, 그가 무엇을 말하고자 하는지 핵심을 파악하는 것이 무엇보다 중요하다.

주걱턱을 가진 사람의 특징

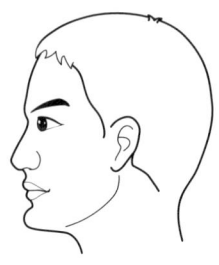

1. 턱이 뾰족하다.
2. 욕구가 강하고 저돌적이다.
3. 안하무인격으로 적이 많다.

2

무턱인 사람은 인내심이 부족하다

무턱은 말 그대로 턱이 없다는 뜻으로, 턱 중에서 가장 나쁜 턱이라고 해도 지나친 말이 아니다. 턱은 노복궁으로서 그 형태가 있어야지만 말년의 운을 볼 수 있고, 부하나 자식의 충성과 효도를 기대할 수 있다.

사람에게는 턱이 없을 수가 없는데, 무턱인 사람은 턱이 없다는 느낌을 준다. 그런데 턱이 없는 것처럼 느껴지는 것은 턱뼈가 지나치게 뒤쪽으로 치우쳐 발달하지 못했기 때문이다.

비교해 보자면 주걱턱이 앞으로 튀어나온 턱이라면 무턱은 뒤로 누운 턱으로, 이것은 살이 많아 턱이 잘 보이지 않는 것과는 다른 것으로, 무턱은 턱이 뒤로 젖혀진 것처럼 보인다.

무턱을 가진 사람의 가장 두드러지는 단점은 인내심이 부족하고 어떤 일을 하더라도 곧 싫증을 낸다는 것이다. 무엇을 하든 뚫고 들어가는 힘이 부족하므로 오래지 않아 주변 사람들로부터 신뢰를 잃는다. 학습이나 일에 있어서도 결과를 만들어내는 역량과 끈기가 부족하니 이룸이 없다.

또한 감정의 기복이 심해 우울증을 겪기 쉬우며, 여성의 경우에는 자신의 감정에 치우쳐 타인을 괴롭히거나 못살게 굴고 의지하려는 성향이 강해서 많은 사람을 피곤하게 만든다. 때문에 무턱인 사람과의 대화에서는 본인 스스로가 생활에서 활력을 찾을 수 있도록 깨닫게 해주는 것이 중요하다.

"저는 요즘 집중력이 떨어지는 것 같아서 서예를 시작했습니다."
"효과가 있던가요?"
"네. 물론이죠. 산만했던 정신이 가다듬어지고, 마음에 여유가 생기더군요. 단조로웠던 생활에 활력도 생기고요."

무턱인 사람은 이마라도 넓어야 한다. 다행히도 이마가 넓다면 추진력은 떨어지지만 사고력으로 많은 약점을 커버할 수 있다. 물론 이마가 넓다고 해도 이들의 용두사미격 일처리는 크게 달라지지 않지만 이마가 넓으면 주변 사람들이 뒤를 막아주어 바람 앞의 등불 형국은 면하게 되니 역시 이마가 넓고 볼 일이다.

이들의 말년운은 비교적 좋은 편이라고 말할 수 있지만, 부하의 충성이나 자식의 효도로 그것을 이루기는 어렵다. 따라서 중년에 최대한 노력하여 재산을 축적하여야 하며, 어떤 경우라도 사업을 완수하기 위해 노력해야 한다.

무턱인 사람의 특징

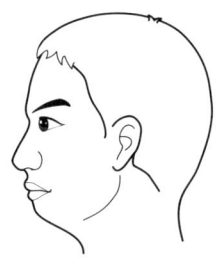

1. 턱뼈가 뒤쪽으로 들어가 있다.
2. 역량과 끈기가 부족하다.
3. 감정의 기복이 심하다.

3

둥근 턱을 가진 사람은 애정이 깊다

둥근 턱은 가장 이상적인 턱으로, 미관상으로도 가장 아름다운 형태를 띠고 있다. 특히 여성에게는 최상의 턱이라 해도 지나침이 없는데, 둥근 턱의 소유자는 가정에서 신망이 두터우며, 이는 여성에게 있어 최상의 조건이 된다. 여성에게 있어 가정에서 신망이 두텁다는 말은 남편에게 사랑을 받고 있으며 자식에게 효도를 받는다는 의미를 내포하고 있다.

둥근 턱을 가진 사람은 남녀를 불문하고 애정이 깊은 사람이다. 이성간의 애정도 깊지만 일에 대한 애정도 깊으며 자식에 대한 애정도 깊다. 매사에 애정을 가지고 행동하므로 주변사람들로부터 신망을 얻는다.

"자네는 사람을 기분 좋게 하는 재주를 타고난 것 같아."
"선배님과 대화를 나누면 마음이 무척 편해집니다."
"과장님은 항상 즐거워 보이세요."

그를 편안하게 하는 말은 그를 축복하고 그를 기쁘게 하는 말이다. 둥근 턱을 가진 사람은 자신이 편하다는 말, 필요한 사람이라는 말을 가장 좋아한다.

하지만 이들이 둥근 턱을 가졌다고 해서 애정을 표현하는 주변 사람들에게 무조건적으로 호의적이거나 허물없이 대하는 것은 아니다. 이들은 무작정 남에게 잘해 주거나 상대에게 필요하지도 않은 애정을 베풀지는 않으며, 적당한 완고함을 지니고 있어 오버하지 않고 적당히 가릴 줄 안다. 그러나 근본적으로 타인을 배려하는 마음을 가지고 있고, 그에 따라 행동하기 때문에 세상을 원만하게 살아간다.

둥근 턱을 가진 사람의 특징

1. 가정에서 신망이 두텁다.
2. 정이 많다.
3. 배려심이 많다.

4
사각턱을 가진 사람은 자수성가형이다

사람의 얼굴을 전체적으로 살폈을 때 사각형의 얼굴을 가진 사람이 사각턱을 가지고 있을 가능성이 가장 높다. 턱은 지나치게 각이 지거나 짧으면 좋지 않은데, 특히 코 아래에서부터 턱의 끝이 길어야 수명이 긴 것으로 본다. 사각턱에서도 턱 끝이 긴 사각과 애초에 턱의 구조가 짧은 모양의 사각이 있는데, 길이가 짧은 사각턱을 가진 사람은 수명이 그다지 길지 못하며, 부하들의 존경도 받기 어렵다.

사각턱을 가진 사람은 의사 표현이 분명하며, 자신의 고집을 쉽게 꺾지 않는다는 특징이 있기 때문에 그의 의견에 직접적으로 반대하거나 무시하면 트러블이 생기기 쉽다. 따라서 거부를 할 때에도 처음에는 상대의 말을 포용하는 자세를 취한 후에 적절한 예를 들어 부드럽게 반대 의사를 나타내는 것이 좋다.

"맞습니다. 저도 이 팀장님의 의견에 일정 부분 공감합니다. 그런데 그와 같은 방식으로 일을 진행한다면 약간의 문제가 발생될 것 같습니다. 예전에 그와 비슷한 방식으로 일을 추진했던 업체가 있었는데, 유통 상의 문제 때문에 결국 그쪽 사업을 접었습니다. 저희가 그와 사업을 추진한다면 유통 문제를 해결한 다음에 다시 추진하는 것이 어떨까요?"

사각턱을 가진 사람은 그 누구에게도 명령 받는 것을 싫어하고 자수성가하는 타입이다. 따라서 조직 생활을 매우 힘들어하며, 오래 견디지 못하고 뛰쳐나오기도 한다. 결국 이들은 자신의 사업을 하는 것이 가장 좋다.

사각턱을 지닌 사람은 제재당하는 것을 불쾌하게 여기며, 사회생활에 있어서도 완고함을 드러내므로 트러블의 소지가 있다. 또한 자녀와의 사이가 좋지 않거나 말년운이 좋지 않을 수 있으므로 스스로 말년을 준비해야만 한다.

사각턱을 지닌 사람은 애써 애교를 부리거나 남들 앞에서 꼬리치듯 자신을 낮출 필요는 없다. 청렴하고 무뚝뚝한 것이 그들의 매력이기 때문이다. 단 자신의 의사를 표현하는데 있어서 말과 행동을 조금 늦추거나 부드러운 표정 관리가 필요하다.

사각턱을 가진 사람의 특징

1. 의사 표현이 분명하다.
2. 조직생활을 힘들어한다.
3. 자수성가형이다.

5

뾰족한 턱을 가진 그는 예술인이다

한때 V라인이란 말이 유행처럼 번졌었다. 시간이 흐르며 V라인에 대한 열망이 어느 정도 수그러들었지만 지금도 많은 성형외과에서 V라인 시술을 하고 있는 것이 사실이다.

턱이 뾰족한 사람은 자기감정에 충실하다. 이들은 자신의 기준으로만 생각하다 보니 아랫사람의 심리를 제대로 파악하지 못해서 자주 트러블을 일으킨다. 결국 다른 사람의 감정을 상하게 하고 미움을 심어줌으로서 배척을 당하는 일이 생긴다.

V라인의 소유자는 나름 고상한 것을 좋아하는 성격으로, 그로 인해 주위의 시기와 질투에 시달리기도 한다. 따라서 자신이 좋아하는 것을 타인에게 강요하거나 자랑할 것이 아니라 같이 즐기거나 같이 좋아할 수 있도록 배려하는 노력이 필요하다.

뾰족한 턱의 소유자는 다른 사람과 덜 부딪치는 예술가나 학자에 어울리며, 자신의 재능과 끼를 마음껏 발산할 수 있는 직업을 선택하는 것이 좋다.

턱이 뾰족한 사람들은 의지가 약해서 쉽게 포기하거나 남에게 의지하려 하고 자신의 좁은 편견에 사로잡히기도 한다. 특히 스스로 결정하려고 하다가 실수를 하거나 타인의 충고를 무시하거나 비난해서 친구를 잃어버리기도 하며, 남녀관계에 있어서도 자신의 주장만을 되풀이하다가 좋은 관계를 깨기도 한다.

이들은 때로 운이 좋아 많은 사람을 통솔할 수 있는 기회가 온다고 해도 그 시간이 그리 길지 않다. 그것은 성격 탓도 크지만, 근본적으로 턱이 약하면 부하의 복이 없기 때문이다.

"좀 더 신중하게 생각해 보는 것이 어때요? 그게 지금은 좋은 일 같지만 유행을 많이 타고 오래도록 할 수 있는 일이 아니잖아요. 생각해보면 인생 정말 짧습니다. 그래서 말년을 대비할 수 있는 직업을 가지는 것이 무엇보다 중요한데요. 짧은 행복을 위해 긴 행복을 버리지 마십시오."

그에게는 올바른 충고가 필요하다. 사마귀나 점이 있는 찌르는 듯한 송곳 턱을 가진 사람은 말년에 자식운이 좋지 않으며, 부하의 운은 더욱 나쁘다.

뾰족한 턱을 가진 사람의 특징

1. 자기감정에 충실하다.
2. 다른 사람의 심리를 제대로 파악하지 못한다.
3. 말년복이 없다.

6

이중턱을 가진 그는 후덕하다

이중턱을 가진 사람들의 공통적인 특징은 후덕하다는 것이다. 이중턱을 지닌 사람은 많은 사람들을 통솔하는 자리에 오르는 경우가 많으며, 특히 턱이 희고 맑으며 윤기가 있으면 틀림없이 리더의 자리에 앉는다.

또한 턱만 두꺼운 것이 아니라 다른 부위의 살집이 좋으면 금상첨화로, 복에 복을 더하는 격이다. 특히 이중턱의 가장 중심이 되는 코가 마치 쓸개를 달아놓은 듯 잘생기고, 광대뼈가 돌출되어 살집에 두껍게 싸여 있으며, 이마가 밝게 돌출되어 있으면 모든 조건이 다 잘 갖추어진 것이다. 그리고 이중턱인 사람은 대부분 모든 것이 조화를 이룬 경우가 많다.

그들은 감정을 겉으로 잘 드러내지 않지만, 마음속에서는 늘 판단하고 있다. 그는 자신의 말을 성심성의껏 들어주는 사람을 좋아하고 논리적인 사고를 한다. 그와의 대화에서는 몇 가지 규칙만 잘 지키면 좋은 친구가 될 수 있다.

"이번 일은 절대로 안 됩니다."

이와 같은 말은 그에게는 금물이다. 일에 대한 반대는 얼마든지 있을 수 있지만, 그 경우 합당한 이유가 있어야 한다. 반대를 위한 반대는 그와 적이 되겠다는 것이나 다름없다.

"제가 지금 난처한 상황에 빠져 있습니다. 이유는 묻지 마시고 절 딱 한번만 도와주십시오."

그는 균형 잡힌 사고와 시각을 가지고 있으며, 동정심도 지니고 있다. 그러나 아무 때고 무조건적인 동정심을 보이는 것은 아니다.

"그 일은 저만큼 잘 아는 사람이 없습니다. 제가 적임잡니다. 제가 하겠습니다."

그는 나서는 사람을 좋아하지 않는다. 그는 감정을 드러내지 않지만 그렇다고 생각이 없는 것은 아니다. 그가 가장 싫어하는 인간형은 드러내 놓고 잘난 척하는 사람이다.

"제 판단이 정확합니다."

지나친 판단에는 때로 지나친 오류가 뒤따른다. 그는 도량이 있지만 판단을 앞세우는 것을 좋아하지 않는다. 백번 생각해도 모자르다는 말이 있다. 스스로 확정지어 버리면 다시는 돌아올 길이 없다. 더구나 그의 앞에서 확정적으로 판단을 내려버리면 그의 판단과 다르게 어긋날 수 있다. 지나치게 판단하지 않는 것이 그를 친구로 만드는 방법이다.

"아니, 아니. 그게 아니라……."

그는 자신의 말 꼬리를 자르는 사람을 매우 싫어한다. 당신의 이미지를 생각하라. 그로부터 경솔하고 나서기 좋아하는 사람, 참지 못하고 나불거리는 사람으로 인식되고 싶다면 그의 말이 끝나기 전에 말꼬리를 자르면 된다. 그러나 그에게 예의가 있으며 믿음직스럽다는 인상을 남기고 싶다면 인내심을 가지고 그의 말을 들어라.

"아무리 그래도 그렇지, 회사가 저한테 그럴 수는 없는 법이죠."

불평불만은 사람을 추하게 만든다. 더구나 리더의 역할을 하는 이중턱을 가진 그가 보았을 때 불평을 늘어놓는 당신이 좋아 보일 리 없다. 리더는 자신의 일이 아니라 해도 폭넓은 시야를 가지고 있기 때문에 그의 앞에서 다른 사람을 폄훼하거나 비난하는 말은 금물이다.

이중턱인 사람은 애정이 풍부하고 주변 사람들로부터 칭송을 받고 도움을 받으므로 인덕이 있는 사람이다. 더불어 스스로도 도량이 있어 많은 사람들이 감복하고 스스로 존중하니 리더의 자리에 어울린다.

이중턱을 지닌 사람들 대부분은 재력이 있는 사람들로, 귀는 아무리 잘 생겨도 재력이 유지되지 못하는 경우가 많은데, 이중턱을 지닌 사람은 말년이 되어갈수록 재산이 불어난다. 이들은 말년에 이르도록 여유 있는 생활을 하며, 말년운이 좋아 부하가 충성하고 자식이 효도한다.

이중턱을 가진 사람의 특징

1. 후덕한 성품이다.
2. 리더가 된다.
3. 말년운이 좋다.

반으로 나누어진 턱을 가진 사람은 열정과 끈기가 있다

사람의 턱을 유심히 살펴보면 간혹 하부가 갈라진 듯 보이거나 두 개가 마주 붙은 것처럼 보이는 턱을 가진 사람들이 있는데, 이것은 동양인에게는 드물게 나타나는 턱의 형태지만 서양인의 경우에는 이런 턱을 가진 사람들이 많다. 특히 이름 있는 배우들 중에 갈라진 턱을 가진 사람들이 많다.

턱의 한 가운데가 갈라진 듯 보이는 턱은 턱이 가진 원래의 기운을 모두 가질 수 없다는 것이 특징으로, 즉 턱이 길면 수명이 길다는 것이 일반적인 해석인데 턱이 길어도 가운데가 갈라진 모양이면 수명이 길다고 할 수 없으며, 이중턱이면 부를 누리는 상인데 이러한 이중턱의 가운데가 갈라져 있으면 부를 누리는 상이 될 수 없다.

반으로 나누어진 턱을 가진 사람은 대단히 정열적이다. 이러한 턱을 가진 사람들 대부분은 한 가지 일에 몰두하여 끝장을 보는 열정과 끈기를 겸비한다. 자신이 좋아하는 일에 목숨을 거는 경우도 생기는데, 이러한 유형은 예술계나 연예 계통에서 많이 찾아볼 수 있다.

"대단하십니다. 어떻게 한 가지 일에 그렇게 매진하실 수가 있습니까. 그 정열이 정말 부럽습니다."

그에게 가장 훌륭한 칭찬이라면 이와 같은 말이 될 것이다.
이들은 예술적인 기질이 매우 강하다. 이는 정열 때문으로, 그들은 창작력이 뛰어나고 예능 방면에 소질이 있으며, 인기가 많다.

반으로 나누어진 턱을 가진 사람의 특징

1. 정열적이다.
2. 창작력이 뛰어나고 예능 방면에 소질이 있다.
3. 인기가 많다.

Chapter 12

체형을 보고 상대의 건강을 파악하라!

인간은 오랜 세월을 거쳐 자연 환경에 적응해 왔으며, 직업이 발달함에 따라 다양한 직업에 맞는 형태로 몸이 변화되어 왔다. 가장 먼저 얼굴이 발달하고 이어 몸의 형태가 발전하기 시작했으며, 자연에 속한 모든 생명체가 자연 환경에 적응하고 미래에 대응하기 위해 변화하듯 인간은 현재도 끊임없이 변화하고 있다.

일반적으로 얼굴형과 체형은 상관관계를 가지고 있으며, 체형은 성격에도 영향을 주지만 체질과도 관련이 있다. 즉, 얼굴을 보면 그 사람의 몸을 어느 정도는 이해할 수 있다. 따라서 얼굴을 파악하고 신체를 파악한다면 그가 어떤 사람인지 알 수 있다.

인간은 삶의 환경에 적응하기 위해 만들어진 형질이 유전된다. 이것이 대를 거쳐 이어지며 가풍을 이룬다. 즉 어떤 집안의 특이한 형질이 완성되는 것이 가풍이다. 그 가풍에 따라 사람의 체질은 영향을 받는데, 사람의 몸은 각각의 기관이나 나누어진 부위에 따라 성격이 나타난다. 신체 각각의 부분을 따져 발달한 부분에 따라 상응하는 성격과 특질이 나타나게 되는데, 그 특질이나 성격이 반드시 좋다거나 반드시 나쁜 것은 아니다.

마름모꼴 얼굴에 역삼각형 체형을 가진 그는 활동적이다

얼굴에서 어느 부분이 발달했는지는 바라보는 것만으로도 파악이 가능하다. 사람의 얼굴을 바라보면 여러 가지 특징이 있으며, 그 특징만으로도 성격을 파악할 수 있는데, 가장 먼저 눈에 띄는 사람은 얼굴이 큰 사람이다.

얼굴이 크게 보이는 사람 중에는 특이하게 얼굴이 마름모꼴로 보이는 사람이 있는데, 이들은 머리에 해당하는 이마가 작아 보이고 눈이나 귀가 달린 부분이 넓으며, 관골이 돌출되어 발달한 모양을 지닌다. 흔히 중정이라고 부르는 얼굴의 중앙 부위가 발달한 모습을 한 이들의 모습을 종합해보면, 이마와 턱은 좁고, 얼굴의 중앙부분은 폭이 넓고 길며 코는 높고 오뚝하다.

얼굴의 중앙 부위가 넓으므로 호흡은 매우 좋으며, 폐활량이 크고 가슴은 두껍다. 몸통은 역삼각형으로 어깨가 넓으며, 옷을 벗으면 근육이 발달해 있고, 근육이 없다고 해도 몸의 형태가 역삼각형으로 보기 좋다는 특징을 가지고 있다.

이들은 대단히 활동적인 유형으로, 의자에 앉아 서류를 보거나 연구를 하기보다는 돌아다니면서 사람을 만나야 활력이 생긴다. 지극히 원시적인 몸을 가졌다고 표현하는 것이 적합한 이들은 건강하고 활동적이다.

하지만 가장 강한 것이 가장 약한 것이라는 말처럼, 호흡기가 튼튼하기 때문에 호흡기와 관련된 병에 가장 약하다. 감기에 걸리면 한동안 고생을 하기 때문에 독감이라도 유행하면 겁부터 나게 되며, 결핵이나 폐렴 등에 걸리면 쉽게 낫지 않는 체질이라 고생을 한다.

"자네 무척 건강해 보이는군."
"네. 전 체력이라면 자신 있습니다."
"너무 자신하지 말게. 힘센 엔진을 가진 배는 가장 먼저 공기흡입구가 망가진다고 하더라고. 엔진이 좋은 차도 공기흡입장치가 망가지면 멈추기 마련이야. 자네도 호흡기 조심하라고!"

그에게는 이와 같은 말이 매우 좋은 충고가 될 것이다.

이 유형은 원시인의 특징을 지닌 몸이라고 생각하면 된다. 돌아다니는 것이 어울리는 사람이므로 영업직에 어울린다. 마름모꼴 얼굴에 역삼각형 몸을 지닌 사람은 자부심이 강하지만 겉으로는 부드러워 보인다. 그러나 부드러운 것은 표면적이고 일시적인 것으로, 이들은 자신의 주장을 펼쳐야 할 때가 되면 절대로 물러서지 않는다.

마름모꼴 얼굴에 역삼각형 체형을 지닌 사람의 특징

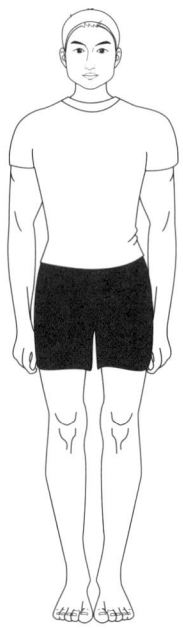

1. 얼굴의 중앙 부위가 발달되어 있다.
2. 호흡기 질병에 유의해야 한다.
3. 영업직에 어울린다.

얼굴 하부가 발달하고 뚱뚱한 체형을 가진 사람은 위장이 튼튼하다

여러 유형의 사람들이 이에 속할 수 있다. 두 개의 턱을 가진 것처럼 보이는 사람도 이에 속하지만 아귀의 뼈가 발달한 사람도 이에 속한다. 얼굴 모양은 이마나 관골부분보다 하부가 지나치게 통통하여 누가 보아도 얼굴 하부의 발달이 눈에 띈다.

이러한 형태의 얼굴을 지닌 사람은 일반적으로 관골도 발달하는데, 아래턱과 얼굴 하부가 발달한 유형으로 입이 그고 입술도 두툼한 사람이 많다. 인상은 대체적으로 온화하고 편안하다.

몸도 얼굴을 닮는다고 했는데, 이들은 얼굴 하부가 발달하듯 몸의 하부도 발달해서 골반이 크고 폭도 넓다. 따라서 어깨는 좁아 보이는 특징이 드러난다. 몸은 크지만 어깨가 왜소해서 간혹 일자형 몸으로 보이기도 하는데, 날씬한 일자가 아니라 통통한 일자다. 비만형으로 배불뚝이가 많으며 잘 먹는다. 혈색이 좋은 사람이 많고 술을 마셔도 잘 취하지 않기 때문에 술친구가 많다.

위장이 튼튼해서 무엇이든지 잘 소화시키는 이들은 먹성이 좋아 먹는 양이 많으며, 미식가도 많아서 맛있는 음식을 먹기 위해 여행을 하기도 한다.

이들은 또한 미각이 뛰어나고 후각도 좋기 때문에 요식업에 가장 잘 어울리지만, 위장이 좋다보니 무리해서 음식을 섭취하므로 설사가 잦을 수 있고 때로 장염으로 고생을 하기도 한다.

"강한 것이 가장 큰 약점이라는 말이 있습니다."
"무슨 말씀이십니까?"
"사람을 좋아하는 사람은 사람에 속고, 돈을 좋아하는 사람은 결국 돈에 무너진다고 합니다. 건강도 그와 같아서 먹성이 좋은 사람은 결국 위장에서 탈이 나고, 폐가 좋은 사람은 늘 폐에서 탈이 나기 마련이라고 합니다."

이와 같은 말을 들으면 그는 이해할 것이다.

얼굴 하부가 발달하고 비교적 뚱뚱한 체형에 속하는 이들은 일반적으로 개방적인 성격에 명랑한 편으로 친구가 많은 것이 장점이다. 인간관계에 있어서 빠르게 달아올랐다가 쉽게 식어버리는 기분파이기도 해서 주변 사람들에게 실망감을 안겨 주기도 하지만, 남을 돌봐주는 일에 주저하지 않으므로 부탁을 받으면 거절하지 못한다.

성격이 정말 좋다는 말을 듣는 이들은 기분이 나빠도 그다지 내색하지 않으며, 화도 잘 내지 않는다. 아이들이 시끄럽게 하거나 어질러도 귀찮아하지 않으니 부모와 같은 성품이라 할 수 있으며, 나름 우두머리 기질을 보여 준다. 정치가나 경영자 중에도 이 유형이 많으며, 이들은 걸음도 느리고 서두르는 기색이 없다.

얼굴 하부가 발달하고 뚱뚱한 체형의 특징

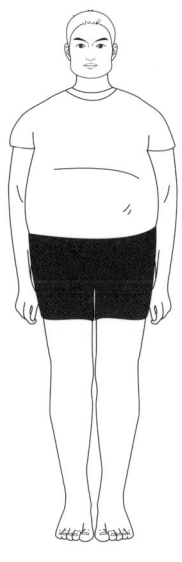

1. 음식을 잘 먹고 술에 강하다.
2. 성격이 좋고 명랑하다.
3. 걸음이 느리고 서두르지 않는다.

3

아래로 좁은 세모꼴 얼굴에 홀쭉한 체형의 그는 머리가 좋다

이마가 넓은 사람은 비교적 초년운이 좋으며, 머리가 좋다. 두뇌가 발달한 형으로 머리가 일반인들보다 크다는 인상을 준다. 머리는 크지만 아래로 내려갈수록 뾰족한 얼굴형을 가진 이들은 몸도 얼굴을 닮아서 홀쭉하다. 따라서 큰 머리가 왜소한 몸에 얹힌 느낌을 주며, 간혹 얼굴이 작아도 머리가 반 이상 차지하여 왜소한 몸에 비해 머리가 유난히 크게 비춰진다.

얼굴 모양은 역삼각형으로 대단히 지적인 느낌을 주는 이들은 이마가 넓기 때문에 누가 보아도 표시가 난다. 그러나 몸통은 가늘고 마른 형태를 지닌다. 음식물을 많이 섭취해서 살을 찌우려 해도 마른 체형은 어찌할 방법은 없다. 더구나 수족이 마르고 긴 형태를 지녀서 왜소한 느낌을 주는데, 머리가 크다고 해서 지능이 발달하거나 아이큐가 좋다는 정확한 통계는 없지만 대체적으로 이들의 지능 발달은 돋보인다.

지나치게 두뇌가 좋은 사람들은 체력적인 뒷받침이 되지 않거나 게으름을 지니고 있는데, 아래로 좁은 세모꼴 얼굴형을 지닌 사람도 두뇌 회전은 빠르지만 실행력이 뒤떨어져서 일을 추진하면 용두사미격이 되기 쉽다. 따라서 좋은 머리를 지녔지만 1인자가 되기 어려우며, 참모 역할에 만족해야 하는 경우가 많다.

"사람들은 늘 오너나 리더가 되려고 하죠. 하지만 인생의 참다운 묘미는 참모가 더 잘 알지 않을까요? 리더도 참모가 있어야 빛을 발하는 법이고요."
"맞습니다. 삼국지에서도 사실 유비보다 제갈량이 더 돋보입니다."

그들에게도 오너, 혹은 리더의 욕심이 있으며, 본인 스스로가 자신이 참모에 어울린다는 것을 깨닫기까지는 많은 시간이 필요하다.

일반적으로 마른 사람들이 이 체형에 속하는데, 이들은 여럿이 모여 법석을 떨고 호들갑스럽게 굴기보다는 조용한 곳에서 혼자 독서하고 사색을 즐긴다. 반드시 독서가 아니더라도 나름대로 조용한 취미를 가지고 있기 때문에 여가 시간을 잘 보내며, 남들과 부대끼지도 않는다. 성격적으로는 나름의 특징을 지니고 있어 특이한 행동을 보이기도 하고, 이해하기 힘든 고집을 부리기도 한다. 조금 특이한 사람들이 이러한 체형을 많이 갖고 있으며, 이들은 매우 섬세하고 자존심이 강하기 때문에 자존심을 세워주어야 좋아한다.

전형적인 학자의 모습인 이들은 머리가 좋기 때문에 학습효과가 매우 뛰어나며, 학자로서는 매우 좋은 모습이지만 육체적인 일에는 어울리지 않는다. 또한 이들은 늘 머리를 써야 하는데, 쉬거나 휴식을 많이 하면 오히려 머리가 아프고 머릿속이 복잡해진다. 이들은 머리를 많이 사용하기 때문에 모든 신경이 머리에 쏠려 있으므로 감기에 걸리면 두통을 호소하는 일이 많다.

아래로 좁은 세모꼴 얼굴형에 홀쭉한 체형

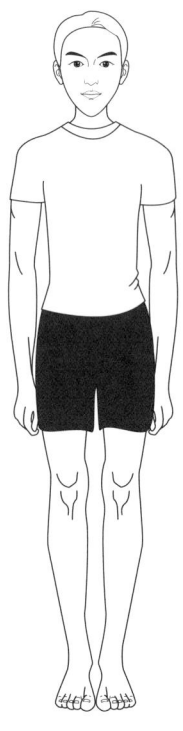

1. 두뇌 회전이 빠르다.
2. 체력이 약하다.
3. 학자형 타입이다.

네모형 얼굴에 온몸이 근육질인 그는 운동을 해야 한다

얼굴이 네모형에 가깝거나 네모형인 사람은 얼굴에 균형이 잡혀있어 견고한 느낌을 주며, 몸도 견고한 근육으로 틀이 잡혀 있다. 온 몸의 근육이 발달해 있고 얼굴도 모든 면에서 균형이 잡혀 있는 이들의 얼굴을 잘 살펴보면 이마와 눈이 있는 부분, 그리고 하부가 모두 일정한 넓이를 지니고 있으며, 코와 턱이 조화를 이루어 네모를 연상하게 하며 더불어 몸두 잘 짜여져 있어 단단하다는 느낌을 준다.

몸통 자체의 균형 또한 중요한데, 네모형 얼굴의 소유자는 팔다리도 잘 발달되어 있으며, 팔 다리에도 근육이 붙어 강인하게 보인다. 이들은 몸통이 굵고 튼실할 뿐 아니라 사지가 발달하고 근육의 강도가 좋으므로 육체노동에 어울린다.

네모형 얼굴을 지닌 사람들은 근육과 뼈가 발달해서 노동을 하지 않거나 운동을 하지 않으면 근육과 뼈가 반란을 일으켜 오히려 몸이 아프거나 근질거려 일을 저지르는 경우가 많다. 때문에 움직이지 않으면 건강을 해치므로, 가능하면 근육과 힘을 사용하는 운동을 하거나 노동을 해야 건강을 유지할 수 있다.

"건강은 최고의 자산입니다. 몸이 자산인 사람이 몸을 관리하지 않으면 어떻게 되겠습니까. 쉬지 않고 움직이셔야 합니다."

"자네는 운동을 하지 않으면 몸이 아픈 사람 아닌가. 운동이 보약인데 이렇게 처져 있으면 어떡하나. 몸을 움직여야 활력이 생기지. 누워 있지만 말고 일어나게. 움직이다 보면 다시 건강해지고 활력도 생길 테니."

매사에 의욕을 잃은 사람이 이 유형이라면 위와 같은 말로 위로하라. 그는 겉으로 보기에는 조용하고 온화한 타입이지만 의지가 강하다. 겉으로 드러나는 것만 보아도 알 수 있지만 의지가 강해서 마음먹은 것은 반드시 해내고야 마는 이 유형의 사람들은 평상시에는 부드럽지만 화를 내면 무척이나 무서워지는데, 자신이 먼저 화를 내는 경우는 드물다.

스포츠맨이나 군인, 경찰과 같은 직종에 종사하는 사람들 중에 이 유형의 사람들이 많으며, 특히 근육을 많이 사용하는 운동선수들 중에도 이 유형이 많다. 앞에서도 말했지만, 많이 사용하는 것이 먼저 망가지는 법이라고 했으니 이들은 관절염이나 근육통에 시달릴 가능성이 높다.

네모에 가까운 얼굴형과 온몸이 근육질인 유형

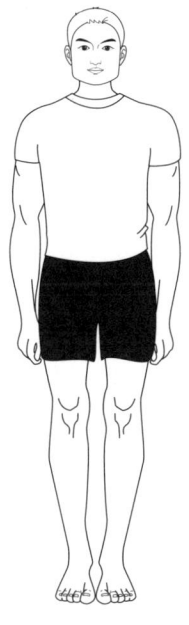

1. 몸통이 굵고 튼실하다.
2. 육체노동이나 운동을 해야 몸이 건강해진다.
3. 의지가 강하다.

균형을 이룬 얼굴에 보통 체형을 가진 그는 의욕이 필요하다

고루고루 균형을 이루었다고 하는 것은 일반적이라는 말이 된다. 머리 크기가 중간 정도이고, 턱도 지나치게 뾰족하거나 지나치게 후덕하지 않은 이 유형은 몸의 크기나 근육의 정도 등에 있어서 여러 가지 모습이 함께 드러난다.

사실상 가장 많은 사람들이 균형을 이룬 얼굴을 가지고 있으며, 보통 체형을 가지고 있다. 이들은 성향에 따라 앞서 설명한 유형의 특징 중에서 어떠한 특징이 가장 우선되는가를 파악하는 것이 중요하다.

대체적으로 평균적인 몸을 지닌 이들은 사회생활에 적응을 잘하며, 모나지 않고 둥글둥글한 성격으로 대인관계가 좋다. 하지만 자칫 반복되는 일상에 젖어 새로운 목표를 정하지 못하고 안주할 가능성이 있으므로 의욕을 가지고 추진할 수 있는 일과 삶의 지표를 제시하고 이끌어주는 멘토가 필요하다. 또한 심신에 활력을 불어넣을 수 있는 자신만의 취미가 있어야 한다.

"세상 일이 어디 뜻대로만 되나요? 다른 곳으로 눈을 한번 돌려보십시오. 책상 앞에 코를 박고 앉아 있는다고 해서 없던 아이디어가 샘솟지는 않습니다."

"주말에 2박 3일로 여행을 다녀왔더니 세상이 달라 보이더군요. 풀리지 않는 일로 머리 싸매고 있지 말고 가까운 섬으로 여행 한번 다녀오십시오. 의외의 곳에서 일이 풀리기도 하니까요."

매너리즘에 빠져 있는 이 유형의 사람을 본다면 위와 같이 조언해 주는 것도 좋다.

균형을 이룬 얼굴과 일반적인 체형을 지닌 사람의 특징

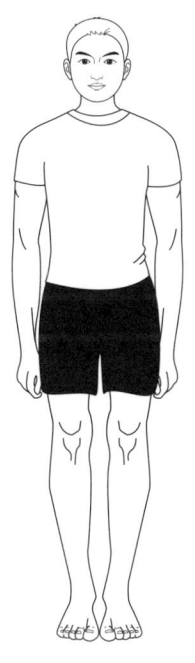

1. 사회생활에 적응을 잘한다.
2. 대인관계가 좋다.
3. 활력과 의욕이 떨어지는 경우가 많다.

Chapter 13

손의 모양을 보고 상대의 성격을 파악하라!

손이라고 하면 많은 사람들이 손금을 먼저 생각하고, 수상(手相)이라고 하면 손금을 보는 것으로 인식하는데, 손을 살필 때 반드시 손금만 보는 것은 아니다. 더구나 상대의 손금은 그가 허락하지 않고서는 볼 수 없는 것이기 때문에 파악이 불가능하다.

오랜 세월을 거쳐 연구된 수상학은 크게 두 가지로 발전했는데, 일반적으로 손금을 살피는 것은 장문학(掌紋學)이라 하고, 손금이 아닌 손의 형태를 살피는 것은 수형학(手形學)이라고 한다.

수형학은 처음 만난 사람의 손을 보고 그 사람의 성격이나 행동을 어느 정도 파악할 수 있지만 깊이 알기는 어려우며, 장문학은 손금을 보고 상대의 세밀한 부분까지 파악할 수 있다. 하지만 누구나 자신의 손금을 쉽게 보여주지는 않으므로, 여기에서는 상대를 파악하는데 도움이 되는 수형을 익혀 대화에 이용하도록 하자.

네모난 손을 가진 사람은 정리정돈을 잘하고 꼼꼼하다

사각형으로 보이는 손은 매우 독특하고도 보기 힘든 형태의 손으로, 이러한 손을 가진 사람은 손가락뿐만 아니라 손바닥까지 사각형으로 보인다. 보통사람의 손은 중지가 길고 약지와 인지가 차례로 짧아지는 형태인데, 네모난 손은 유난히도 가운데 손가락의 길이가 짧아 엄지를 제외한 모든 손의 길이가 비슷해 보인다.

네모난 손의 주인은 꼼꼼한 성격을 지니고 있다. 물건을 정돈하는데 있어 단정하고 체계적이며 일을 하더라도 매우 규칙적으로 한다. 대충 또는 어영부영이라는 단어는 이들의 사전에 없으며, 이들은 모든 것이 정돈되어 있지 않으면 만족하지 못하는 성격을 가지고 있다. 일을 하거나, 공부를 하거나, 어떤 경우든지 마무리를 확실히 하고, 견실함을 추구하는 사람들이 바로 네모난 손을 가진 사람들이다.

"요즈음 정리정돈을 잘하자는 주제의 강연이 인기가 있어서 강의를 들으러 갔었는데요. 강의를 듣다 보니 문득 과장님 생각이 나더군요."

"저를요? 왜죠?"

"제 주변에 과장님만큼 정리정돈을 잘하시는 분이 없는 거 같습니다. 여러 가지 업무를 하시는데도 항상 책상이 깨끗이 정리되어 있는 것을 보면 일처리도 깔끔하실 거 같아서 믿음이 갑니다. 저는 주변 정리를 못하는 사람들을 보면 저 사람의 머릿속도 저처럼 뒤죽박죽이지 않을까 하는 생각에 호감이 가지 않더군요."

그에게 사실적인 예를 들어가며 접근하면 한층 더 가까워질 수 있다.

네모난 손을 가진 사람들은 이지적이며, 일을 할 때 절대로 덤벙대지 않는다. 어떤 일을 하더라도 실무에 뛰어나 두각을 나타내며, 재운도 있어서 재산을 모으는데 재주를 발휘한다. 또한 아첨이나 아부, 혹은 지나치게 가벼운 말은 하지 않으며, 생각은 지극히 보수적이다.

네모난 손을 가진 사람의 특징

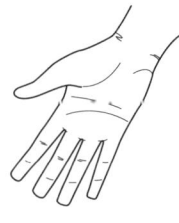

1. 중지가 짧다.
2. 정리정돈을 살하고 꼼꼼하다.
3. 실무에 뛰어나다.

2

주걱 모양의 손을 가진
그는 부지런하다

주걱은 밥을 푸는 도구이다. 주걱 모양 손의 특징은 손가락들이 앞으로 약간 구부러진 듯하고 손의 중앙이 약간 오목하다는 것으로, 농사를 짓는 사람들에게서 이러한 손의 모양을 많이 발견할 수 있다.

주걱 모양의 손을 가진 사람은 부지런하고 정력적이며, 안일한 성격을 지닌 사람이 주걱 모양의 손을 지니고 있는 경우는 없다. 이들은 바삐 몸을 움직이는데, 놀면서 지내거나 게으름 피우는 것을 죄악으로 여길 정도로 열심히 일을 하기 때문에 항상 바쁘고 활동적이다.

"저는 늘 피곤에 지쳐 있는데 원장님은 갈수록 활력이 넘치시니 그 비결이 뭔지 궁금합니다."
"선생님은 항상 몸과 마음이 동시에 움직이는 것 같아 보기가 좋습니다. 요즘 다들 말만 앞세우는데 이렇게 행동으로 몸소 보여주시니 따르지 않을 수가 없습니다."

그들의 부지런함을 칭찬해야 한다. 칭찬은 아부가 아니며, 말이 통하지 않는 고래도 춤추게 할 만큼 칭찬은 파괴적인 힘을 가지고 있다. 그의 장점을 칭찬하고 배우려는 자세는 그의 마음을 여는 것에서 그치지 않고 그를 당신의 동반자로 만들어 줄 것이다.

주걱 모양의 손을 가진 사람은 구태의연한 모습을 매우 싫어한다. 지나친 억압이나 지나친 예절도 좋아하지 않으며, 인습에 얽매이는 것도 싫어하고 정신적으로 속박을 당하거나 업무적으로 압박 받는 것을 싫어한다. 높은 보수를 주어도 억압이나 속박되는 일을 싫어하며, 차라리 낮은 보수를 받더라도 자신의 일을 하거나 개성을 발휘할 수 있는 일을 선택한다.

주걱 모양의 손을 가진 사람의 특징

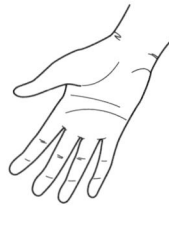

1. 손가락들이 앞으로 약간 구부러진 듯하다.
2. 부지런하고 정력적이다.
3. 억압을 싫어한다.

3

원추형 손을 가진 사람은
예술에 대한 조예가 깊다

원추형 손은 가장 일반적인 손의 형태에 해당한다. 유난히 중지가 길면 이 손의 특징이 더욱 두드러지는데, 원추형 손을 가진 사람은 상상력이 풍부하고 아름다움을 동경한다. 또한 아름다운 것에 민감하게 반응하며 약한 사람에 대한 동정심이 많다.

지식을 활용하는 능력도 뛰어나서 최대한 지식을 활용해서 일을 해결하려 들며 새로운 일을 빨리 파악하고 쉽게 적응하는 능력을 지니고 있다.

이들은 예술에 대한 열망 또한 높아서 음악이나 미술, 무용과 같은 행위예술에 조예가 깊으며, 색채에 대한 감각과 음률의 조화에도 민감하다. 예술성을 지니고 있으므로 말을 하는데 있어서도 사려가 깊으며, 사람이 많으면 많을수록 빛을 발하는 스타일로, 본인 스스로가 사람들과 어울리는 것을 마다하지 않는다.

"전 음악에 관심이 많습니다. 그러나 관심을 가진 만큼 잘 알지는 못하는데, 요즈음은 클래식에 심취해 있죠. 혹시 클래식 음악 좋아하시면 즐겨듣는 곡 중에서 몇 곡만 추천해 주실 수 있습니까? 저는 들을 줄만 알지 클래식에 대해 별로 아는 것이 없어서요."
"저는 그림에 대해서는 문외한이지만 강렬한 색채의 그림들이 좋더군요. 그 귀 잘린 화가 있잖아요. 고흐던가요? 그 화가의 그림들을 보면 뭔가 느껴지는 게 있더라고요. 선생님은 어떤 화가의 그림을 좋아하나요?"

그의 관심을 이끌어내기 위해서는 예술과 관련된 이야기가 가장 좋다. 그러나 자신이 많이 알고 있다는 것을 드러내면 자랑이 되어버리므로, 관심을 가지고 있지만 제대로 알지 못한다는 것을 은연중에 표현해서 그가 자신이 알고 있는 것을 말하도록 하는 것이 중요하다. 무언가를 알고 싶다는 의사표현이야말로 그에게 나를 알리는 가장 좋은 수단이다. 그는 동정심을 가지고 있고 아름다움을 추구하는 욕망이 있으므로 도움을 청하면 자신이 아는 범위 내에서 자세히 알려 줄 것이며, 그것을 계기로 그와 한층 더 가까워질 수 있다.

원추형 손을 가진 사람의 특징

1. 상상력이 풍부하고 아름다움을 동경한다.
2. 사교성이 많다.
3. 예술에 대한 조예가 깊다.

4
가늘고 긴 손을 가진 사람은
이상을 좇는다

일반적으로 사람들의 눈에 가장 아름답게 보이는 손은 가늘고 긴 손이다. 가늘고 긴 손에 약간의 살이 붙어 통통하면 더욱 보기 좋은데, 이들은 스스로에 대한 자부심이 강하며, 자신의 판단에 지나친 확신을 가지고 있다. 질서나 인습, 혹은 주위에 대한 예의보다 자신의 사고가 중요하다고 여기는 이들은 아름다움을 동경하지만 일을 함에 있어서 정확도가 떨어지고, 이상을 좇거나 이데아를 찾아다닌다.

또한 머리 쓰는 일을 싫어해서 연구직에는 어울리지 않으며, 공부도 좋아하지 않는다. 그러나 직감력이 있으며 신비한 것에 관심이 많다. 간혹 본인 스스로도 이상하다고 느낄 정도로 직감력이 번뜩이는 일이 있는데, 신기가 있다는 말을 들을 때도 있고 스스로 예지능력을 인식할 때도 있다.

"어제 이상한 꿈을 꾸었습니다. 강변도로를 따라 달리는데 63빌딩에 비친 햇살이 반사가 되어 뭉쳐지더니 큰 불덩어리가 되어 저를 향해 돌진해 오더라고요. 도대체 이게 무슨 꿈일까요? 그런 꿈을 처음 꾸어서인지 아직도 생생하답니다."
"오늘 아침에 길을 걷는데 마주보고 걸어오는 어떤 사람의 눈 주변이 무척 검었습니다. 이상하게도 그런 사람을 만나고 나면 사고를 목격하는 일이 종종 있습니다. 참 신기하죠?"

가늘고 긴 손을 지닌 그는 호기심을 가지고 다가올 것이다. 그는 기이하고 신비한 현상에 대해 관심이 많으므로 누가 특별한 경험을 했다고 하면 관심을 갖는다. 따라서 이러한 손을 가진 사람과 대화를 할 때는 종교나 무속, 혹은 미스터리한 현상을 주제로 삼는 것이 좋다.

가늘고 긴 손을 가진 사람의 특징

1. 자신에 대한 확신이 강하다.
2. 직감력이 뛰어나다.
3. 머리 쓰는 일을 싫어한다.

5

커다란 손을 가진 사람은
두려움이 없다

손이 큰 사람은 비교적 몸집이 큰 경우가 많지만 그렇지 않은 경우도 종종 있다. 사람의 몸을 보고 성격이나 성향을 파악할 수도 있지만, 손의 크고 작음을 보고도 간단하게 그 사람의 성격을 파악할 수 있다. 하지만, 손의 크고 작음이 모든 것을 나타내는 것은 아니고 단지 보조적인 성격을 나타내준다고 보면 된다.

덩치에 관계없이 큰 손의 주인은 힘이 넘치는 사람이다. 활동성이 뛰어난 정력가인 이들은 세상에 대한 두려움이 적다. 겉으로 보기에는 행동력이 있고 거침이 없으므로 거칠게 보이기도 하고 주저함이 없어 보이지만 마음은 섬세하다.

악수를 하다 보면 유난히 손이 크다고 느껴지는 사람이 있는데, 이런 상대와 만나면 악수를 하는 것만으로도 교감을 나눌 수 있다.

"반갑습니다."

말은 간단하게 하더라도 그의 눈을 바라보며 악수는 깊게 하라. 실제

악수는 매우 깊은 인상을 주는 것이다. 악수를 하지 않는 것은 인정하지 않는다는 의미를 지니며, 손을 깊이 넣어 악수를 하면 신뢰감을 준다. 얕은 악수는 당신과 별로 상대하고 싶지 않다는 인상을 주게 되므로 좋지 않다.

악수를 할 때는 타이밍도 중요하지만 지속력 또한 중요한데, 악수는 만나자마자 해야 하며, 헤어질 때도 잊지 않는 것이 좋다. 악수하는 시간은 3초 정도면 족하며, 지나치게 오래잡고 있거나 힘을 주어 아프게 움켜잡으면 실례가 된다.

악수는 악수로 끝나는 것이 아니다. 가벼운 인사말과 함께 부드럽게 웃어주는 여유가 필요한데, 가벼운 웃음은 상대의 긴장을 풀어준다. 긴장이 풀어지지 않으면 절대로 풍후하고 자유로운 대화를 할 수 없다.

커다란 손을 가진 사람의 특징

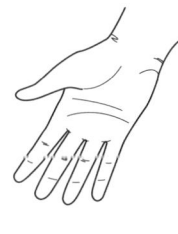

1. 힘이 넘치고 활동적이다.
2. 두려움이 없다.
3. 행동력이 뛰어나다.

6
작은 손을 가진 그는 지구력이 있다

손이 큰 사람은 일을 잘하지만, 머리를 쓰고 사람을 이끄는 데는 부족한 면이 있다. 이와는 반대로 손이 작은 사람은 사람을 이끄는데 소질이 있으며 우두머리 자질이 있다.

작은 손의 소유자는 지구력과 끈기를 가지고 있어 일을 중도에 그만두는 경우는 극히 드물다. 더구나 이해를 중요시하는 그는 중요한 요소를 모두 파악한 뒤에 움직이는 스타일이다. 즉, 이론적으로 이해가 되지 않거나 이해하지 못한 일은 행동으로 옮기지 않는다.

그와는 대화를 통해 따스함을 주고받는 것이 중요하다. 따뜻한 말로 당신의 의견을 피력하고 설명을 해야 그가 가까이 다가온다. 좋은 말로 그의 귀에 맞추려는 대화는 금물이며, 가장 현실적이고 사실적인 대화를 통해 그의 관심을 이끌어내야 한다.

"이번 프로젝트를 현재 상태로 진행한다면 플러스적인 요인과 마이너스적인 요인이 70 : 30 정도의 비율입니다. 따라서 저희는 마이너스 요인을 제거하는데 치중해서 수익을 창출토록 하겠습니다.

비용과 관련된 마이너스 요인 제거 내용은 따로 정리해서 파일로 드리도록 하겠습니다. 제가 강조하고 싶은 것은 최대한 노력하겠지만 경우에 따라서는 손실이 발생할 수도 있다는 것입니다. 서류를 잘 검토해 보시고 투자를 결정해 주십시오."

사실적인 대화라고 해서 부정적이고 비관적인 부분을 여과 없이 드러내라는 것이 아니라, 해결책을 마련해 놓고 문제점을 끄집어내라는 것이다. 대화를 할 때는 일관성이 필요한데, 많은 사람들이 말의 아웃라인을 정하지 않고 즉석에서 말을 만들어내기 때문에 상대와 대화중에 자기모순에 빠지는 경우가 아주 많다. 따라서 상대방의 기분에 맞추기 위한 말만 하다가는 언어적 오류를 범하게 된다는 사실을 명심하기 바란다.

작은 손을 가진 사람의 특징

1. 사람들을 잘 이끈다.
2. 이해가 되어야 움직인다.
3. 끈기가 있다.

보드라운 손을 가진 사람은
편안함을 즐긴다

남녀를 불문하고 악수를 하면 그 사람의 손에서 느껴지는 특유의 감촉이 있다. 부드럽다고 느껴지는 손은 단순히 피부가 부드럽기 때문만은 아니며, 뼈와도 상관관계가 있다.

부드러운 손을 가진 사람은 편안한 것을 좋아하며 여성은 절개와 정조가 있다. 그들은 분위기를 즐길 줄 알며, 무드를 조성하는 솜씨가 탁월하고 사교성이 뛰어나다.

보드라운 손은 피부 아래가 부드러운 것이지만 고운 살결과도 일맥상통하는데, 고운 살결을 지닌 사람은 감수성이 뛰어나며, 상대의 성격을 꿰뚫어보는 능력과 아름다움을 사랑하는 마음을 가지고 있다. 따라서 보드라운 손을 지닌 사람과 대화를 할 때는 그에게 존경을 받을 만한 언사를 행해야 한다. 어떤 말투를 사용하는가에 따라 그는 판단을 달리할 것이 분명하다.

"이 대리는 너무 족제비같이 생기지 않았나요? 사람이 키도 작은데 얼굴까지 뾰족해서 볼품이 없더라고요. 어떻게 그런 직원을 뽑았어요?"

친하고 스스럼 없는 관계라고 생각해서 그가 알고 있는 누군가를 이야기할 때 단점을 부각시킨다면 그는 당신을 남의 추문이나 뒤지고 단점을 찾아내어 헐뜯는, 격이 낮은 사람으로 인식할 것이다. 따라서 누군가의 단점을 찾아내기보다는 장점을 찾아내어 칭찬하는 것이 앞으로의 관계에 도움이 된다.

"과장님! 이 대리 아시죠? 그 사람 저번에 보니까, 어떤 할머니 리어카에서 떨어진 박스를 길거리에서 같이 정리해주고 있더라고요. 하나를 보면 열을 안다고 했는데, 그 친구 보면 볼수록 진국이더라고요. 의협심도 강하고 상대를 배려하는 모습이 무척 인상적이었습니다."

이처럼 제3자에 대한 사소한 에피소드를 들려주며 대화를 이끌어 가면 긍정의 에너지가 전달되어 그는 당신을 참 괜찮은 사람이라고 생각할 것이다.

자기 PR의 시대라고 해서 자신의 프로필과 장점을 부각시키며 대화를 이끌어가는 사람은 오랜 시간이 지나지 않아 허점이 드러나는 경우가 많다. 자신을 지나치게 미화한 것이 발견되어 망신을 당하는 일이 생기기도 하고, 지나치게 자신에 대해 떠벌이다가 거짓이 들통 나서 창피를 당하는 일이 생기기도 한다.

"이사님만 알고 계십시오. 관리부의 이대리가 여직원을 성희롱했다가 고소를 당했다는 소문이 있는데요. 곧 성희롱으로 고소를 당할 것 같습니다. 되도록 멀리하세요."

상대의 관심을 끌기 위해 확인되지도 않은 정보를 누설하거나 남을 비난하게 위한 행위는 언젠가는 부메랑이 되어 돌아오며, 목적을 이루기 위해 누군가를 비난하고 고자질하는 것은 결국 자기 자신을 갉아먹는 벌레를 키우는 것과 같다. 언젠가 한 기업에서 누군가의 고자질로 직장에서 쫓겨난 사람이 7년 후에 고자질한 동료를 살해한 사건이 있었는데, 이처럼 목적이 있는 고자질과 비난은 결국 상대와 자신을 함께 죽이는 날카로운 양날의 검이다.

부드러운 손을 가진 사람은 아름다움을 사랑하는 기질을 지니고 있으므로 인간관계에 있어서도 경쟁보다는 아름다운 조화를 추구한다.

보드라운 손을 가진 사람의 특징

1. 편안한 것을 좋아한다.
2. 감수성이 뛰어나다.
3. 사교적이다.

8
단단한 손을 가진 그는 활동적이다

단단한 손을 가진 사람과 악수를 하면 마치 철벽같다는 느낌을 받게 되며, 그들의 손은 살집이 있음에도 뼈가 밖으로 나와 있는 것처럼 단단한 느낌을 준다.

단단한 손의 소유자는 앞장서서 활동하는 특징을 가지고 있다. 남 앞에 서기를 좋아하고 다른 사람보다 앞서 움직인다. 이들은 체질적으로 근골이 좋고, 근육이 좋으며, 체력이 좋아 멈춤이 없고, 명성보다는 실리를 앞세우는 치밀함도 있다.

"많이 놀랐습니다. 말씀을 나눠보니 선생님은 제가 생각했던 것보다 이쪽 방면에 대한 지식이 풍부하고 엄청난 경험을 갖고 계시군요. 앞으로 많이 지도해 주십시오. 깍듯이 형님으로 모시겠습니다."

그는 리더십이 있는 사람이다. 그를 따라가겠다는 당신의 생각을 보여주는 것만으로도 그와 좋은 관계를 유지할 수 있다.

칭찬은 칭찬다워야 한다. 칭찬의 대상이 아닌 사람을 칭찬하는 것은 비꼬는 것이 될 수 있지만, 칭찬해야 할 대상을 칭찬하지 않는다면 무시가 된다. 단단한 손의 주인은 매사에 앞서 나가는 선구자적 기질이 있으므로 그의 어깨에 힘을 실어주자.

피부가 거친 사람은 험악하다는 느낌을 주지만 그것은 살결이 거친 것으로, 마음이 거친 것은 아니다. 피부가 거칠고 악수를 할 때 딱딱하고 억센 느낌을 주면 막노동과 같은 일을 하는 사람일 수도 있지만, 그렇지 않은 경우도 있다. 단단하고 거친 피부를 지닌 사람은 활동가 타입으로 어려운 일이 생기면 좌절하고 주저앉는 것이 아니라, 그것을 극복하고 이루어낸다.

단단한 손을 가진 사람의 특징

1. 체력이 좋다.
2. 활동적이다.
3. 리더십이 있다.

9

두툼한 손을 가진 그는
이기적인 성향이 강하다

악수를 하다 보면 매우 두툼한 손을 가진 사람을 만나게 되는데, 이러한 손을 가진 사람은 손바닥에 살이 많다. 운동을 해서 손바닥이 두꺼워진 사람도 있지만, 처음부터 손바닥이 두꺼운 사람도 있으며, 체질적으로 살이 찌면서 손바닥이 두꺼워진 사람도 있다.

두툼하다는 것은 살이 손바닥에만 붙은 것이 아니라 손등과 손바닥 모두에 골고루 붙었다는 것인데, 이들은 자기중심적으로 생각하며 이기적인 성향이 강하다. 따라서 타인의 행복에는 그다지 관심이 없으며, 자신의 이익을 추구하고 절대로 손해를 보려 하지 않는다.

"무슨 일을 항상 그렇게 하십니까?"
"이 대리는 그게 문제야. 도대체 다른 직원들이 다 하는 일을 왜 늘 못하겠다는 거야?"
"그것도 못 해요? 정말 나이를 어디로 먹은 거야. 나 참."

그는 이기적인 사고의 소유자로, 위와 같은 자극적인 말을 들으면 언젠가는 당신에게 다시 화살을 날릴 것이다. 그를 공격하거나 몰아붙이는 것은 결국 적이 되겠다는 의미가 된다. 비록 친구는 되지 못하더라도 적이 되어서는 안 된다. 아무리 그가 못마땅해도 그와 같이 움직여야 한다는 것을 생각하면 공격보다 그를 이해하는 대화체를 사용하는 것이 좋다.

"오죽하면 그렇게 하셨을까요. 실수는 누구나 할 수 있는 건데 다음에 더 잘하면 되죠. 힘내세요."
"업무 분야가 다르지만, 자넨 워낙 실력이 있으니 잘할 거라고 생각하네. 어렵겠지만 한번 해보고 다시 말하세."
"어려운 일이었어요. 그 일을 처음부터 잘한 사람은 저도 보지 못했는데, 차분하게 다시 한 번 해보세요. 잘 할 수 있을 거예요."

그 또한 자신의 실수를 알고 있으므로 위의 예문처럼 그의 입장에 서서 말해 준다면 그는 당신의 호의에 감사하며 적어도 당신 앞에서는 이기적인 자세를 보이지 않을 것이다.

두툼한 손을 가진 사람의 특징

1. 이기적이다.
2. 이익 추구에 관심이 많다.
3. 손해 보는 일을 하지 않는다.

10

얇은 손을 가진 사람은 타인의 권리를 존중한다

손을 잡아 보면 백짓장처럼 얇은 손이 있는데, 손이 얇으면 얇을수록 남의 입장을 중요하게 생각하는 사람이다. 이들은 손이 두꺼운 사람과는 반대의 사고를 가졌으며, 자신의 이익도 중요하지만 다른 사람의 이익도 중요하다고 생각한다.

손이 두툼하면 자신의 이익이 우선이지만 얇은 손을 가진 사람은 인의가 있고 측은지심을 가지고 있으며, 타인의 권리를 존중하고 이익을 나누려 한다. 또한 지적인 부분이 발달해서 지성인으로 불리는 경우가 많다.

그를 만나면 먼저 미소를 보여라. 그는 무척 인간적이기 때문에 인간적인 사람에게 감동한다.

"박태환 선수는 정말 대단합니다. 국제대회에서는 아쉽게 우승을 놓쳤지만 올림픽에서 메달을 따는 모습은 정말 감격적이었지요. 지금도 그 때를 생각하면 가슴이 뛰는 것 같습니다."

다른 사람의 잘못을 말하기보다는 누군가의 미담이나 서로가 알고 있는 사람의 좋은 점을 이야기하는 것이 그와의 의사소통을 매끄럽게 하는 것이다. 얇은 손을 가진 사람은 남의 험담을 하는 사람보다 칭찬을 하는 사람에게 더욱 호감을 가진다.

얇은 손을 가진 사람의 특징

1. 인간적이며 측은지심이 있다.
2. 타인의 권리를 존중한다.
3. 지성미가 있다.